本书由中央高校基本科研业务费专项资金资助出版

中国外交理论与实践
2015

袁南生　主编

世界知识出版社

图书在版编目（CIP）数据

中国外交理论与实践.2015/袁南生主编.—北京：世界知识出版社，2016.10
ISBN 978-7-5012-5342-5

Ⅰ.①中…Ⅱ.①袁…Ⅲ.①外交—中国—2015—文集 Ⅳ.①D82-53

中国版本图书馆 CIP 数据核字（2016）第 261906 号

责任编辑	刘豫徽
责任出版	王勇刚
责任校对	陈可望
书　　名	中国外交理论与实践 2015 Zhongguo Waijiao Lilun yu Shijian 2015
主　　编	袁南生
出版发行	世界知识出版社
地址邮编	北京市东城区干面胡同 51 号（100010）
经　　销	新华书店
网　　址	www.ishizhi.cn
投稿信箱	lyhbbi@163.com
电　　话	010-65265923（发行） 010-85119023（邮购）
印　　刷	北京京科印刷有限公司
开本印张	850×1168 毫米　1/32　12¾印张
字　　数	228 千字
版次印次	2016 年 11 月第一版　2016 年 11 月第一次印刷
标准书号	ISBN 978-7-5012-5342-5
定　　价	45.00 元

版权所有　翻印必究

出版说明

中国外交理论与实践协同创新中心成立于 2014 年 12 月 20 日。中心由外交学院牵头，联合外交部、中联部等国家决策部门，以及中国国际问题研究院、上海国际问题研究院、吉林大学、对外经贸大学、中国政法大学、新加坡国立大学东亚研究所等国内外多家知名院校、智库和研究机构共同组建而成，致力于在中国特色外交理论、安全外交、经济外交、法律外交、公共外交五大领域深入推进协同创新。

"中国外交理论与实践的协同创新研究"学术研讨会是中国外交理论与实践协同创新中心以及外交学院中国外交理论研究中心的年度学术活动。2015 年度的会议得到了"中心"各协同单位以及全国各大院校、科研院所的专家、学者的大力支持，形成了一系列重要成果，代表了当前中国外交研究的前沿思考。为了更系统地总结此次会议成果，"中心"将此次会议的论文结集出版，以飨读者。

目 录

中国特色大国外交的前沿思考

关于中国文明转型的战略思考　　　　　　　袁南生 / 3

"一带一路"公共外交：问题与前景　　　　　王义桅 / 25

国家发展战略对接与新型国际关系构建　　　王存刚 / 53

"一带一路"与中国战略支点国家的塑造　　　雷建锋 / 83

当代中国经济外交的战略转型与理念创新　　任晶晶 / 103

外交决策分析的利益相关者理论　　　　　　高尚涛 / 122

西方首脑外交的发展及其对中国的启示　　　胡　勇 / 151

全球治理体制变革中国方略

我国自贸区发展与"一带一路"战略对接研究　　杨　莉 / 175
理解"一带一路"倡议背景下中国对外援助　　白云真 / 189
我国对"一带一路"沿线国家直接投资风险与对策研究

付韶军 / 209
从"参与者"到"建设者"　　凌胜利 / 224

命运共同体建设的理论探讨

区域化与安全化悖论下中国安全外交的思考　　张景全 / 251
有效应对日台关系，切实维护国家利益　　王　键 / 267
地缘安全环境中的社会化外交效应　　熊李力 / 313
朝鲜半岛安全问题与中国的外交选择　　孙西辉 / 345
中欧经济外交发展新态势　　刘曙光 / 365
公共外交的国家理论基础　　孙兴杰 / 385

中国特色
大国外交的前沿思考

关于中国文明转型的战略思考

袁南生*

冯友兰先生曾说过,西方文明属于海洋文明,海洋文明如同灵动的水,其流动性和多变性让西方显得生机勃勃,富有活力和创新精神;中国文明则属于大陆文明,如同长寿的"仁者",是一座沉稳的大山,尊重传统,但也易因循守旧,故步自封。因此,西方兴起了,东方落伍了。台湾学者凌纯声认为,中国是一个大陆文化的国家,秦统一六国实际上就是以秦为代表的大陆文化对以齐、楚等为代表的海洋文化的征服。① 笔者认为,冯友兰和凌纯声的说法过于绝对,并不符合历史事实。明清实行海禁以前,中国并非只是一个具有大陆文明的国家,而是一个兼具大陆文明和海洋文明的国家,中华文明是大陆文明与海洋文明的综合体,中国古代海洋文

---

* 袁南生,博士、教授、高级经济师,现任外交学院党委书记、常务副院长。

① 胡链:《中国为什么需要海洋大战略》,《社会观察》2010年第12期。

明并不落后。明代开始,中国逐渐远离海洋文明,转型为大陆文明的国家。这是一次与全球化趋势反向的转型。中国作为当今世界的海洋大国,如何充分吸取历史教训,增强中国海洋大国的意识,突破长期以来的海洋困境,成为名副其实的海洋强国,是摆在国人面前的一个历史性的任务。笔者认为,确立中国海洋大国的意识,实现中国的海洋强国梦,要以文明转型为基础。

中国古代文明是什么文明?

中国古代海洋文明曾居世界先列,中国古代文明是海洋文明(蓝色文明)与大陆文明(黄色文明)的综合体,两大文明合二而一成就了中国古代的辉煌。为什么这么说呢?

一是中国以龙自诩,中国人以龙的传人自称,龙的固有属性与海洋分不开。从自然地理条件来看,中国是一个海陆复合体国家,既有海洋性又有大陆性。从历史角度来看,中国也曾拥有成为海洋大国的诸多文化基因。约公元前5000年前的河姆渡文化遗址中就有先人航海的遗迹,公元前2000年左右的殷商文化遗存中就有马来半岛的海贝、象牙、鲸鱼骨等。我们的祖先早期创造了龙山和百越海洋文化。《周易》称,黄帝、尧舜时代即"刳木为舟,剡木为楫,舟楫之利,以济不通"①。《墨子》说："其为舟车何以为？车以行陵陆，舟以行川谷，以通四方之利"。② 中国古人的远航成就相当惊人，据张光直（1931—2001）等人研究，四五千年前，华人祖先就横渡太平洋，抵达墨西哥、秘鲁。近来有学者提供了殷人东渡墨西哥的若干证据。③ 春秋战国时期吴国与齐国之间爆发的海战，就比西方海权史上著名的古希腊与波斯的萨拉米斯海战早若干年。秦始皇实现统一之后五次出巡，其中四次来到海滨。通过琅琊刻石"东抚东土""乃临于海"，芝罘刻石"巡登芝罘，临照于海"以及"览省远方，逮于海隅"等，我们可以看到他对沿海的关注。秦始皇在琅琊还有一个非常特殊的举动，即与随行权臣"议于海上"。公元前210年，秦始皇最后一次出巡，曾经有"渡海渚""望于南海"的经历，又"并海上，北至琅琊"，凸显了秦始皇"议功德于海上"、重视海洋的倾向。④ 秦朝徐福东渡开创的海上"丝绸之路"，西至印度、斯里兰卡，东到朝鲜、日本，为东

---

① 《易·系辞下》。
② 《墨子·节用上》。
③ 范毓周：《殷人东渡美洲新证》，《寻根》2011年第2期。
④ 司马迁：《史记·秦始皇本纪》。

西方的文化交流做出了卓越贡献。①

二是海洋文明成就了唐宋时代的辉煌,唐、宋成为世界上最富裕的国家。唐、宋时期泉州、广州、宁波等港口远洋商船云集,商人富甲一方,同时也为唐、宋王朝贡献了巨额赋税。宋代同海外的联系比前代和之后的明清更广,海外贸易盛况空前,是我国封建社会对外贸易的黄金时代,是最彰显海洋文明的朝代:一是宋代人对海外的地理概念比前人更加清晰,专门记载海外情况的著作就有《海外诸蕃地理图》《诸蕃图》《诸蕃志》《岭外代答》等好几部,其中对非洲的记述比前代更为广博,如东非的层拔国(今桑给巴尔)、中理国(今索马里)。北非的默伽国(今摩洛哥)、勿斯里国(今埃及)等。宋代与中南半岛、南海诸国、大食诸国、西亚诸国的贸易比前代更为红火,与高丽、日本的来往也比前更为密切,高丽和日本都辟有专门对宋贸易的港口;二是宋代贸易港口更多,政府对海外贸易的管理更细。宋代对外贸易港口有20余处,福建泉州成为世界第一大贸易港口;三是宋代进出口货物的种类、数量比前代更多。宋代进出口货物达410种以上。按性质可分为宝物、布匹、香货、皮货、杂货、药材等,单是进口香料,其名色就不下百种;四是宋代

---

① 曲玉维:《徐福:中国海上丝绸之路的开启者》,《中外关系史论丛》2010年第19辑;另见刘晓东等:《东方海上丝绸之路浅探》,《光明日报》2015年11月22日。

海外贸易的规模更大，经营者身份更复杂。据宋代吴自牧《梦粱录》记述，宋代海船可乘五六百人。海船很多，据推断，福州一地就有300余艘宽一丈二尺以上的海船；五是宋代造船业的规模和制作技术，都比前代有明显的进步，处于当时世界领先地位，具备了推进海洋文明的技术和经济基础。海洋文明意味着商工文明，宋朝很大程度上是以商立国。

三是郑和下西洋创造了历史。明朝前期，明朝皇帝采取了"内安华夏，外抚四夷，一视同仁，共享太平"和平的外交政策，派遣郑和率领船队下西洋。从1405年开始，在28年间，郑和曾率60多条军舰、300条商船、800余文官、400余将校、数十位通事（翻译）、180名医官，共27000多人的庞大船队一路西行。此后，扬名于世的西班牙"无敌舰队"（1588年成军）也只有130艘兵船与运输船，规模远不及郑和舰队。这样的航海规模即使在今天也令人咋舌。截至第一次世界大战以前，各国海军亦无规模可比郑和舰队者。郑和七次奉旨率船队远航西洋，航线从西太平洋穿越印度洋，直达西亚和非洲东岸，途经30多个国家和地区。他的航行比哥伦布发现美洲大陆早87年，比达·伽马早92年，比麦哲伦早114年。在世界航海史上，他开辟了贯通太平洋西部与印度洋等大洋的直达航线。郑和下西洋前，中国周边的国际环境动荡，主要表现在东南亚地区各国相互猜疑，互相争夺。当时东南亚两个最大的国家爪哇、暹罗对外扩张，欺压周边一些国家，威胁满剌加、苏门答腊、占城、真腊，甚至在三佛齐，还杀害明朝使臣，拦截向中国朝贡的使团。再一个情况是海盗横行东南亚、南亚海上，十分嚣张，海上交通线得不到安全保障。这些不稳定的因素，直接影响了中国南部的安全，影响了明朝的国际形象，不利于明朝的稳定和发展。所以明朝皇帝派遣郑和舰队下西洋，以调解矛盾，平息冲突，这减少了隔阂，有利于周边的稳定，维护了东南亚、南亚地区的稳定和海上安全，提高了明朝的声望。通过郑和下西洋，明朝调解和缓和各国之间矛盾，维护海上交通安全，从而把中国的稳定与发展同周边联系起来，建立了一个有利于中国的国际环境，提高了明王朝的国际威望。郑和碑文记载："及海外邦、番王不恭者生擒之。蛮寇之侵略者剿灭之，由是海清宁，番人仰赖者。"永乐年间，海外朝贡国家由洪武帝年间的几个国家，增至30余国。英国前海军军官、海洋历史学家孟席斯出版了《1421年中国发现世界》，赞扬郑和是世界历史上的伟大航海家，认为郑和船队先于哥伦布发现美洲大陆、大洋洲等地。据英国著名历史学家、哈佛大学的李约瑟博士估计，1420年间中国明朝拥有的全部船舶，应不少于3800艘，超过当时欧洲船只的总和。今天的西方学者专家们也承认，对于当时的世界各国来说，郑和所率领的舰队，从规模到实力,都是无可比拟的。① 法国汉学家孔博更是明确指出:"郑和开创了地理发现时代,使得中国的海权、海上贸易、航海技术、舰队规模和实力都达到了前所未有的高峰。这就说明中华文明是有探索精神的、开放的文明。"②《郑和航海图》是世界上现存最早的一部航海图集,郑和船队所采用的"罗盘定向"和"牵星过洋"等航海技术,开创了人类航海史上天文导航之先河。郑和随行人员的著作,如马欢的《瀛涯胜览》、费信的《星槎胜览》、巩珍的《西洋番国志》等,则是丰富的海洋实践知识的汇集,至今在世界海洋著作史、中西文化交流史上仍占有十分重要的地位。

毫无疑问,明代海禁之前,海洋文明盛行的西方国家其成就和影响并不如兼具大陆文明和海洋文明的中国。

国人海洋大国意识丧失在海禁中

继之而起的是连续300年的明清海禁。从15世纪末16世纪初开始,中国原有的辉煌的航海文明基因遭到了陆权文化的粗暴摧残而中道夭折,与此同时,明清两朝的闭关锁国

---

① [英]李约瑟:《中国科学技术史》第4卷第三册,北京:科学出版社1975年版,第238页。

② 刘芳:《郑和更像一位和平的使者——专访法国〈回声报〉记者阿德里安·孔博》,《参考消息》2005年7月5日。

政策，彻底绑缚住了中华巨龙，使之陷入搁浅的困境，主动把广阔的海洋让与了西方列强，而全然不知自身已陷入危险的境地。当西欧为了建立海军不惜向威尼斯银行家借贷时，郑和却被召回，兵部将郑和船队数十年舍生忘死才得到的具有重要战略价值的航海资料销毁，舰船在海港中腐烂掉，同时下令停止建造远洋舰船。朝廷公开宣称："缘海之人往往私下诸番，贸易香货，因诱蛮夷为盗。命礼部严禁绝之，敢有私下诸番互市者，必置之重法，凡番香、番货皆不许贩鬻，其现有者限以三月销尽。……申禁人民无得擅出海与外国互市。"① 本来，郑和下西洋的初衷是"欲耀兵异域，示中国富强"，② 然而，地缘战略思想，特别是海权意识的缺乏，使中国将到手的制海权拱手让与他人，自动放弃中国的海外利益，否则当时葡萄牙人是否有机会进入远东还很难说。就在东方的中华巨龙开始搁浅之时，西方世界却借助海洋开始迅速崛起。半个多世纪以后，欧洲航海家开创的地理大发现时代，促进了西欧资本主义的发展，使西欧殖民主义逐步席卷全球，欧洲自此开始奠定其赶超亚洲的经济基础。郑和起了个大早，却赶了个晚集。西欧的迪亚士、哥伦布和达·伽马虽比郑和晚半个多世纪，却由此开启了一个全新的资本主义时代。特别是麦哲伦的全球航行贡献最大，他开辟了新航道，其航行

---

① 《明太祖实录》卷二三一。
② 《明史·郑和传》。

的意义在于证明了地球是圆的,海洋不再是人类相互隔绝的障碍,而是可以成为最便利的通道,人们开始利用海洋到达其他各个大洲,全球化进程由此开启。

近代以来西方崛起的进程,实际上就是借助海洋、发挥海权效应的进程。从某种意义上说,近现代史就是一部西方海洋文明不断扩张、最终统治世界的历史。从西方航海大发现开始,靠着一艘艘满载着金银、香料的帆船,葡萄牙、西班牙一度称雄世界。继之而起的是"海上马车夫"——荷兰,凭借类似"东印度公司"这样的经济军事复合体,以海洋为舞台,以"商舰"即武装的商船为载体,成了当时世界上最强大的海洋国家,贸易额占全世界贸易总额的50%,把17世纪整个变成了"荷兰世纪"。率先进行工业革命的英国更是凭借其世界第一的海军实力,击败了法国,登上了世界海洋霸主的宝座,海外贸易到哪里,海军就到哪里,拥有了世界上最多的殖民地,成为所谓的"日不落帝国",称霸世界长达两个世纪。美国则是一个聚集了全球最具有海洋意识人的国家,凭借集海洋新思维于大成的海权论,通过第二次世界大战成了世界上的超级海洋霸主。东邻日本则是在近代摆脱海禁的枷锁后,依赖海洋快速崛起。1868年日本明治天皇即位,发布《御笔书》,宣称要以武力来"拓万里波涛,布国威于四方",① 制定了优先发展海军的战略。1872年设立海军节,1874年出兵台湾,1879年吞并琉球国,1894年击败中国北洋水师,1904年击败俄国海军,终以海洋之利跻身西方列强之列。

1404年(永乐二年),明成祖朱棣下令将民间海船都改为平头船,因为平头船无法漂洋过海,所以这一政策就从根本上断绝了民间的海外联系。大陆文明意味着农耕文明,在世界开启全球化进程之际,明清统治者告别海洋文明,固守单一的大陆文明,无异于与历史发展的潮流分道扬镳。海禁政策标志着中国完成了一次文明的转型,即由兼具海洋文明和大陆文明的国家,变为单一的大陆文明国家,这是一次百分之百的逆转型,这次转型带来的不是正能量,而是百分之百的负能量,这是中国近代以来落后挨打的一个主要根源。中国的落后不是从鸦片战争开始的,而是从15、16世纪大航海时期开始的。

为什么中国文明在演进过程中会发生逆转型现象?为什么明清两朝拒绝海洋文明,固守海禁政策呢?根本原因在于三条:一是与明清统治集团的出身背景、历史渊源有关。明朝是农民起义成功的产物,农民起家形成的朱明集团难免缺乏全球视野。清代统治集团起源于游牧民族,轻视海洋文明

---

① 王加丰等:《强国之鉴》,北京:人民出版社2007年版,第203页。

毫不奇怪；二是在于封建统治者巩固专制主义中央集权制度的需要和传统的重农抑商的思想，他们认为农业是天下之本，而无商不奸；三是几千年中国历史的经验和教训。因为海洋总体上对古代中国来说不具有战略意义上的重要性，没有一个王朝是亡于海上来的对手。因此，无论郑和船队的航海技术多么先进，船队规模多么庞大，航行海程如何遥远，涉足地域如何广泛，船队通过贸易实现的利润如何丰厚，都无法改变海禁的基本国策。郑和虽然创造了世界航海史上的奇迹，却无法撼动根深叶茂的封建思想，无法促进利润丰厚的海外贸易的进一步发展。

闭关锁国300年，中国人对海洋生疏了，而凭借海洋之利兴起的西方，则开始叩击搁浅巨龙之国门。没有了海权的庇护，中国人原以为可作为御敌之天然长城的海洋，就成为西方入侵中国的捷径。因此，西方兴起了，东方落伍了。中国近代的耻辱史就是从海洋开始的，中国的国门也是从海洋方向被西方列强打开的。可以断言，近代中国的落后与长期忽视海洋有密切关系。中国告别海洋文明的后果非常严重：

一是郑和之后再无郑和。梁启超为此唏嘘感叹不已："及观郑君，则全世界历史上所号称航海伟人，能与并肩者，何其寡也。郑君之初航，当哥伦布发现亚美利加以前六十余年，当维嘉达哥马发现印度新航路以前七十余年，顾何以哥氏、维氏之绩，能使全世界划然开一新纪元，而郑君之烈，随郑君之没以俱逝。……哥伦布以后有无量数之哥伦布,维嘉达哥马以后有无量数之维嘉达哥马,而我则郑和以后,竟无第二郑和。"① 这带来的一个可悲的结局就是一直延续至今的国防战略中的大陆军主义,海军发展长期滞后,中国从未成为海上霸权。郑和若地下有知,是否会死不瞑目?

二是中国多次放弃中国成为世界海洋大国、海洋强国的历史性机会,多次丧失巨大的海洋利益。已拒绝海洋文明的中国,对海外开疆扩土丝毫不感兴趣,这是中国失去海洋大国意识的典型表现。1753年,苏禄苏丹国(今菲律宾)向清廷上《请奉纳版图表文》,请求将本国土地、丁户编入大清版图,使菲律宾成为中国的一部分,以便依托中国,得到庇护。但此时的乾隆皇帝正奉行闭关锁国政策,对海岸线以外毫无兴趣,甚至认为华侨都是"汉奸",② 死不足惜,殖民者杀死华侨对中国有利,在这种思维定式下,他对纯属"外人"的苏禄请求丝毫不在乎,苏禄希望成为"中国固有领土"的请求被婉言谢绝。1776年,在美国独立的同一年,在世界第三大岛——东南亚的加里曼丹(印度尼西亚人对婆罗洲的称呼,今约有三分之二为印尼领土)西部,诞生了一个华人建立的国家"兰芳大统制共和国",开国元首是广东梅

---

① 梁启超:《祖国大航海家郑和》,引自《饮冰室合集》第6卷,北京:中华书局1989年版。

② 张宸铭:《骇人听闻的真相》,《国学》2015年第6期。

县人罗芳伯，在世界诸国堪称第一，比华盛顿1787年当选为首任总统并实现联邦的美利坚合众国的共和体制还早11年。这是亚洲第一个现代共和国家，同时也是世界上最早的现代共和制国家之一。这个存在了110年的兰芳共和国，是我国新兴的市民阶级（资产阶级）在国内发展受阻的情况下，在国外建立的一个资产阶级性质的共和国。① 罗芳伯这些人，都是清朝的平民百姓，因为在故乡生存环境艰难，不得已下了南洋。虽然漂泊海外，但仍然是清朝皇帝的子民，祖宗坟墓祠堂，以及亲友家眷，都在国内。他们如果自立为王，对清朝皇帝来说，仍然属于反叛。抄家挖坟毁祠堂的事皇帝是干得出来的，甚至还会派兵出海，进行征伐。罗芳伯他们不敢自立为王，所以，这个华人国家刚刚建国，就派人回国，觐见乾隆皇帝，想把西婆罗洲这一大块土地纳入大清版图，或变成藩属国家。意思是，我不敢自立为王，但朝廷下令封一个王总可以吧。但乾隆皇帝根本不想理睬这些"天朝弃民"，也不承认这个南洋华人在海外建立的国家。兰芳共和国携手当地土著居民，抵抗西方殖民者的入侵长达107年，直到19世纪末才由于国小力弱被荷兰殖民者所灭。当时荷兰人一直有顾虑，不敢全面占领，怕同文同种的中国干预，但清廷不把海外华侨当自己人，结果荷兰人后来才放大胆子把

---

① 吕振羽：《简明中国通史》，北京：人民出版社1955年版，第927—932页。

该国彻底灭掉。此时离郑和下西洋已过去了400年，由西欧航海家开创的地理大发现时代，早已极大地刺激了西欧工商业和航海业的迅速发展，激发了瓜分殖民地的狂潮，促进了西欧各国国内市场的统一和世界市场的形成，推动了海外贸易的发展，引发了世界性的商业革命，西欧自此进入封建社会的瓦解时期，向资本主义过渡，早期的重商主义也开始兴起。到乾隆皇帝时，西欧通过殖民主义和资本原始积累，经历两次工业革命，至19世纪末进入了资本主义社会的鼎盛时期，中国却一直以天朝自居，固守大陆文明，拒绝文明转型，闭关锁国，不费一枪一弹就可以开疆扩土的好事都加以拒绝，今人看来真是愚不可及，令人长叹！试想一想，如乾隆当时不拒绝，现在的南海是什么格局？

三是重陆轻海的传统观念进一步固化，导致中国的国防、外交等越来越难以适应全球化的历史大趋势。中国几千年最大的威胁是来自西、北方的挑战，塞防自然是国家安全中的重中之重。鸦片战争以后，中国更大的威胁是从海上来的挑战。所以，李鸿章说是中国"三千年未有之新变局"。中国海洋大国意识彻底缺失的一个表现是晚清的塞防和海防之争。为海防一再呐喊的李鸿章是近代历史上最早具有海权观念，最早看到海防重要性的战略家和外交家，他与左宗棠之间的海防塞防之争，几千年来第一次使中国朝廷把海防放在塞防同等重要的地位，但这不代表朝廷改变了塞防为重的传统思维。左的背后不乏塞防传统势力的支持者，李鸿章则是几乎仅以个人之力，呼吁全国人民认清日本"诚为中国永远大患"，① 呼吁加强海防以应对来自日本亡国灭种的威胁。本来这场争论的实质是国防资源投放的重点，然而，李鸿章加强海防的呐喊却被扣上"卖国"的帽子，这凸显了中国缺乏现代海洋意识。一方面，中国海军军费被挪建颐和园；另一方面，日本天皇带头为加强海军建设以打败中国而捐钱捐物。中国海权观念比日本不知落后多少年！

中国文明逆转型的300年是闭关锁国的300年，意味着中国对海洋文明的告别，意味着中国海洋意识的丧失，中国人对海洋生疏了，而凭借海洋之利兴起的西方，则开始叩击搁浅巨龙之国门。失去了海权的庇护，中国人原以为可作为御敌天堑的海洋，就成了西方入侵中国的捷径。中国近代的耻辱史就是从海洋开始的，中国的国门也是从海洋方向被西方列强打开的。近代以来国耻家仇大多是由海上来犯之敌所造成的。自1840年至1949年的百多年间，中国先后遭受了上百次来自海上的侵略，被迫签署的不平等条约达700多个②，中国的历史可谓一部海洋血泪史、海上耻辱史。一个不争的历史事实是，中国接二连三失去海参崴、图们江出海口、夜莺岛等具有战略意义的要地，中国的海洋战略环境大

---

① 李鸿章奏折中语，见《同治朝始末》，第99卷，第32页。
② 张世平：《中国海权》，北京：人民日报出版社2009年版，第132页。

大恶化了。可以断言,近代中国的落后与长期忽视海洋有密切关系。

实现中国梦,离不开中国文明再一次转型

党的十八大做出了建设海洋强国的重大部署,习近平总书记在主持中央政治局第八次集体学习时指出,建设海洋强国是中国特色社会主义事业的重要组成部分。只有实现中国文明的再一次转型,从明清以来单一的大陆文明国家转型为兼具大陆文明和海洋文明的国家,即恢复中华文明是大陆文明与海洋文明的综合体的本来面貌,然后才谈得上实现中国梦。

实现中国文明的再一次转型,必须对海洋文明有一个正确的认识。相对于大陆文明,海洋文明具有以下三个特点:重商意识;冒险和进取精神;开放性和多元性,这与重农轻商、安土重迁和闭关锁国的大陆型社会意识有明显的差异。海洋文明和大陆文明的最基本差异在于大陆文明更多是一种农耕文明,而海洋文明更多是商工文明。孙中山在考察西方各国后得出结论:"自世界大势变迁,国力之盛衰强弱,常在海而不在陆,其海上权力优胜者,其国力常占优胜。"[①] 中

[①] 《孙中山全集》第2卷,北京:中华书局1985年版,第79页。

国改革开放30多年所创造的奇迹，很大程度上得益于海洋，无论国际贸易、国际投资，还是沿海经济特区，都离不开海洋元素。明清之前，当中华文明是大陆文明与海洋文明的综合体时，中国长期是世界第一强国。明清以降，海禁使中国转型为单一的大陆文明国家，中国被西方海洋文明国家远远地抛在了后面。实现文明转型，不是抛弃大陆文明，不是抛弃农耕文明，而是在维护大陆文明和维护农耕文明的同时，拓展海洋文明和商工文明。海洋文明、商工文明不等于资本主义文明，实现文明的再次转型，不等于向资本主义转型。实现中国文明的再次转型，向海洋文明回摆，把中国建成海洋强国，是实现中华民族复兴，实现中国梦的题中应有之义。

实现中国文明的再一次转型，必须对中国面临的海洋困境有一个清醒的认识。由于种种主客观原因，在海洋问题上，中国依然是一个尴尬的大国，依然没能很好地摆脱战略困境。这种战略困境表现为两个方面：一是从客观实力地位来看，中国虽是一个海洋大国，但却是一个海权小国，对海洋问题发言权小，这与中国的大国地位严重不相称。二是海洋权益（含海洋国土）争端频发，不少国家似乎都敢欺负中国、挑衅中国，中国似乎总陷入被动应付、被动防御的状态。20世纪70年代以来，海上相望的8个国家均先后向中国提出海洋主权和权益方面的要求，中国在南海205万平方公里的管辖海域竟有143万平方公里被周边几个小国划入自己的管辖范围。① 中国人说"主权归我",无人理睬;中国人说"搁置争议",非但没人"搁置"反倒时不时地整出一点情况来让人为之紧张;中国人说"共同开发",没人与你共同开发却从天涯海角请来一些"红鼻子""蓝眼睛"又是勘探又是钻井。"谈不拢、打不得、拖不起"是今天中国在南海所面临的窘境。这种战略困境的形成,有客观方面的原因:一是我国的海洋地缘政治环境恶劣,仅一面向洋(太平洋),且在通向大洋的战略通道上阻隔着许多政治制度与意识形态不同的国家和地区,海上战略通道非常狭窄,容易受制于人。如此狭小的出海洋面,从某个角度来看,我国可谓"有海无洋"。相比之下,美国不受任何阻隔,直接面对三大洋(太平洋、大西洋和北冰洋),大洋战略通道非常通畅,俄罗斯直接面对两大洋(太平洋和北冰洋),美俄的海洋地缘政治环境比中国不知好到哪里去了。二是历史遗留问题太多,矛盾涉及面广。祖国宝岛台湾当前仍孤悬海外,成为我国东部海权的缺口;在东海,我国与日本有钓鱼岛争端;在黄海与韩国有苏岩礁争议;在南海与多个国家存在岛礁争议;而且,这些岛礁争议有愈演愈烈之势,"黄岩岛事件"和"钓鱼岛风波"就是例证。也有主观方面的原因:国人海洋意识薄

---

① 张世平:《中国海权》,北京:人民日报出版社2009年版,第132页。

弱，海权观念淡薄。受传统的陆权文化影响，再加上数百年的闭关锁国，国人对海洋还比较生疏，缺乏应有的"激情"。海洋大国意识的缺失，对海权的忽视，使得我们对海洋管控能力建设（比如海军建设、海洋监管机构建设等）重视不够，对海洋、对岛屿重要性不如陆地国土那么重视，对海洋国土的丢失和海洋权益的被侵犯，缺少"切肤之痛"的感觉。

实现中国文明的再一次转型，要增强全民的中国海洋大国意识，培育国人对海洋的感情，使国人在维护海洋权益中自觉发挥作用。一是要改变长期以来中国国民重大陆、轻海洋的传统心理和思维习惯。中国海洋形势严峻的一个突出表现是国民的海洋意识非常薄弱，多数国人对海洋的了解程度较低，很少有人知道国土中还包括海洋，中国还有数十万平方公里的海洋国土和数百万平方公里的管辖海域，也很少有人知道公海是国际"公共财产"和"公共通道"。据国内媒体报道，中国某大城市90%的大学生认为，中国版图只有960万平方公里的陆域国土面积，而不知道300多万平方公里的管辖海域。北京市"世纪坛"宏伟建筑，依然把祖国疆界限制为"960"；上海市"东方绿舟"教育基地知识大道上，有历代中外名人雕像，其中伟大航海家有哥伦布，却没有郑和①；二是要把增强海权意识作为增强全民海洋大国意识的关键。使国民认识到21世纪是海洋的世纪，海权就是海洋活动的自由权，是海洋国家的合法权利，是中国和平崛起的重要保障。没有强大的海权，就没法保障国家的海洋权益。在国家利益争夺中，海权强国总是笑到最后。三是大力加强海洋文化建设，普及海洋知识，展开多种形式的海洋知识渗透，让国人的生活充满海洋的气息。四是把发展海洋经济作为建设海洋强国的重要支撑。19世纪、20世纪的中国是世界海洋权益分割的迟到者，21世纪正在崛起的中国不能再一次失去本应属于自己的海洋权利，"向南、向海、向全球"才可能解决好长期以来困扰中国的资源、市场、劳动力就业等问题。美日等国海洋经济对GDP贡献都超过50%，按照"十二五"规划，我国海洋生产总值年均增长8%，海洋经济占GDP的比重2015年才达到10%。从中国未来发展来看，目前的国内资源无法满足13亿人改善生活条件的需要，因此急需海外资源，而海外资源的获取，也需要海权的保护。中国作为"世界工厂""制造大国"，40%以上的生产资料来自世界各地，60%以上的产品销往世界各地，生产资料来源地、产品市场、经贸通道三大安全问题应运而生。因此中国发展前景能否乐观，在很大程度上取决于对海洋空间的开拓和海

---

① 郑明：《中国国民海洋意识薄弱　加强海洋教育迫不及待》，《环球时报》2006年1月1日，第11版。

洋资源的获取。五是把实现海洋强国梦与实现中国梦结合起来。为了实现中国梦，为了子孙后代的生存与可持续发展，我们应当大步走向海洋、走向海洋联结的各个大陆。

实现中国文明的再一次转型，要制定符合中国国情的海洋大战略，其中特别要有打破"第一岛链"包围圈的战略设计。要明确告诉世界，"第一岛链"不是封锁中国的岛链，而是中国保卫东部国土安全的第一防线。为此，在战略思想上要改变近海消极防御的策略，把我国海军建成远洋海军。中国海军创始人之一肖劲光大将曾提出组建太平洋舰队的战略构想，前中国海军司令员刘华清上将也曾提出中国海军冲出第一、第二岛链，进入太平洋的宏伟目标①。从海权理论来看，这些战略构想都具有远见卓识，中国海军的确要有这样的战略设计，否则很可能被困在浅海。只有中国海军实力达到与其国力相称的地步，才能达到"不战而屈人之兵"的效果。尤其是在南海问题上，只有当中国南海舰队拥有绝对的优势时，与我国有争议的国家才不会冒险挑衅。

实现中国文明的再一次转型，要制定与之相适应的中国海洋外交战略。由于我国缺乏系统的海洋大战略和海洋大外交，加上陆权思想严重，致使我国在海洋权益的获取和维护方面，失去了某些战略良机，这又进一步加剧了我国目前的

---

① 刘华清：《刘华清回忆录》，北京：解放军出版社2004年版，第477页。

海洋困境。例如,在东海的钓鱼岛问题上,我们曾有机会利用1972年尼克松访华形成的战略主动与优势,以当时日本当局在建交问题上有求于我国的态势,抓住战略时机提出钓鱼岛主权归还我国的问题,如再辅以我国为了中日人民的长期友好而主动放弃日本政府对华战争赔款相交换,那么1972年即成为解决钓鱼岛问题的绝佳时机。从现代外交实践来看,民间力量在国际争端中扮演着非常特殊的角色,有时可以起到官方起不到的特殊作用。海洋权益争端也是如此,我们可考虑对有争议的海洋国土采用官民结合的办法来诉争和维护。

中国的衰弱源于海上,中国的新崛起也从海洋起步。中国正走在从海洋大国向海洋强国迈进的历史大道上,这条道路不是平坦无险的。只要我们认真总结经验教训,批判和吸收国外的发展经验,主动推动文明的转型,不断增强中国海洋大国的意识,经略好海洋,我们必将成为名副其实的和平崛起的海洋强国。

"一带一路"公共外交：问题与前景
——以对欧丝路公共外交为例

王义桅*

【内容提要】"一带一路"倡议提出后，引发国内外热议的同时，也带来种种认知风险。本文分析了欧洲人对"一带一路"的担心与顾虑，总结出对欧丝路公共外交的"十少十多"原则。欧洲的例子表明，"一带一路"要做到"知行合一"，自始至终坚持"共商、共建、共享"原则，着眼于民心相通，重视公共外交工作。"一带一路"公共外交可称为"丝路公共外交"。传播丝路文化、讲好丝路故事、阐明丝路精神，是丝路公共外交的三大内涵；针对丝绸之路本身的公共外交——文明共同体，针对域外国家的公共外交——利益共同体，针对域内国家的公共外交——命运共同体，是丝路

---

* 王义桅，中国人民大学欧洲问题研究中心/欧盟研究中心研究员、主任，国际关系学院教授、博士生导师，国际事务研究所所长，重阳金融研究院高级研究员，新疆师范大学及塔里木大学客座教授。

公共外交的三大目标；丝路公共外交的精髓在于发掘、传播、阐释好 21 世纪的丝路文明，把握好复兴、包容、创新三部曲，融通中国梦与世界梦。

【关键词】"一带一路"　公共外交　丝路　公共外交

引　言

"一带一路"的十大认识风险

习近平主席 2013 年 9、10 月在哈萨克斯坦、印度尼西亚提出"丝绸之路经济带""21 世纪海上丝绸之路"（简称"一带一路"）伟大倡议以来，引发国内外强烈反响与解读，也带来种种认识风险，概括起来有：

一、"一带一路"是战略。一些人有意无意地将"一带一路"解读为应对美国重返亚太的"西进战略"，因此要极力推行。这引起了其他国家的警惕，以为中国借此在推行地缘政治扩张。其实要慎谈战略，多讲文明；尤其避免用"大战略"的概念，通常指霸权国家的全球战略。

二、"一带一路"是中国的。将"一带一路"视为"战略"的应有之义，就是"一带一路"是中国的，也就是"我的"，而非"我们的"，这样中国就要承担"一带一路"的发改委、财政部甚至丝路解放军的角色,为此提供规划、资金与安全支撑,甚至兜底。其实,"一带一路"是中国提出的伟大合作倡议,不属于中国,而是属于沿线所有国家,并对世界带来巨大发展机遇。

三、"一带一路"重"路"轻"带"。有说法称"一带一路"是海上佯攻,意在陆上,显然又是战略术语。"一带一路"不存在孰轻孰重、孰先孰后的问题,而是欧亚大陆的互联互通,并延伸到非洲、南太地区,只有这样才能发挥系统效应。

四、"一带一路"是借复兴来复古。一些国家担心中国说复兴,其实在复古,就是恢复朝贡体系。这反映出他们担心经济依附于中国。其实,"一带一路"是文明的复兴,不只是中华文明复兴,更是欧亚文明复兴为世界文明中心地位。

五、"一带一路"是输出过剩产能。所谓"一带一路"是中国版马歇尔计划的提法,就是受到输出过剩产能的说法鼓励,同时杜撰中国借此确立地区霸权。显然,过剩产能是国内的说法,对"一带一路"沿线国家而言,应该是优质富裕产能,否则也难体现出"将中国机遇变成世界机遇"的理念。

六、"一带一路"是中国版经济帝国主义,或全球化4.0版——中国版全球化。所谓中国资本扩张的说法,地缘政治思维流行,助长了这种不切实际且十分有害的说法。"一带一路"是中国提供给国际社会的公共产品,秉承"共商、共建、共享"原则,强调开放包容,不可能是一些日本污蔑的"打倒中华帝国主义"。

七、"一带一路"是中国中心主义的复活。"一带一路"强调与沿线国家进行政策、技术、标准的对接,可是也有给人造成"让人家对接我,而我不愿对接人家"的印象。比如,与印度"季节计划"对接,是真心欢迎该计划呢,还是将其纳入"一带一路"轨道?认识、说法的模糊会造成如此认知风险。其实,对接的目标是互联互通。既然互联互通,不存在只是跟谁通的问题。

八、"一带一路"是中国周边外交。其实,"周边"的概念仍然是中国中心的,应该用"睦邻"取代"周边"概念。"一带一路"强调地区治理,包括安全治理,而非简单的中国周边外交或多边外交。

九、"一带一路"是一个封闭的环。市面流行的地图多将"一带一路"画成一个封闭的环。其实,"一带一路"并非封闭的环,而是开放带,是集经济走廊、经济带于一身的基建、投资、贸易、信息网络。

十、"一带一路"是中国以经济合作掩护军事扩张。"桥头堡""节点"等提法非常具有军事色彩,容易产生这样的联想,须慎用。"一带一路"强调开创21世纪地区与国际合作理念,不会也不应该重复西方扩张老路。

种种认知风险表明,名不正则言不顺,言不顺则心不齐。

"一带一路"必须正视已有或将来会冒出来的稀奇古怪的认知风险。种种认知风险，在对欧工作中得到鲜明体现。

一、欧洲人如何认识"一带一路"？

至少有两大原因，使欧洲人对"一带一路"充满兴趣：一是丝绸之路是德国人李希霍芬1877年命名的——迄今国际上对"一带一路"研究最深入的就是德国智库，如席勒研究所。可以说，欧洲人拥有丝绸之路的知识产权。"一带一路"的"五通"也学习了欧洲一体化"四通"——商品、资本、劳务、人员自由流通的经验。二是欧洲人对TTIP怀疑和不满加剧，对中国"一带一路"倡议就越感兴趣，希望在大西洋关系之外有新的选择。笔者日前参加保加利亚斯拉夫基金会举办的"欧洲向东看"国际研讨会，对此印象深刻。中国与中东欧国家"16+1"合作机制集中纳入"一带一路"合作框架下，更是互联互通引领中欧合作务实推进的鲜明写照。

总的感觉，大凡对中国友好的，便积极评价"一带一路"；大凡对中国不那么友好的，便多怀疑之。大凡期待从中国崛起获益的国家，多看重"一带一路"可能带来的好处；大凡保守、害怕变化的国家，多质疑"一带一路"动机与后果。总的看，欧洲人对"一带一路"有两大期待，一符合我利益——帮助欧洲企业公平竞争进入中国市场和"一带一路"项目,二符合我价值观——人权、民主、法治。于是,欧洲人多借助"一带一路"提自己要求。

"欧洲人老是自视为西方,其实自古是与东方紧密相连的,丝绸之路就是重要媒介。如今中国要复兴古丝绸之路了。这样,中国与欧洲,不再是东西方关系,而是共同回归人类文明中心地带——欧亚大陆。"笔者 2015 年 4 月 28 日在欧盟重要智库——马达里亚加—欧洲学院基金会举办的"丝绸之路复兴背后的含义"午餐研讨会上的观点,引发八十余名与会欧盟官员、学者、记者的激烈讨论。研讨会通过 Twitter 现场发布,受到广泛关注。[①]

马达里亚加—欧洲学院基金会执行总裁德福安教授主持研讨会开幕致辞时感慨:"欧洲善于维持现状,而中国正高效地改变世界。"这一开场白激发了欧洲人的三大疑问:

其一,"一带一路"是什么?研讨会另一位发言者——法国国际关系研究所(IFRI)中国中心主任范文丽称,"一带一路"更多还是愿景,看不到具体行动。

其二,"一带一路"想干什么?"'一带一路'除了中国国内的经济动因外,还有能源获取和安全战略的考量,并且服务于中国追求世界领导权。"范文丽判断。

---

① http://www.madariaga.org/publications/event-reports/1037-reviving-the-silk-road-what-is-behind-it.

其三,"一带一路"能否建成?"亚历山大远征、罗马帝国扩张都未曾完成如此辉煌的业绩啊。中国如今要改写世界地缘政治版图。"这是主持人德福安的感慨。与会欧洲人接茬儿发问,中心思想就是——我们欧洲人当年做不到,你中国人今天就能搞定阿富汗、伊斯兰国等众多威胁?!中国人民解放军将来要去沿线保护那些基础设施?!

为这三大问题困扰,与会欧洲人还未及考虑"一带一路"建设及建成之后对欧洲意味着什么,对"一带一路"还有几大担心:其一,影响欧债危机后续治理措施。南欧、中东欧地区正受到中国投资诱惑,可能妨碍欧债危机后治理措施、效果。其二,分而治之。欧洲各国对中国"一带一路"的欢迎程度不一,对中国投资态度不一,可能因此分散欧盟国家注意力,导致中国通过"一带一路"对欧的分而治之。其三,标准、规范。中国的"一带一路"是否符合欧盟推崇的环保、劳工标准?是否符合欧盟强调的全球治理、地区治理观?其四,侵蚀睦邻。欧盟的南方、东部睦邻政策,涉及对西亚、北非、高加索等地的援助、治理,如今可能受到中国"一带一路"的侵蚀。其五,另建体系。"一带一路"在建设中国的全球化体系,一可能惹恼美国,逼迫欧洲在中美间选边站,二是带来不稳定,影响国际秩序走向。

为此,笔者一一耐心做了解释,概括起来就是三句话:"一带一路"不只是合作倡议,更有大量合作计划做支撑,之所以未一下子公布清单，是因为需要与沿线国家、地区协商，不能硬塞给对方；"一带一路"的合法性在于世界日益增长的对合作公共产品需求与落后供给能力之间的矛盾。中国并非追求什么世界领导权，而是联合沿线国家发掘洲际、区域合作潜力，服务于地区繁荣与长治久安；"一带一路"既带来巨大合作机遇，当然也面临众多风险，需要包括欧洲在内的各国合作应对，尤其是南海主权纠纷，需要以双轨思路妥善处理。

退一步说，古人云"取法乎上，得乎其中"，即便"一带一路"设想未能完全实现，也比眼光短浅、沾沾自喜强。听到笔者这种说法，与会者无一不折服于中国传统智慧。

当笔者引用布隆伯格分析数据——到2050年，"一带一路"将为世界新增30亿中产阶级，说明"一带一路"将给欧洲带来八大机遇时，欧盟官员表示可考虑将欧盟新提出的欧洲投资计划——"容克计划"与"一带一路"对接，实现欧亚互联互通，推动世界经济发展与全球治理。当然，操作起来还需要欧方像"一带一路"那样开放、包容。[1]

经过耐心解释和对话，欧洲与会者渐渐舒展了面容，怀疑"一带一路"意图以及能否建成的比例大幅下降。笔者乘

---

[1] Wang Yiwei, "One Belt One Road: Opportunities for Europe – China Cooperation", *Europe's World*, May 13 2015. http://europesworld.org/2015/05/13/one-belt-one-road-opportunities-europe-china-cooperation/#.VYXhNNJAUzA.

势请与会者举手表态,发现多数欧洲人对"一带一路"有了信心。笔者询问未举手的缘由,没有不希望建成的,只是有前提——"一带一路"建设要按照市场化和国际规则进行,解决欧方对治理、劳工标准、环境标准及可持续发展等关切,希望将其与联合国后发展议程对接。再问"一带一路"对欧洲是祸是福时,没有一个认为是祸。

"欧洲人应该感到骄傲,在中国历史书上是找不到'丝绸之路'一词的,那是德国人李希霍芬1877年提的概念。因此,欧洲拥有'丝绸之路'的知识产权。"当听到这,欧洲人的精神劲儿一下子提起来了。笔者表示,感谢欧洲朋友对建设"一带一路"风险的提醒,其实这些笔者新作《一带一路:机遇与挑战》中均已分析,① 中国的信心来自"共商、共建、共享"的理念,简单说来是44亿人一起想、一起建,正如亚投行一样,完全按照市场原则和国际规范办事,建设绿色、环保和可持续的"一带一路",域外国家包括美国也会参与进来。如此,欧洲人心宽多了,十分期待早日读到拙著的外文版。有欧洲友人私下对笔者表示,欧洲人不习惯中国式"自上而下"思维方式,疑问重重,切莫见怪。

当然,布鲁塞尔只是欧洲缩影而绝非全部。笔者此前在波兰卡托维茨举办的欧洲经济大会"中欧经济论坛"上,也

---

① 王义桅:《一带一路:机遇与挑战》,北京:人民出版社2015年4月版。

讲述了"一带一路"带给中东欧国家的机遇，与会者表现就积极得多，渴望吸引中国投资、参与"一带一路"建设。

二、对欧丝路公共外交要注意"十少十多"

笔者多次赴欧巡讲"一带一路"，总体观察，欧洲人总体对"一带一路"评价积极，愿意从中寻找合作机遇，但有以下担心：

一、担心中国战略扩张。"一带一路"过于宏大，中国可能在搞新的投资大跃进。

二、担心地缘政治冲突。"一带一路"涉及诸多冲突地区，会卷入地缘政治冲突，引发新的地缘政治变动。

三、担心无法应对安全风险。中国无力应对"一带一路"沿线国家的安全治理能力。

四、担心影响欧洲的治理标准。"一带一路"采取的标准、规范可能有悖于欧洲标准、规范，尤其是中国与中东欧国家及欧洲周边国家合作，妨碍欧洲治理标准的推行。

五、担心俄罗斯的反弹。"一带一路"经过俄罗斯及俄罗斯势力范围，可能引发俄罗斯猜疑，导致俄罗斯反制。

六、担心引发国际格局变动。"一带一路"形成"参与者—追随者"（taker-follower）分化，影响国际格局、国际秩序变动。

七、担心流于宽泛，不了了之。"一带一路"没有示范项目（pilot project），可能流于形式，不知如何参与。

八、担心影响欧亚一体化。"一带一路"雄心勃勃，将欧亚大市场乃至一体化作为奋斗目标，不切实际。欧洲推行一体化不容易，何谈欧亚大陆？

九、担心引发债务危机。中国投资扩张及"一带一路"沿线投资热，可能引发债务危机，牵连欧洲，影响世界金融局势。

十、担心缺乏制度性安排。中国人不注重制度性安排，"一带一路"沿线国家法律制度不完善，使得"一带一路"建设可能不稳定、不可预期，影响国际制度建设。

针对欧洲人对"一带一路"的十大担心，对欧洲人宣介"一带一路"，要切实注意"十少、十多"原则：

1. 少讲文明历史，多讲现实合作

丝绸之路是东西方文明交流之路，我们也提出与欧盟致力于建立文明等四大伙伴关系，因此对欧洲人讲"一带一路"，我们也自然把"文明""历史"挂在嘴边。但是，"欧洲人听到'文明'一词，首先想到昨日辉煌，与帝国兴衰相连，因而不舒服。"欧盟智库"欧洲之友"（Friends of Europe）中国问题专家莎达（Shada Islam）对来访的中联部当代世界研究中心代表团坦言。看来，要多讲"一带一路"

给欧洲人就业、经济增长、再工业化等带来什么现实利益，才是根本。

2. 少讲欧亚，多讲东西方。

欧亚成为俄罗斯代名词。在乌克兰危机后，欧洲人可谓"谈熊色变"，对普京力推的欧亚经济联盟十分感冒。因此，"一带一路"对欧公共外交，要多讲东西方合作，少讲欧亚大市场。对俄罗斯、马其顿、土耳其、伊朗、蒙古这些曾为横跨欧亚大陆帝国的国家，可以多讲欧亚。此外，《马可·波罗游记》曾流行于欧洲，激发欧洲人担心中国会否入侵欧洲的联想。如今，除了对意大利人以外，"一带一路"也要慎提马可·波罗。

3. 少讲战略，多讲计划。

"一带一路"如何定位？现在存在"对内讲战略，对外讲倡议"的现象。这当然考虑到内外有别，避免外界对中国战略企图的担忧，且战略是单方面的。但是，全球化时代很难做到内外有别，欧洲也有许多战略如里斯本战略的提法，对倡议则觉得空洞，不如计划具体，便于参与。欧洲人对"马歇尔计划"就较亲近。因此，对欧洲人要多讲计划，不必急于将"一带一路"与"中国版马歇尔计划"撇清。欧洲人民党智库马腾斯中心（Martens Centre）日前在接待中联部当代世界研究中心"一带一路"调研组时，还提出中国"一带一路"要学习"马歇尔计划"，比如在私有化、市场化方面的经验。

4. 少讲宏观，多讲微观。

中国人善宏大叙事，往往上下五千年、纵横千万里，但欧洲无此雄心，多关心具体项目。依笔者多次在欧洲宣介"一带一路"的经验，欧洲人对"一带一路"的误解正如油画理解中国山水画：无法企及大写意之境界！笃信"魔鬼在细节里"，欧洲人对抽象的不那么感兴趣，在乎细节和具体，关心自己是否涵盖在"一带一路"沿线国家之列。这里就存在一个问题，抽象讲"一带一路"，欧洲人不好懂；具体拿所谓新华"一带一路"地图讲，不在沿线的欧洲国家又抱怨，甚至对你补充说明"一带一路"坚持"开放、包容"的原则也充耳不闻。结合这两方面情形，对欧洲人讲"一带一路"，总体上要多写实，少写意，对非沿线国家要多写意，沿线欧洲国家多写实。

5. 少讲结果，多讲过程。

随比利时国王访问武汉的欧洲友人告诉笔者，"武汉每天不一样"宣传口号，欧洲人见了就害怕。欧洲人心态不像中国人那么年轻，担心变化，害怕不确定性。要多对欧洲人讲，变的是形式，不变的是实质。同时，欧洲国家多党制居多，很羡慕中国共产党长期执政，说中国是"低头想五年、抬头想十年、心中想五十年"。因此，对中国人大谈"两个一百年""五星出东方利中国"时，可谓羡慕加嫉妒。欧亚中心（EU-Asia Centre）主任卡梅隆（Fraser Cameron）告诉笔者，中国想得大而长远（China thinks big and long），让欧洲人担心会上"一带一路"圈套。这样，我们就不能对欧洲人讲"一带一路"将来给世界带来什么结果，而照顾欧洲人对程序、规则、法治的钟情，多讲过程："一带一路"是绿色、环保、可持续的，基于21世纪的全球化与地区合作理念。

6. 少讲顶层设计，多讲基层参与。

欧洲社会党智库——欧洲进步研究基金会（Foundation For European Progressive Studies）提醒来访的中联部当代世界研究中心"一带一路"调研组，一定要汲取TTIP教训——欧盟领导人靠顶层设计，走上层路线与美国谈判，惹急欧洲人，引发欧洲议会反弹，给欧委会下达谈判建议，与美国谈判的每条内容都要欧洲议会逐一审议表决，进展缓慢。"一带一路"不能搞中国人习惯的自上而下（Up-down）那套，要入乡随俗，对欧洲人强调自下而上（bottom-up），强调基层、地区、行业全程参与，有利于争取民众支持和议会批准合作项目，这也是中欧人心相通的重要内涵。

7. 少讲推进，多讲分工。

推进"一带一路"战略，建设"一带一路"，已成为我们的口头禅，一些人还对"西进战略"念兹在兹，不仅让人担心，还误导我们自己。其实，以国内搞经济建设那套搞"一带一路"是不行的。对国际社会讲，应突出分工、分责。一味推进是军事扩张行为，强调地缘政治效应，什么改变世界经济地理和地缘政治格局之类的话，会吓坏欧洲人。对欧洲人就应多讲经济合作，将安全问题包含在地区治理环节，突出市场分工。对于自己分工参与的项目，欧洲人才放心，才有积极性、责任心。

8. 少讲机遇，多讲风险。

笔者在米兰、布鲁塞尔、布达斯迪拉伐、索菲亚等地讲"一带一路"给欧洲带来八大机遇时，欧洲人的普遍反映是——作为过来人，深知扩张之风险，我们过去都未做到，中国今天能做出？因此，对欧洲人讲"一带一路"恐怕还得多讲风险，少讲机遇——讲机遇也多讲共同机遇，讲风险应对之策，讲共担风险之道。强调"一带一路"之"共商、共建、共享"原则外，还要强调"共担"。只有战略才是自己担风险的，"一带一路"是地区合作倡议与发展计划，强调

"共担风险"不仅符合市场化原则和国际规范,还能让人放心,增强合作的成就感。

9. 少讲国别,多讲欧洲。

笔者常拿重庆—杜伊斯堡的渝新欧铁路,讲"一带一路"给欧洲带来的便利。布鲁塞尔的朋友就提醒说,不能突出国别,尤其是德国,因为其他欧洲国家担心中国就盯着德国等发达经济体,嫌弃欧洲穷国,如保加利亚、罗马尼亚等发展中国家,对此十分敏感。何况希腊债务危机把德国放在火上烤,"笨猪国家"对德国都有情绪呢。甚至像中国—中东欧国家合作机制(16+1),可以放在"一带一路"框架下讲,但要强调互联互通是地区融合之道,尊重欧盟整体治理、法律体系,支持欧洲一体化,避免给人留下中国借助"一带一路"引诱、分化欧洲的错觉。

10. 少讲中国,多讲国际。

中国的"一带一路"战略,深深烙在不少人脑海,甚至将"一带一路"当作西部大开发的延伸或中国的对外援助与经济扩张。欧洲重要智库欧洲对外关系委员会(ECFR)就曾发表"一带一路"是中国新的"大跃进"的报告,① 正是受到这些舆论的影响。一些人更是对中国主导、争夺规则制定权十分上心,甚至把"亚投行"说成是中国的,服务于"一带一路"的,不仅让欧洲人担忧,也有违常识。"一带一路"是中国的国际、地区合作倡议,并非中国战略。

这"十少十多",归结为一句话,就是尊重欧洲人的心态和关切,不能以己度人、一厢情愿。不同于中国强政府弱社会模式,欧洲是多层治理产物。向欧洲人宣介"一带一路",主张对接"一带一路"与"容克计划"时,要多层沟通,既要跟欧盟机构接触,也要跟欧盟国家接触;既要跟中央政府接触,也要跟地方政府接触;既要跟精英接触,也要跟民间接触;既要跟企业接触,也跟行业接触,重视行会、商会作用。只有让欧洲彻底失望于美国,彻底信赖中国,才能赢得欧洲,而得欧洲者得天下。不妨借鉴历史上的"老子化胡说"以接纳佛教,我们也应强调"一带一路"对古丝绸之路的继承与发展,是欧洲价值观的折射,是欧洲重新塑造世界的机遇。

这说明,"一带一路"不能强"推",还要对方"接"。欧洲是真正治理过世界的。"一带一路"沿线65个国家许多

---

① François Godement, Agatha Kratz (eds), "One Belt, One Road: China's great leap outward", *ECFR report*, 10th June, 2015, http://www.ecfr.eu/page/-/China_analysis_belt_road.pdf.

是欧洲的前殖民地。必须借助欧洲经验，争取欧洲支持，携手建设"一带一路"。

当然，欧洲发展也不平衡，对华态度不一。欧洲人心态老而保守，对欧洲人，要像对待老人和孩子，多哄着点儿：不听老人言，吃亏在眼前；老人和孩子相似之处，就是心态较脆弱，一定要注意方式方法。

为此，必须加强对欧洲自下而上的沟通。侧重影响欧洲社会、企业层面。加强商会对话，可考虑成立丝路商会。加强地方间合作，强化城市外交。中国地方省份与欧洲国家大区合作，城市、地区结对子。加强对欧洲议会和各国议会工作。加强全国人大—欧洲议会对话，加强地方议会与欧洲国家、地方议会接触。加强智库沟通。成立中欧智库联盟，就"一带一路"举行定期专题对话会。强调"一带一路"建设要按照市场化和国际规则进行，解决欧方对治理、劳工标准、环境标准及可持续发展等关切，希将其与联合国后发展议程对接。加强中欧战略磋商，加强中国与欧盟成员国的战略磋商，抓住"一带一路"地区支点国家，形成合理分工体系。

三、结论与启示：如何讲好"一带一路"故事

大国崛起须站在巨人肩膀上。欧洲不仅是古丝绸之路终

点站，更治理过世界，拥有政策、贸易、设施、资金、人心等"五通"国际话语权，是"一带一路"建设不二合作伙伴。"一带一路"沿线国家与欧洲有着千丝万缕联系，争取欧洲的支持还具有全球意义。欧洲的例子说明，必须有针对性克服"一带一路"认识风险，切实有效回答其关切。

推而广之，如何克服认知风险？必须确立这样的认识，即丝路是欧亚国家的共同记忆，"一带一路"也是沿线国家的共同事业，始终坚持"共商、共建、共享"原则，通过共商共建丝路，达到共担风险、共襄盛举的目标，为此要更有效地传播丝路文化、讲好丝路故事、阐明丝路精神。

古人云，"国之交在于民相亲、民相亲在于心相通"。丝路外交，作为中国外交的大局，需要长期经营、精心策划、妥善运筹，其中"民心向通"尤为关键。公共外交要解决建设两条丝绸之路的"五通"中的民心相通。古老的丝绸之路将沿途各国变成了好邻居、好朋友、好伙伴。"亲望亲好、邻望邻好"，中国坚持与邻为善、以邻为伴，坚持睦邻、安邻、富邻，积极践行"亲、诚、惠、容"理念，丝路公共外交就是要努力把中国的发展与沿途各国的发展对接起来，把中国梦与沿途各国人民过上美好生活的梦想对接起来，让周边国家从中国的发展中获得裨益和助力，也使中国从周边国家的共同发展中获益。

"一带一路"伟大倡议是中国外交新政，不仅有利于化解中国的产能过剩,立足中国全面开放战略,而且以中国在全球分工体系中新的比较优势开创欧亚大陆一体化,这是首先要向国际社会阐明的。其次,丝路沿途国家及域外国家对"一带一路"怎么看,也是丝路公共外交重点工作对象。

如此说来,丝路公共外交的三大对象:

其一,针对丝绸之路本身的公共外交:文明共同体。2014年6月笔者在乌鲁木齐参加国新办举办的"共建、共享、共赢、共荣丝绸之路经济带"会议。与会国际嘉宾对中方的丝路战略说,连连发问:何谓丝绸之路经济带?包含哪些国家?中国想干吗?给我带来什么好处和风险?如何与已有的地区架构兼容?其结果,欧美冷眼旁观,俄罗斯冷嘲热讽,中亚满腹狐疑,南亚一头雾水……这是会议开幕第一天的普遍反映。经过一天中国官员、学者连番解释,第二天气氛总算和谐许多。这提醒我们,"一带一路"不宜称为"战略",更好的说法是"倡议"。要慎谈战略,多讲文明及包容性发展,核心是丝路复兴,要旨在于开创全球化时代的文明共同体。

其二,针对域外国家的公共外交:利益共同体。"一带一路"是需要几代人持续不断的艰苦努力才能建成的伟大事业,如何处理好与美国主导的现行国际体系及全球化关系?换言之,"一带一路"如何与地区已有合作架构及国际体系实现共融、共通,实现域外国家与域内国家的共享、共赢?

这是丝路公共外交必须回答好的大问题，也就是丝路精神的开放、包容原则如何打造域内、域外利益共同体的问题。

其三，针对域内国家的公共外交：命运共同体。丝绸之路是和平、贸易、文化交流之路。发展"一带一路"面临海上安全风险、国家猜忌，以及宗教、三股势力等挑战，如何确保安全地发展与发展的安全？这就要将中国的和平发展理念外延。"一带一路"也是切实回答中国崛起后给世界带来什么——发展的机遇与安全的责任。中国是世界贸易大国中仅有的非美国盟国，长期坚持独立自主的和平外交政策，没有海外盟友与军事基地，只能通过租赁、特许经营权、合建港口等方式解决海上通道安全及未来航母补给站等问题。这就是中国和平发展、可持续安全观的极好展示。同时，基础设施投资都是战略性、长期性的，有赖于沿途国家的政局稳定、对华关系稳定。要防止可能的颜色革命干扰和对华挑拨。因此，丝路相关国家，包括沿途及利益攸关方，在实现各自国内良治、善治基础上，共同提供安全公共产品，确保丝路的和平稳定，必须以同甘共苦精神，塑造命运共同体意识。

传播丝路文化、讲好丝路故事、阐明丝路精神，是丝路公共外交的三大内涵。

传播丝路文化，关键挑战是将对传统丝路文化的兴趣与热爱转化为对当代丝路文化的兴趣与热爱，将对当代丝路文化的兴趣与热爱转化为对现实"一带一路"的兴趣与热爱。

正如习近平总书记指出的,"要使中华民族最基本的文化基因与当代文化相适应、与现代社会相协调,以人们喜闻乐见、具有广泛参与性的方式推广开来,把跨越时空、超越国度、富有永恒魅力、具有当代价值的文化精神弘扬起来,把继承传统优秀文化又弘扬时代精神、立足本国又面向世界的当代中国文化创新成果传播出去。要系统梳理传统文化资源,让收藏在禁宫里的文物、陈列在广阔大地上的遗产、书写在古籍里的文字都活起来。要以理服人,以文服人,以德服人,提高对外文化交流水平,完善人文交流机制,创新人文交流方式,综合运用大众传播、群体传播、人际传播等多种方式展示中华文化魅力。"① 习总书记关于中华文化的论述完全适用于丝路文化。尤其是,针对域外国家对"一带一路"的猜忌、疑惑,要以丝路文化的魅力实现有效化解,将丝路文化与其他文化的共通性挖掘出来,通过丝路文化的复兴而推动其他文化的复兴和人类文化的繁荣。

讲好丝路故事,已经成为丝路公共外交的重点努力方向。需要丝路国家的历史学家、文学家、艺术家们,借鉴人类丝路文明研究成果,讲清楚丝路故事背后的制度根源与文化基因,将其转化为"一带一路"所开创的新型治理体系与发展模式,开创更具包容性全球化,实现丝路安全、发展、治理

---

① 《建设社会主义文化强国,着力提高国家文化软实力》,新华社北京2013年12月31日中文电。

的三位一体。用好大数据，以宏大叙事讲清楚丝路所推动的文明转型——5000年来首次实现从内陆文明向海洋文明、从农耕文明向工业（信息）文明、从地区性文明向全球性文明转型，以及这三种转型对人类文明转型的伟大贡献。与国际主流媒体、出版社合作提供影视、文学作品，将这种宏大叙事变成诺贝尔文学奖、世界电影大奖、网络游戏等产品。

俗话说"功夫在诗外"。讲好中国故事，要超越"中国"，超越"故事"，超越"讲"，关注他人，关注时代，关注世界。首先是超越"讲"。讲好"一带一路"故事，首先就是要听——听听沿线国家的需要、期待，然后说探讨如何满足这些需要、期待，表明"一带一路"是时代发展的必然，是世界所期待，改变全球化更多有利于海洋国家、沿海地区的局面，倡导包容性全球化；同时，强调"一带一路"作为合作倡议与国际公共产品对世界的贡献——世界上有9亿人没有用上电，光印度就有3亿，而"一带一路"推动电网的互联互通，帮助他们脱贫致富。这比睚眦必报，急于去辩驳"一带一路"不是中国的马歇尔计划，效果要好得多。其次要超越"中国"。"一带一路"故事，少强调中国——"丝绸之路"概念就是德国人提出来的。少强调张骞、郑和，要强调古丝绸之路是各国共同打通、维护的，"一带一路"的魅力就在于激发了文明古国的往日辉煌，共商、共建、共享 21 世纪丝绸之路，达到共同发展、共襄盛举的目标。第三要超越"故事"。"一带一路"故事可以放在国际层面讲，体现对联合国后发展议程的贡献，体现联合国教科文组织、联合国计划开发计划署等的前期贡献，表明"一带一路"激发了欧亚大陆互联互通的百年梦想，推动梦想成真。这样，"一带一路"的合法性要多从国际公共产品、全球治理角度阐释，体现其帮助实现联合国千年发展目标及后发展议程的贡献。比如，世界九亿人没有电，印度三亿。国家电网长距离、特高压输电网，实现成本最小化，推动人类共同现代化。再比如，北斗导航系统 2020 年实现全球覆盖，不像 GPS 依赖网络，更有利于发展中国家远程教育，扫除文盲，脱贫致富。换句话说，讲好"一带一路"故事，要多强调"和平合作、开放包容、互学互鉴、互利共赢"的"丝路精神"，尤其是命运共同体理念，以此引领 21 世纪国际社会价值。正如亚投行创立之初强调"green, lean, clean"原则，"一带一路"要强调绿色丝绸之路，尊重国际规范，体现 21 世纪价值观。一句话，从"我的"转化为"我们的"，才是"一带一路"传播之道。

阐明丝路故事背后的丝路精神，是丝路公共外交新的努力方向。必须讲清楚丝路成功故事背后的价值根源及其普适性，向国际社会广为传播丝绸之路承载的和平合作、开放包容、互学互鉴、互利共赢精神。和平合作，就是通过坦诚对话、深入沟通进行平等交流，不断深化不同国家和地区之间的交流合作，形成命运共同体、责任共同体，将政治关系优势、地缘毗邻优势、经济互补优势转化为务实合作优势、持续增长优势。开放包容，就是以世界眼光和战略思维兼收并蓄、博采众长。这是丝绸之路精神最显著的特征。在深化丝绸之路沿线国家间的交流合作中，应坚持相互包容、求同存异，充分尊重各国自主选择社会制度和发展道路的权利。互学互鉴，就是在尊重文明多样性、道路多样化和发展水平不平衡等差异的基础上相互学习、相互借鉴，取长补短、共同提高。互利共赢，就是不同种族、不同信仰、不同文化背景的国家和地区通过互惠合作，共同应对威胁和挑战，共同谋划利益和福祉，进而实现互惠互利的共赢发展。丝路精神中，和平合作是前提，开放包容是根本，互学互鉴是手段，互利共赢是目的。丝路精神是人类精神的宝贵财富，并且与时俱进地推动全球化新时代人类共同精神的形成。

丝路公共外交的精髓在于发掘、传播、阐释好21世纪的丝路文明，把握好复兴、包容、创新三部曲。

第一步是复兴：亚欧大陆被地缘政治学家麦金德誉为"世界岛"。"一带一路"的伟大倡议及建设，正在塑造"欧亚人"共同身份，让欧亚大陆重回人类文明中心。亚欧大陆本是世界文明中心，至少在埃及文明衰落之后如此。东西方两大文明经过历史上的丝绸之路联系在一起，直至奥斯曼土耳其帝国崛起切断丝绸之路（史称"奥斯曼之墙"），欧洲才被迫走向海洋，而欧洲走向海洋也得益于中国的指南针、火药等四大发明经过阿拉伯传到欧洲。欧洲走向海洋，以殖民化方式开启全球化，丝绸之路衰落，东方文明走向封闭保守，进入所谓的近代西方中心世界。直至美国崛起，西方中心从欧洲转到美国，欧洲衰落，历经欧洲一体化而无法根本上挽回颓势。如今，欧洲迎来了重返世界中心地位的历史性机遇，这就是欧亚大陆的复兴。欧盟的互联互通与中国的"一带一路"对接，以政策、贸易、交通、货币、民心这"五通"对接和平、增长、改革、文明这中欧"四大伙伴"关系，让欧亚大陆回归人类文明中心，并辐射至非洲大陆，推动实现人类持久和平、共同繁荣。

第二步是包容："一带一路"成功的关键在于实现相关国家发展、安全与治理的三位一体——在国内实现有效治理基础上实现丝路的可持续发展、可持续安全，实现中华文明、阿拉伯文明、穆斯林文明、波斯文明、印度文明、基督教文明等丝路沿途文明的复兴、转型与创新，共塑新丝路文明。传统全球化由海而起，由海而生，沿海地区、海洋国家先发展起来，陆上国家、内地则较落后，形成贫富差距。"一带一路"倡议鼓励向西开放，带动西部开发以及中亚、蒙古等内陆国家的开发，在国际社会推行全球化的包容性发展理念，开启全球化新时代文明包容互鉴的新篇章。

第三步是创新:"丝绸之路"不仅是欧亚大陆贸易通道,也是欧亚文明交流的纽带。"丝绸之路经济带"不仅在全球化时代继承了古老贸易与文明通道,更在开启陆上全球化以对冲海上全球化风险,开启文明交流互鉴以实现欧亚大陆的和平与繁荣,并开启人类可持续发展新文明。"21世纪海上丝绸之路"则开创了有别于西方列强走向海洋的扩张、冲突、殖民的旧模式,有效规避了传统全球化的风险,开创人海合一、和谐共生、可持续发展的新型海洋文明。

正如"一带一路"白皮书所言,"'一带一路'是一条互尊互信之路,一条合作共赢之路,一条文明互鉴之路"。"共建'一带一路'符合国际社会的根本利益,彰显人类社会共同理想和美好追求,是国际合作以及全球治理新模式的积极探索,将为世界和平发展增添新的正能量。"[①] "一带一路"既有实现中国梦的路径选择,又有大国崛起话语权和比较优势的战略规划,还肩负中国让世界更美好的人类担当。世界日益增长的需要与落后的全球化供给之间的矛盾,就是中国发展和"一带一路"建设的动力。"一带一路"是新的长征,是中国在沿途国家的宣言书、宣传队、播种机,将中国与有关国家的合作与友谊拓展与深化,极大提升中国制造、中国营造、中国规划的能力与信誉,提升中国威望。"一带一路"

---

① 国家发改委、外交部、商务部:《推动共建丝绸之路经济带和21世纪海上丝绸之路的愿景与行动》,2015年3月28日。

承载着中华民族复兴的梦想,也肩负着开创共同现代化与包容性全球化的世界使命。丝路公共外交的要旨就在于融通中国梦与沿线各国梦,共铸世界梦。

国家发展战略对接与新型国际关系构建[*]
——以中国的"一带一路"战略为例

王存刚[**]

【内容摘要】 国家发展战略对接是指不同国家在发展理念、发展目标、发展规划的相互靠拢,体制机制运行、基础设施建设和产业经营等多方面的相互融合;其前提在于主权平等基础上的互相尊重,相互理解;基本途径是在合作过程中的相互支持,相互补台;主要目标在于发现和扩大彼此既有利益的交互点,寻找和增加彼此新的利益契合点,以实现共赢的目标。在全球化深入发展、全球问题日益凸显、信息技术广泛运用、国际体系深刻转型的大背景下,实现国家发展战略对接具有可能性,并对构建以合作共赢为核心的新型

---

[*] 本文曾发表于门洪华等主编的《中国战略报告》(第三辑)(格致出版社/上海人民出版社2016年版),收入本论文集时做了部分修改。

[**] 王存刚,同济大学中国战略研究院教授、副院长、外交学系主任。

国际关系具有重要意义。中国以实施"一带一路"战略为契机，积极推动与沿线国家的国家发展战略对接，并已取得多方面的重要进展。未来，最高领导层应当继续高度重视并积极推进对接工作，将双边对接与地区合作机制建设更好结合起来，加强各国预警机制的合作，充分发挥企业的主动性和创造性，大力开展公共外交，以此进一步深化各国国家发展战略对接，将构建新型国际关系这一前无古人、泽被后世的伟业不断推向前进。

【关键词】国家发展战略　新型国际关系对接　合作共赢　中国外交

引　言

构建以合作共赢为核心的新型国际关系，是实现国际体系、国际秩序的顺利转型的客观需要，是新时期中国外交的重大追求之一，也是以"和平发展"为鲜明特色的中国道路的重要组成部分。要完成这一前无古人、泽被后世的伟大创举，需要做的工作很多。其中一个十分重要且极为有效的方面，就是推动国家发展战略对接。通过这种方式，可以培育或加深不同历史文化传统、社会制度、发展水平和发展理念国家之间的战略互信，提升国家间合作的水平和质量，实现共赢的目标。

目前，学界已就新型国际关系构建发表了大量成果，但对国家发展战略对接的学理探讨尚未出现，更无将两者链接起来的专门著述。① 因此本项研究具有重要学理价值和现实意义。本文将首先阐述国家发展战略对接的内涵与可能性；其次讨论国家发展战略对接对新型国际关系构建的价值；再次以中国的"一带一路"战略与有关国家的国家发展战略对接为例，检验前述判断，发现对接过程中存在问题；最后将就如何创新对接形式、推动新型国际关系构建取得新进展提出政策建议。本文主要采用诠释和案例两种研究方法。

一、国家发展战略对接：内涵与可能性

1. 国家发展战略对接的内涵

要讨论国家发展战略对接，首先必须明确国家发展战略

---

① 笔者曾以"国家发展战略对接"为关键词，在中国知网上进行检索，结果发现，仅有少部分作者在讨论俄罗斯问题时，简要谈到该问题，比如庞大鹏：《俄罗斯的欧亚战略——兼论对中俄关系的影响》，《教学与研究》2014年第6期，第69—76页；李建民：《丝绸之路经济带、欧亚经济联盟与中俄合作》，《俄罗斯学刊》2014年第5期，第7—18页。

的内涵。国家发展战略属于国家战略范畴,① 是一国最高决策层对一定时期内国家发展的基本目标、实现途径和保障措施等重大问题的总体设计。它涵盖内政与外交两大方面,涉及经济、政治、安全、社会、科技、文化诸多领域。一国的国家发展战略集中体现了该国执政者的时代观、国际观、国家观、发展观和利益观。它所确立的国家发展的基本目标,指引着一国在一定时期内发展的总体方向和基本路径,规约着该国对内对外政策的选择。历史经验和理论研究都表明,正确的国家发展战略,必须契合时代的基本特征、国家的现实条件与核心需求。

所谓国家发展战略对接②,是新的历史条件下国家实施对外开放、开展国际合作的一种新形式,主要包括不同国家在发展理念、发展目标、发展规划的相互靠拢,体制机制运行、基础设施建设和产业经营等多方面的相互融合。对接的前提在于主权平等基础上的互相尊重,相互理解;对接的基

---

① 薄贵利:《论国家战略的科学内涵》,《中国行政管理》2015 年第 7 期,第 70—75 页;周建明、王海良:《国家大战略、国家安全战略与国家利益》,《世界经济与政治》2002 年第 4 期,第 21 页。

② "对接"原是航天科学的一个概念,"指两个或两个以上航行中的航天器(航天飞机、宇宙飞船等)靠拢后结合成为一体"。中国社会科学院语言研究所词典编辑室:《现代汉语词典》(汉英双语),北京:外语教学与研究出版社 2002 年版,第 491 页。

本途径是在合作过程中的互相支持,互相补台;对接的主要目标在于巩固和扩大彼此既有利益的交互点,寻找和增加彼此新的利益契合点,以实现共赢的目标。对接不是一国将自己的意志和利益强加于他国,而是相关国家意志自由、自主的表达,利益自由、自主的实现;它与历史上曾经长期存在、集中反映少数宗主国意志和利益的殖民主义分工体系及其各类变种,在本质和实现方式上是完全不同的。对此,杨洁篪国务委员曾指出,"对接不是你接受我的规则,也不是我接受你的规则,而是在相互尊重的基础上,找出共同点与合作点,进而制定共同规则。"[①]

2. 实现国家发展战略对接具有可能性

第一,相关国家的发展理念已经较为接近。美国学者戈尔茨坦和基欧汉认为:"观念常常是政府政策的重要决定因素……观念所体现出的原则化或因果性的信念为行为者提供了路线图,使其对目标或目的—手段关系更加清晰;在不存在单一均衡(unique equilibrium)的战略形势下,观念影响

---

① 杨洁篪:《深化互信、加强对接,共建21世纪海上丝绸之路》,http://www.fmprc.gov.cn/mfa_chn/ziliao_611306/zyjh_611308/t1249710.shtml。访问时间:2015年5月9日。

战略形势的结果；观念能够嵌入政治制度（institution）当中。"① 近年来，面对经济全球化、社会信息化快速发展带来的诸多挑战，特别是2008年国际金融危机所引致的"华盛顿共识"的破产，不少国家对自身的发展理念方面进行了大幅调整，形成新的国家发展观。比如，自改革开放以来，中国逐步确立以经济建设为中心、以满足人民基本生活需求为目标的国家发展思路，并据此进行国家发展观的调整，最终于2012年召开的中共十八上形成"全面、协调、可持续"为内涵的科学发展观。② 又如，自普京当政以来，俄罗斯的国家发展观念也在不断调整并日趋明确。1999年，时任俄总统的普京发表《千年之交的俄罗斯》一文，对本国发展道路进行系统总结和深入反思，认为俄已是实现了工业化的大国，具有与东亚国家追赶型发展道路显著不同的特点，其未来取决于那些立足于高科技、生产科学密集型产品的部门的进步。2008年2月，即将卸任总统职务的普京发表题为《俄罗斯2020年国家发展战略》的演说，将创新型发展列为该战略的

---

① ［美］朱迪斯·戈尔茨坦、罗伯特·O.基欧汉主编：《观念与外交政策》（刘东国、于军译，刘东校），北京大学出版社2005年版，第3页。

② 《毛泽东邓小平江泽民论科学发展》，北京：中央文献出版社、党建读物出版社2008年版；中央文献研究室：《科学发展观重要论述摘编》，北京：中央文献出版社、党建读物出版社2008年版；李腊生：《中国共产党的国家发展战略研究》，北京：人民出版社2013年版。

核心。尽管随后爆发的国际金融危机对俄罗斯经济造成巨大影响,但当政的梅德维杰夫并未对普京定下的国家发展理念和思路做出大幅改变,这在其于2009年9月发表的题为《俄罗斯,前进!》的讲话中有充分体现。2012年普京再次当选总统后,由其长期主导的俄罗斯国家发展理念得到延续和深化。此外,哈萨克斯坦在推进国家发展进程中强调经济的多样化、对未来的投资、对国民的服务和社会管理模式创新。①蒙古国所确立的国家发展理念是:以综合方式"促进形成人道、文明和民主的社会,大力发展国家的经济、社会、科学、技术、文化和文明"。② 比较不同国家的新发展理念,我们不难发现其中的共同点、相似点甚多,这就为进行国家间发展战略对接奠定了坚实的基础。③

第二,相关国家先后制定了新的国家发展战略。发展理念的转变,引发各国先后制定或者调整本国的发展战略。发达国家在这方面走在了前列。比如,德国于2001年制定了

---

① 赵常庆:《哈萨克斯坦的2030/2050战略——兼论哈萨克斯坦的跨越发展》,《新疆师范大学学报》(哲学社会科学版)2013年第3期,第37—42页。

② 冯维江、蔡丹:《蒙古国国家全面发展战略与中国对蒙经贸方略》,《中国市场》2011年第16期,第90页。

③ [俄]德米特里·特列宁:《帝国之后——21世纪俄罗斯的国家发展与转型》(韩凝译,左凤荣、张光政校),北京:新华出版社2015年版;徐坡岭:《俄罗斯国家发展新战略》,《国际经济评论》2012年第3期,第45—58页;庞大鹏:《俄罗斯的发展道路》,《俄罗斯研究》2012年第2期,第53—81页。

《国家可持续发展战略》,其核心是将环境、经济和社会政策目标有机结合起来,同时在优先领域以具体项目推动可持续发展;2010年,该国又制定了《高技术战略2020》,提出"工业4.0"战略,即以网络实体系统和物联信息系统(Cyber-PhysicalSystem 简称CPS)为技术基础,全面提升制造业的智能化水平,建立具有适应性、资源效率及人因工程学的智慧工厂,在商业流程及价值流程中整合客户及商业伙伴。当然,发展中国家也不甘落后。比如,哈萨克斯坦制定了"2050年国家发展战略",计划通过推行经合组织成员国的相关原则和标准,通过两大阶段不同主题的发展,在2050成为世界最发达的30个国家之一。蒙古国提出了"基于千年发展目标的国家全面发展战略"(The Millennium Development Goals-based Comprehensive National Development Strategy of Mongolia),涉及"蒙古的人类及社会发展""经济增长和发展政策""环境政策""立法和政府组织发展政策"等四个方面。在制定国家发展战略过程中,各国最高决策层既要充分考虑国内环境,也要充分考虑国际环境,也就是通常所说的要统筹国内国际两个大局,充分利用国际国内两种资源、两个市场,遵守内外协调、综合平衡的原则。那种不能够反映国家内外环境的基本特点、不顾及别国的国家利益特别是核心利益的自私自利的国家发展战略,在具体实施过程中只能招致其他国家的反感、抵制和对抗,进而恶化国家发展的外部环境，并诱发国内各种不稳定因素，最终也难以达到国家发展的预期目标。

第三，相关国家展现出强烈的合作愿望。在一个国家间相互依存程度不断提升的时代，开展国际合作是国家在实施对外行为时的恰当选择。而国家发展战略对接是国际合作的一种新形式。如果相关国家没有开展国际合作的愿望，国家发展战略对接就不可能。作为一个负责任大国和当今世界最大发展中国家，中国不断向国际社会发出明确而强烈的信号："中国坚定不移地走和平发展道路，始终不渝倡导合作共赢理念。"① "把中国发展与世界发展联系起来，把中国人民利益同各国人民利益结合起来。"② 中国有意愿也有能力为其他国家的加快发展提供助力，使这些国家真正获得发展机遇和切实利益，推动世界经济朝着更加开放、平衡、合理、普惠的方向发展，构筑你中有我、我中有你、深度融合的利益共同体和命运共同体。中国的良好愿望得到其他国家的积极回应。有关国家对中国发出的合作信号做出了积极回应。俄罗斯总统普京曾指出，在全球和亚太区域合作中，中国都是一位关键伙伴。哈萨克斯坦总统纳扎尔巴耶夫也表示："哈方

---

① 中共中央宣传部编：《习近平总书记系列重要讲话读本》，北京：学习出版社、人民出版社2014年版，第154页。
② 《更好统筹国内国际两个大局　夯实和平发展道路的基础》，《光明日报》2013年1月30日，第1版。

坚定致力于发展哈中全面战略伙伴关系，对深化两国务实合作寄予厚望。"①

二、国家发展战略对接有助于新型国际关系构建

国家发展战略对接所产生的影响是多方面的。就国际关系而言，其影响主要体现在以下几个方面。

1. 有助于扩大国家间的利益契合点与重合度

全球化的深入发展、全球问题的日益凸显，加深了人类不同群体间的相互依赖，并使当代国际关系呈现出与以往显著不同的特点，其中一个重要的方面，就是各国的国家利益甚至是核心利益的重合度不断提升。②而国家发展战略本质上是一国在一定时期内提升自身实力的顶层设计，在某种意义

---

① 《习近平与哈萨克斯坦总统纳扎尔巴耶夫举行会谈指出深化中哈战略合作大有可为》，http://www.fmprc.gov.cn/mfa_chn/zyxw_602251/t1157486.shtml。访问时间：2015年7月19日。

② 尽管国家利益（national interest）的基本维度长期保持不变，但其具体内容却随着时代的变迁、国家的实力、地位、意愿的变化而发生变化。比如，随着各国在外太空、深海、网络等领域博弈的展开，相关国家的国家利益的范围和内容发生了重大变化。又如，随着中国大力推进企业"走出去"战略，中国的海外利益在空间范围上不断扩展，在具体内容上不断丰富。

上也是维护和扩展该国的国家利益的基本路线图。不同国家的国家发展战略之所以能够对接，前提或是存在某种程度的利益重合，或是在利益上存在着互补，但至少是不存在严重的利益抵牾。否则，相关国家根本不可能有对接的意愿。国家间的利益契合点越多，重合度越高，彼此展开进一步合作的意愿就会越强烈，实现共赢的概率也就越大。

2. 有助于增加各国国家机构之间互动的频度与深度

为了落实国家发展战略对接，相关国家的政策执行部门（包括中央和地方）必然要就广泛领域的复杂细节进行反复沟通、充分协调，否则对接就不会顺畅、持续并达到预期目标，甚至有可能会中断。在这种参与者众多、议题广泛、形式多样、持续不断的深度互动过程中，国家间的相互了解将进一步加深，彼此的信任度——包括对他方行为的可预测性、承诺的可信性以及良好意图的预期——将进一步增强。而建立在了解基础上的信任不仅能够促进合作，而且能够培育和增进信任。①

---

① 曹德军：《国家间信任的生成：进程导向的社会网络分析》，《当代亚太》2010年第5期，第125页。研究表明，"信任的程度与合作的制度化水平是一种正相关关系"。尹继武：《社会认知与联盟信任形成》，上海人民出版社2009年版，第115页。

3. 有助于夯实国家间良性互动的社会和民意基础

国之交在于民相亲。进行国家发展战略对接，必须得到相关国家人民的支持。在进行国家发展战略对接的过程中，相关国家必然要就基础设施、体制机制、优势产业等方面的融合与互补问题进行深入讨论，并据此在相关领域采取具体行动，而这将使国家间的互联互通水平不断提高，在全球供应链、产业链和价值链上的相互联系更加紧密。尤为重要的是，在实施对接过程中必然出现的国民之间日益频繁、深入的互动，将使他们在共享合作发展成果的过程中，实现民心相通这一国家间合作的重要目标。

4. 有助于实现国家间战略关系的长期稳定

战略关系稳定是开展国家间长期合作的基本前提和重要保证，它使相关国家能够对一定时期内彼此的互动产生稳定预期，并据此持续投入外交资源，不会因为细枝末节上的矛盾和摩擦、暂时的困难和挫折、偶然发生的变故和事件、第三方的干扰和破坏，而妨碍彼此合作的大局。一国之所以愿意与他国进行国家发展战略对接，肯定是因为对他国的国家发展战略的某种认同。而在进行国家发展战略对接的过程中，国家之间必然进行的、复杂多样的"非零和博弈"，在本质上可以提升双方在广泛领域的依存度，增加双边关系的韧性，强化彼此的共同体意识。特别是对新兴经济体和广大发展中国家来说，面对当前和今后一个时期全球经济复苏不稳定、不强劲、不均衡的态势，面对内生动力不足、外需拓展空间艰难、发达国家经济政策溢出效应冲击等形成的影响，与其他新兴经济体和发展中国家进行发展战略对接，还可以防范不同经济体的政策变动可能带来的负面溢出效应，增强新兴经济体的整体实力，从而推动世界格局多极化进程。

综上可以看出，涵盖领域广泛、涉及行为体众多的国家发展战略对接，对于国际关系的健康发展具有重要价值。它是双边关系的压舱石和推进器。特别是大国之间的发展战略对接，其作用已经溢出双边范畴，对地区乃至全球的稳定都具有直接的、积极的影响。国家发展战略对接的形式和途径是合作，其目的和结果是共赢。

三、国家发展战略对接的成功实践：以中国的"一带一路"战略为例

"一带一路"战略，是当代中国国家发展战略的重要组成部分，更准确地说，它是新的历史条件下中国的对外开放

战略，其原则是共商、共建、共享。① 在习近平主席、李克强总理的大力推动下，中国已经实现了该战略与沿线多个国家的国家发展战略对接，并将中国与相关国家的双边关系提升到了新的层次。以下选取四个有代表性的案例，分别涉及一个世界大国、两个地区性强国和一个小国，对前述判断进行检验，并发现其中存在的问题。

案例1. 与俄罗斯"欧亚经济联盟建设"计划的对接及绩效

俄罗斯是一个横跨欧亚大陆的世界大国。"欧亚经济联盟建设"计划，是普京总统2012年重新主政俄罗斯后提出的"欧亚战略"的一部分，主要内容包括：发展区域合作，发掘原苏联各加盟共和国共同经济基础的潜能，提升相互间的贸易和投资水平，并努力实现经济多样化发展长期目标。② 这一发展战略因在地缘经济乃至地缘政治等方面的目标及可能产生的深远影响而遭到西方国家的普遍反对，但得到中方的积极回应和有力支持。2015年5月8日，在习近平主席访

---

① 《推动共建丝绸之路经济带和21世纪海上丝绸之路的愿景和行动》，http://politics.people.com.cn/n/2015/0328/c70731-26764643.html。访问时间：2015年8月23日。

② 李建民：《丝绸之路经济带、欧亚经济联盟与中俄合作》，《俄罗斯学刊》，2004年第5期，第11—12页。

问莫斯科期间，中俄两国发表联合声明确认，将实现"丝绸之路经济带建设"和"欧亚经济联盟建设"对接合作，以"确保地区经济持续稳定增长，加强区域经济一体化，维护地区和平与发展"。① 这也是中国与他国发表的第一份以国家发展战略对接为主题的联合声明。7月10日，中俄两国又与蒙古国共同发表《发展三方合作中期路线图》，宣布将"在对接丝绸之路经济带、欧亚经济联盟建设、'草原之路'倡议基础上，编制《中蒙俄经济走廊合作规划纲要》"②。同日，习近平主席在会见普京总统时再次强调："双方要将上海合作组织作为丝绸之路经济带和欧亚经济联盟对接合作的重要平台，拓宽两国务实合作空间，带动整个欧亚大陆发展、合作、繁荣。"③

中俄国家发展战略对接已经取得丰厚成果。首先，中国对俄投资数量不断增长。截至2014年年底，中国对俄各类投

---

① 《中华人民共和国与俄罗斯联邦关于丝绸之路经济带建设和欧亚经济联盟建设对接合作的联合声明》，http：//www.fmprc.gov.cn/mfa_chn/zyxw_602251/t1262143.shtml。访问时间：2015年5月9日。

② 《中华人民共和国、俄罗斯联邦、蒙古国发展三方合作中期路线图》，http：//www.fmprc.gov.cn/mfa_chn/zyxw_602251/t1280229.shtml。访问时间：2015年7月19日。

③ 《习近平会见普京：中俄应继续在上合组织中保持高水平战略协作》，http：//politics.people.com.cn/n/2015/0709/c70731-27278218.html。访问时间：2015年7月20日。

资已接近330亿美元。① 随着投资额的稳步增长,中国对俄的投资领域也在逐步扩大,从最初的能源、原材料、林业等逐步延伸到基础设施建设、制造业、科技创新等领域。俄方甚至在某些战略产业领域向中国伸出了橄榄枝。2015年3月,俄方高级官员就首次表示,考虑允许中方企业控股俄罗斯境内一系列战略性油田项目。② 其次,中俄金融合作快速发展。2014年10月,两国央行签署了规模为1500亿元人民币的双边本币互换协议。2015年5月发表的中俄两国联合声明宣布,将继续推动在双边贸易、相互投资、信贷领域中使用本币结算。目前,中俄企业间已开始大量使用人民币结算。③ 2015年以来,中国的国家开发银行、进出口银行与俄

---

① 《投资与金融成中俄经贸合作新增长点》,http://news.xinhuanet.com/finance/2015-06/18/c_1115660424.htm。访问时间:2015年8月17日。

② 《俄有望对华开放战略性行业投资合作迎来新局面》,http://news.xinhuanet.com/2015-03/02/c_1114492774.htm。访问时间:2015年8月17日。俄罗斯2008年通过的法律规定,外资对该国战略性行业企业的持股比例不得超过50%。若外资希望取得10%以上的控股权,必须向俄联邦反垄断署提交申请,并经由联邦安全会议牵头组成的跨部门专门委员会审核。因此,俄方此番表态对华友善意味明显。此外,一旦该表态付诸实践,中国投资者在俄享有的待遇将超过西方投资者。

③ 今年第一季度,卢布与人民币的兑换量同比增加5倍以上,开设人民币账户的俄罗斯公司数目显著上升。中国商务部提供的数据显示,今年前五个月,中俄企业间本币结算数额同比增长3倍。

罗斯的联邦储蓄银行、对外经济银行、外贸银行等多家金融机构签订贷款协议，共同支持开展大型项目建设。这是俄罗斯建设项目首次引入人民币贷款，两国金融战略合作由此迈上新台阶。

中俄在经贸领域取得的成果保证了双方的战略协作伙伴关系始终在高水平上运行，并使其成为当代新型大国关系的典范。2015年5月9日，中俄两国发表《关于深化全面战略协作伙伴关系、倡导合作共赢的联合声明》宣布，"双方视继续深化双边关系为本国外交优先方向"；"在维护各自主权、领土完整、安全，防止外来干涉、自主选择发展道路，保持历史、文化、道德价值观等核心关切上巩固相互支持和协助。"

案例2. 与印度尼西亚"全球海洋支点"战略的对接及绩效

印尼是东盟大国和全球重要新兴经济体。"全球海洋支点"（Global Maritime Axis）战略（又称"全球海洋支点"发展规划、"全球海洋支点"愿景），是现任印度尼西亚总统佐科·维多多（Joko Widodo）于2014年提出来的，具体内容包括：提升全民海洋意识，建设"海上高速公路"，推进海上互联互通，发展海洋经济，维护海上安全，开展海洋外交，将印尼建成海洋强国。① 它与中国的"海上丝绸之路"倡议在内容和精神实质上高度契合，因而得到中国的积极回应。2015年3月26日，习近平主席在会见到访的佐科总统时表示，"中方愿充分利用亚洲基础设施投资银行、丝路基金等，支持印尼发展'海上高速公路'，积极参与印尼港口、高铁、机场、造船、沿海经济特区建设。"② 4月22日，来华出席博鳌论坛的佐科总统在与习近平主席会谈时也表示，印尼希望扩大同中国在各领域的合作，愿意深入探讨印尼新的发展战略与中方"21世纪海上丝绸之路"构想给双方合作带来的契机。同日发表的中印尼《联合新闻公报》宣布："两国元首重申将全面对接中方建设'21世纪海上丝绸之路'战略构想和印尼方'全球海洋支点'发展规划，加强政策协调、务实合作和文明互鉴，打造共同发展、共享繁荣的'海洋发展伙伴'。"双方将共同努力，争取实现双边贸易额到2020年突破1500亿美元；努力减少关税和非关税贸易壁垒，加强两国贸易部门交流；共同实施好两国政府关于中国—印尼综合

---

① 具体内容参见刘畅：《重新重视海洋：印尼全球海洋支点愿景评析》，http：//www.ciis.org.cn/chinese/2015-06/10/content_ 7979599.htm。访问时间：2015年7月19日。

② 《习近平同印尼总统会谈强调推动中印尼全面战略伙伴关系持续健康发展》，http：//www.chinanews.com/gn/2015/03-26/7162209.shtml。访问时间：2015年7月19日。

产业园区的协定；积极落实《中印尼经贸合作五年发展规划》，尽快签署优先项目清单；鼓励更加有效执行双边本币互换协议。①

中国与印尼的国家发展战略对接也已取得多方面的成绩。首先，双方在经贸和投资领域的互惠合作稳步推进。据印尼官员披露，2015年前7个月，中国已成为印尼第二大出口市场和第一大进口来源地；中国还将向印尼提供总额为1000亿美元的各种投资，用于电力、铁路和冶炼等项目。② 其次，两国的人文交流融洽和谐。2015年5月底，中国与发展中国家建立的首个高级别人文交流机制——"中印尼副总理级人文交流机制"首次举行，并签署了七项合作文件。经济与人文领域的合作有力地促进了中国与印尼关系的发展。两国于前述联合新闻公报确认：双方将打造共同发展、共享繁荣的"海洋发展伙伴"，加强在地区和国际事务中协调与配合，建

---

① 《中华人民共和国与印度尼西亚共和国联合新闻公报（全文）》，http://www.fmprc.gov.cn/mfa_chn/zyxw_602251/t1257081.shtml。访问时间：2015年7月21日。

② 《中美分别为印尼最大出口市场和进口来源地》，http://www.cic.mofcom.gov.cn/ciweb/cic/info/Article.jsp?a_no=380740&col_no=459；《印尼：中国将向印尼提供1000亿美元的各种投资》，http://www.cic.mofcom.gov.cn/ciweb/cic/info/Article.jsp?a_no=380145&col_no=459。访问时间：2015年8月25日。

立互利共赢的新型国际关系。①

案例3. 与哈萨克斯坦"光明之路"新经济政策的对接及绩效

哈萨克斯坦是中亚大国和欧亚经济联盟重要成员国。"光明之路"(NurlyZhol)新经济政策(又称"光明之路"计划、"光明之路"倡议),是由该国总统纳扎尔巴耶夫于2014年11月发表的国情咨文中提出的,也是其"2050年国家发展战略"的重要项目。主要内容是:致力于在哈萨克斯坦国内推进涉及交通、工业、能源、社会和文化等领域的基础设施建设,保障经济持续发展和社会稳定。鉴于哈国在地缘政治上的特殊地位、经济发展的巨大潜力以及"丝绸之路经济带"的首倡之地,中方对"光明之路"新经济政策采取了积极立场。2014年12月,李克强总理在出访哈萨克斯坦期间明确表示,"中方愿积极参与哈方为振兴经济制订的'光明之路'计划",并提出了"产能合作"的重要概念。②

---

① 《中华人民共和国与印度尼西亚共和国联合新闻公报(全文)》,http://www.fmprc.gov.cn/mfa_chn/zyxw_602251/t1257081.shtml。访问时间:2015年7月6日。

② 《李克强晤哈总统:愿参与哈方"光明之路"计划》,http://news.china.com.cn/world/2014-12/15/content_34315248.htm。访问时间:2015年7月19日。

2015年5月,习近平主席在阿斯塔纳再次强调:"我们愿在平等互利基础上推进丝绸之路经济带建设同哈方'光明之路'新经济政策的对接,实现共同发展繁荣。"纳扎尔巴耶夫则表示:"哈萨克斯坦支持中方提出的'一带一路'倡议,愿成为丝绸之路经济带建设的重要伙伴,做好丝绸之路经济带建设同'光明之路'经济发展战略的对接,加强同中方在经贸、产能、能源、科技等领域合作。"①

中哈国家发展战略对接的成果同样引人注目。2015年3月底,哈萨克斯坦总理马西莫夫访华期间,中哈签署了涵盖广泛领域的33份合作文件,总金额为236亿美元。②双方一致认为,中哈产能合作对双方的工业化进程以及在全球经济复苏乏力的大背景下两国分别实现经济"新突破"都大有好处,也会为相关国家进行类似合作提供"范式"。在对接过程中应加强政府各部门的合作。③ 双方还商定,2015年围绕世界反法西斯战争胜利70周年、中国人民抗日战争胜利70周年等重大事件共同开展一系列纪念活动,进一步夯实两国

---

① 《习近平同哈萨克斯坦总统纳扎尔巴耶夫举行会谈》,http://politics.people.com.cn/n/2015/0507/c1024-26965829.html。访问时间:2015年7月19日。

② 《中哈签署236亿美元产能合作项目》,http://politics.people.com.cn/n/2015/0329/c70731-26765355.html。访问时间:2015年7月19日。

③ 《中哈产能合作:李克强务实外交新样本》,http://news.xinhuanet.com/2015-03/29/c_1114799174.htm。访问时间:2015年8月24日。

世代友好的民间基础。中哈发展战略对接进一步深化了双方全面战略伙伴关系的发展,双方在亚信、亚洲基础设施银行框架内的合作也取得了新的积极的进展。

案例4. 与蒙古国"草原之路"计划的对接及绩效

蒙古国是东北亚小国。2014年9月,该国政府正式对外宣布,基于自身处于欧亚之间的地理特点,准备实施包括5个项目在内、总额为500亿美元的"草原之路"计划,通过发展运输贸易振兴蒙古经济。此前,蒙古国总统额勒贝格道尔吉在接受中国媒体专访时曾表示:蒙古国正在讨论和积极落实丝绸之路经济带倡议。他认为,蒙中两国有着4710公里的共同边界。但目前蒙古国铁路、燃气管道、公路等领域的建设程度还相对落后,希望双方在这些方面加强合作。[①] 对于"草原之路"计划,中方同样给予了积极回应。2014年8月,习近平主席在访问蒙古期间表示:"中方愿同蒙方加强在丝绸之路经济带倡议下合作,对蒙方提出的草原之路倡议持积极和开放态度。双方可以在亚洲基础设施投资银行等新

---

① 《专访:蒙古国愿进一步提升与中国战略伙伴关系水平——访蒙古国总统额勒贝格道尔吉》,http://news.xinhuanet.com/world/2014-08/19/c_1112127543.htm。访问时间:2015年7月21日。

的平台上加强合作，共同发展，共同受益。"① 2015年5月，蒙古国务部长门德赛汗·恩赫赛汗（Mendsaikhany Enkhsaikhan）也表示，蒙古国提出的"草原之路"倡议，是对中国提出的"一带一路"倡议的积极响应，这两项国家发展战略紧密相连，对蒙古国的经济发展至关重要。②前述中俄蒙《发展三方合作中期路线图》再次确认了这一点。

目前，中蒙已就蒙古国货物通过中国国境输向第三国达成一系列共识，并签署了多项双边协议；中方同意将天津等六个港口作为蒙方的出海口，蒙方长期关心的过境运输、出海口等问题就此得到妥善解决。在此基础上，中蒙关系也已步入历史上最好的时期，在2014年习近平主席访蒙期间，两国领导人共同宣布将两国的"战略伙伴关系"提升至"全面战略伙伴关系"。

小　结

1. 战略对接的绩效评估

第一，差异甚多的国家之间可以实现发展战略对接。上述案例中所涉及的四个国家与中国的历史文化传统、社会政

---

① 《习近平在蒙古国国家大呼拉尔的演讲》，http：//news.xinhuanet.com/world/2014-08/22/c_1112195359.htm。访问时间：2015年5月10日。
② 《"一带一路"构想助蒙古打通"草原之路"》，http：//news.xinhuanet.com/world/2015-04/23/c_1115066487.htm。访问时间：2015年5月9日。

治制度、经济社会发展水平均存在明显的不同，国家发展理念也不完全一致，但均初步实现了国家发展战略对接。通过这种对接，四国与中国的利益契合点与重合度进一步扩大，国家机构之间互动的频度与深度进一步增强。

第二，国家发展战略对接能够成为新型国际关系构建的重要抓手。前者使后者不至于仅停留在外交辞令上，或空心化、泡沫化；后者则使前者有了更为宏大的目标和更为深远的意义。两者之间的互动将使彼此的进展均更加扎实、顺利。

2. 战略对接过程中出现的问题

第一，战略互信程度有待提高。战略互信是国家间开展持续、有效合作的基础；战略猜疑则必然侵蚀这一基础；如果出现战略对抗，国家间的合作无疑会受到严重损害，甚至根本无法进行下去。就目前情况看，宣示并实际进行国家发展战略对接的国家已经有了基本的战略互信，但各国间的互信程度并不一致，互信的基础也不够牢固。比如，俄罗斯对中国在中亚的行动就存在一定疑虑。在对哈萨克斯坦人的一项调查中，有70%的被调查者认为，中国是哈国经济的最大威胁。① 造成上述状况的主要原因，是相关国家对中国发展走向特别是如何运用自己日益增长的实力存在疑虑。

第二，各国对发展战略对接的着眼点不尽相同。在已实

---

① 《姚培生大使："一带一路"在中亚面临政治动荡风险》，http://ydyl.takungpao.com/spft/2015-07/3037868.html。访问时间：2015年8月23日。

现发展战略对接的国家中,既有俄罗斯这样的后工业化国家,也有中国、哈萨克斯坦这样的工业化国家;中国的制造业水平总体较高、基础设施条件总体较好,俄罗斯、蒙古等国的能源和自然资源则十分丰富。发展水平、发展重点和资源禀赋的不一致,导致各国进行战略对接的目的、关注点存在不小的差异,也成为彼此"合作型博弈"的焦点。如果不能有效弥合这种差异,那么在对接过程中就会不断产生分歧和摩擦,相关方的信任度也会因此遭受程度不等的损害。

第三,体制机制差异增加对接的难度。如前所述,目前进行对接的国家在政治体制、经济运行机制、社会管理体制等方面存在诸多不同点。尽管国家发展战略对接有各国主要领导人的强力推动和深度参与,但具体操作过程仍然需要政府部门来牵头,需要企业乃至公众的普遍参与。而各国政府部门的行为方式、行政效率存在很大差异;各国经济走向的明朗程度不一致;政策稳定性也不尽相同;各国企业的国际化程度、履行社会责任的意识和能力存在较大差异。这些都会直接影响对接的绩效。

第四,一些国家存在危及政治稳定的严重隐患。对于政治稳定与国家发展的正向关系,学界已多有论述,本文不再赘述。就国家发展战略对接而言,相关国家的政治稳定是一个基本前提。但令人忧虑的是,目前在与中国进行国家发展战略对接的国家中,一些国家的政治稳定度不高。比如,在哈萨克斯坦，极端主义、分离主义和恐怖主义三股势力依然较为猖獗，"颜色革命"的阴影始终存在，因主要领导人年事已高还存在政治领袖的代际更替问题。因此，尽管该国的国内政治局势目前尚能大体稳定，但未来不排除发生较大规模政治和社会动荡的可能性。在印尼，腐败痼疾、浓重的民族主义情绪以及组织严密且破坏力极强的宗教极端主义和恐怖主义，也对该国政治和社会稳定构成不小的威胁。这些自然将给国家发展战略对接造成一定的负面影响。

四、拓展对接的形式与内容，促进新型国际关系构建取得新进展

无论是国家发展战略对接，还是新型国际关系构建，都是十分复杂的社会系统工程，都需要相关国家的持续投入和努力。未来，至少以下几个方面的工作是必要的。

1. 最高决策层继续高度重视并积极推进对接工作

上述案例已经充分表明，一国发展战略的制定与实施，与其他国家发展战略的对接，最大、最直接也是最有效的动力，来自该国的最高决策层。可以肯定地说，最高决策层的战略视野、战略意志、战略决断能力、对国内各种资源的整合能力、与外部各种力量特别是他国最高领导层的沟通能力，

对实现国家发展战略对接至关重要。未来应当进一步丰富首脑外交的内容，创新首脑外交的形式，以强化国家最高决策层的共识，夯实对接的最重要观念基础，稳固其最重要的动力源。

2. 将双边对接与地区合作机制建设更好地结合起来

国际机制的重要作用，在于降低国际合作的成本、增强参与合作的国家的稳定预期，形成并维持国际秩序。① 国际机制可以是多边的（全球或地区的），也可以是双边的。国家发展战略对接是基于双边机制而展开的跨国互动行为。未来，除了继续借助这样的平台，特别是深化对接国家在宏观政策协调联动、并在一定程度上倒逼相关国家国内行政体制改革外，还应当深入发掘已有地区合作机制和倡议的潜力，并积极推动以合作共赢为宗旨的新的区域、次区域和跨区域多边合作平台的建设，形成多层次的政策联动机制、多来源的发展动力机制。

3. 加强各国预警机制的合作

现代社会的空前复杂性，使得风险无处不在、无时不在；

---

① ［美］彼得·卡赞斯坦、罗伯特·基欧汉、斯蒂芬·克拉斯纳编：《世界政治理论的探索与争鸣》（秦亚青等译），上海世纪出版集团 2006 年版，第 120—135 页。

在充满复杂性、多样性并在本质上是无政府状态的国际关系中，这种情况更为严重。就国家发展战略而言，实施过程有风险，与他国对接同样存在风险。降低风险的有效手段在于及时、准确的预警，以及在此基础上的有效回应。未来，各国既要加强本国预警能力建立，又要加强与他国预警机制的合作。在此过程中，特别是要积极发挥大数据的作用，在维护国家主权和安全的前提下努力克服"数据孤岛"现象，实现信息的跨国共享。通过上述多种方式，可以最大限度减少国家发展战略对接过程中可能出现的各种不确定性，降低对接的风险，增强各国参与对接的主动性，提升对接的绩效。

4. 充分发挥企业的主动性和创造性

企业是促进国家发展的活跃行为体，当然也应该是促进国家发展战略对接的重要动力源。就国家层面而言，没有企业的积极、有效的参与，国家发展战略对接就会落空；就企业层面来说，国家发展战略对接也为企业做大做强提供了难得机遇和广阔空间。未来，政府部门应为这些市场主体创造更多机会，搭建更多平台，更为积极、更为有效地维护它们的海外利益。企业也应当更为主动地将自身发展战略与国家发展战略对接，改革内部治理机制，提升利用两种资源、两大市场的能力，在实现自身发展、惠及本国民众的同时，不断提升投资和经营活动对象国民众的福祉，并为国家间关系的健康发展奠定坚实的社会基础。

5. 大力开展公共外交，进一步巩固民心相通的基础

如前所述，民心相通是实现对接的重要社会基础。而在实现民心相通方面，公共外交大有可为。这是因为，"公共外交是一个国家在国际社会确立正当性和认同度的一项重要战略"。[1] 没有对本国及相关国家的正当性的认同，没有对本国及相关国家的发展战略的认同，民众是不会积极参与到国家间合作中来的。而要形成这样的认同，一是要对公共外交的对象国有全面深入细致的研究，准确把握其历史文化传统、现实发展状况以及民众的真实心态。在这方面，历史研究、国别研究、比较政治研究、比较文化研究等大有可为。二是公共外交的实施国要实现国内善治。为此，各国执政党和政府必须不断提升自身的治理能力，稳步推进行政体制、社会管理体制的改革，积极践履人类共同价值体系。

结　语

作为国家战略重要组成部分的国家战略，体现着一国基本的价值取向和目标追求，是指引一定时期内该国发展方向

---

[1] 韩方明主编：《公共外交概论》，北京大学出版社2011年版，第7页。

的路线图，规制着该国内外政策的选择和基本的行为方式；国家发展战略对接是国家行为体实行对外开放、开展国际合作的新形式，也是构建新型国际关系的重要抓手。在全球化深入发展、全球问题日益凸显、信息技术广泛运用的大背景下，进行国家发展战略对接具有可能性。案例研究表明，进行国家发展战略对接，大有助于以合作共赢为核心的新型国家关系的构建。

作为新兴的发展中社会主义大国，中国实现在国家发展战略对接、构建新型国际关系方面是可以大有作为的。近年来，中国通过"一带一路"战略的实施，已经与沿线部分国家实现了国家发展战略对接，并取得初步的成绩。未来，中国应当持续推进与他国的国家发展战略对接，不断丰富对接的内涵，拓展对接的对象，创新对接的形式，注重对接的绩效，将双边对接与国际机制建设有机结合起来，充分发挥企业等参与对接的诸行为体的作用，积极开展公共外交，从而促进国家间合作不断迈上新台阶，并实现共赢这一重要目标。

"一带一路"与中国战略支点国家的塑造*
——基于中哈关系的分析

雷建锋**

【内容提要】无论国家实力还是地缘政治经济地位,哈萨克斯坦在中国的中亚外交的意义都非常重大。中国的中亚外交最初主要是解决安全问题,随着与中亚国家关系的发展,中国与中亚国家开始全面合作。就政治而言,中国与中亚关系发展能实现中国的西北边境安全;就经济发展而言,中亚是中国的重要能源和原料来源地;就巩固中俄全面战略协作伙伴关系而言,中亚是中国巩固中俄关系的重要部分。随着

---

* 本文系外交学院中央高校科研业务费专项资金预研项目"国际机制的中国供给研究"(项目号:3162016ZYE02)和外交学院重点学科项目"全球治理下的中国与联合国关系"的阶段性成果。

** 雷建锋,法学博士、外交学院副教授,主要研究有:国际组织、全球与地区治理、当代中国外交。

"一带一路"的展开,中亚在该战略中处于"心脏地带",而哈萨克斯坦处于"心脏地带"的枢纽地位。中国发展与中亚国家的关系必须处理好与哈萨克斯坦的关系。

【关键词】 中哈关系　"一带一路"　地缘政治经济　战略支点国家

哈萨克斯坦是世界上最大的内陆国,领土面积居世界第九位,与中国有1700多公里的共同边界。比较而言,中亚五国中哈萨克斯坦经济实力较强,政局比较稳定,对外开放程度较高,政策法规比较健全。中国发展与中亚国家的友好关系,哈萨克斯坦是关键。1993年以后中国成为石油净进口国,为保证中国能源安全,实现能源进口多元化,中国需要发展与能源资源丰富的中亚国家,特别是哈萨克斯坦的友好关系。同时哈萨克斯坦也是中国的重要商品市场。同样,与中国发展友好关系符合哈萨克斯坦的利益,其国内政治稳定、国家安全、经济发展都需要发展与中国的友好关系和经济联系。"一带一路"背景下,中哈友好关系的重要性更加彰显,中国需要真正以自身发展带动哈萨克斯坦发展,将哈萨克斯坦塑造成为"丝绸之路经济带"上的战略支点(pivot)国家,使中国与中亚国家真正成为命运共同体。

一、"一带一路"与哈萨克斯坦战略地位的提升

哈萨克克斯坦是苏联除俄罗斯、乌克兰以外实力最雄厚的共和国,独立后成为中亚实力最强的国家,加上其执行大国平衡的外交政策,更增强了哈萨克斯坦的地缘政治经济地位。无论是从稳定西北边疆安全,推动上海合作组织的顺利发展考虑,还是实现"一路一带"欧亚合作倡议,哈萨克斯坦都具有举足轻重的地位。

(一)哈萨克斯坦在中亚的地缘政治经济地位

哈萨克斯坦位于亚洲中部,领土面积272.49万平方公里,是中亚地区幅员最辽阔的国家。北邻俄罗斯,南与乌兹别克斯坦、土库曼斯坦、吉尔吉斯斯坦接壤,西濒里海,东接中国。被称为"当代丝绸之路"的"欧亚大陆桥"横贯哈萨克斯坦全境。

哈奉行多元平衡外交,重视发展与俄罗斯、中国、美国、欧盟和伊斯兰国家的关系,同时扩大同亚太国家的交往。中哈1992年1月建交,双边关系稳步发展。中哈两国有着1700多公里的共同边界,历史遗留的边界问题已在1999年彻底解决。中国是哈萨克斯坦的第一大贸易伙伴,为哈萨克斯坦第

二大出口市场和第一大进口来源地①。

俄是哈外交的优先方向。哈支持俄推动独联体一体化,是欧亚经济共同体、集体安全条约组织和关税同盟的主要参与国家。哈美1992年6月建交,关系发展平稳。哈欧1999年签署的合作伙伴协定是发展双边关系的基础。2009年10月22日,哈萨克斯坦与土耳其签署了两国战略伙伴协议,哈萨克斯坦是突厥语系国家中第一个与土耳其签署战略伙伴协议的国家。

哈萨克斯坦的地缘经济也非常重要。哈萨克斯坦自然资源丰富,已探明的矿藏有90多种。石油、天然气、煤、铁储量大,已探明的石油储量达60亿吨,天然气储量为3.5万亿立方米,煤储量为39.4亿吨,特别是里海地区的油气资源十分丰富。用于核燃料和制造核武器的铀的产量也是世界第一,被称为"铀库"。此外,钨储量占世界第一位,铬和磷矿石占第二位。铜、铅、锌、钼和磷的储量占亚洲第一位。金融危机前10年是哈经济发展的"黄金时期",GDP年均增长10%左右,经济总量扩充5倍,外贸额增长6倍,经济实力占中亚五国总量的三分之二。

哈萨克斯坦重要的地缘政治与经济地位与其奉行的大国平衡外交在"一带一路"的背景下更加彰显。哈在中国实现"一路一带"战略上具有重要地位。

---

① 2014年哈萨克斯坦货物贸易及中哈贸易概况,中华人民共和国商务部官网:http://countryreport.mofcom.gov.cn/record/。

(二)"一带一路"战略的推进与哈萨克斯坦地位的提升

2013年9月习近平主席对哈萨克斯坦进行首次国事方位,提出与丝绸之路沿线国家共同建设"丝绸之路经济带"的倡议,当即得到纳扎尔巴耶夫总统的支持。"丝绸之路经济带"倡议是我国政府统筹国内和国际两个大局,利用国内和国际两个市场,调动各种积极因素,促进中国与"一路一带"沿线国家共同发展的战略规划,也是中国全面深化改革的战略举措。从哈萨克斯坦方面而言,"丝绸之路经济带"符合包括哈萨克斯坦在内的中亚国家的利益。2014年11月,哈萨克斯坦推出"光明之路"新经济计划,其中基础设施建设是重要内容。"光明之路"和"丝绸之路经济带"完全可以实现对接,两国的共同利益将明显增多,今后双方合作会产生更多利益增长点。

截至目前,已有100多个国家和国际组织参与其中。中国同30多个沿线国家签署了共建"一带一路"合作倡议、同20多个国家开展产能合作,以亚投行、丝路基金为代表的金融合作不断深入,一批有影响力的标志性项目逐步落实①。

---

① 安蓓、王优玲、许晟:"以东方智慧破解发展难题——'一带一路'三年建设综述",人民网,2016年9月7日,https://politics.people.com.cn/n1/2016/0907/c1001-28698062.html。

要使"一带一路"合作倡议迅速推进,需要在"一路一带"沿线培养战略支点国家。对中国来说,战略支点国家是与中国有着长期稳定、高度可预期的战略合作关系的国家,双方之间不是简单的、基于实用目的的、纯粹功利的合作关系,而是具有高度政治共识和政策默契,能够经历外部冲击和国际环境变换、能够承受一定国际压力考验的战略合作关系①。战略支点国家通常有两点积极作用,同战略支点国家之间紧密可靠的政治关系能够确保大国得到坚定的支持,对大国推行外交战略意义重大,还能在大国遭遇困境时提供帮助;其二,战略支点国家在所在地区有较强的影响力,对区域内其他国家有积极的示范作用,利于大国战略的实施②。

二、塑造哈萨克斯坦为战略支点国家的可行性分析

中国"一带一路"的顺利推进需要在各次地区有战略支点国家的配合才能成功,因此,如何选择战略支点国家,确定合适的战略支点国家尤为关键。战略支点国家确定得当不但能为中国在次地区外交的展开有重要示范和引领作用,而

---

① 周方银:《中国如何打造战略支点国家》,《凤凰周刊》2014年第27期。
② 赵雅婷:《"一路一带"背景下中国战略支点的选择——以中国与哈萨克斯坦的战略合作为例》,《新疆社会科学》2015年第6期,第76页。

且能以"一路一带"为纽带,增强中国的地区和国际影响力。哈萨克斯坦是潜在的中国在中亚地区的战略支点国家。

(1) 战略支点国家的选择标准

关于战略支点国家的选择标准问题,学者提出了自己不同的观点①。如何确定战略支点国家,这是培养战略支点国家的首要前提。第一种观点认为,战略支点国家可以分为地理上的、价值观和制度上的、多边场合的、具体问题领域的(如能源、气候、金融等)的战略支点等不同类型。根据这种标准,可以将俄罗斯看作中国的战略支点国家之一②。第二种观点认为选取战略支点国家应该从以下三个方面考虑:第一,在战略利益上和中国不存在激烈的冲突和竞争。第二,中国有能力和资源来引导这个战略支点国家的行为,使其符合我们的战略需要。第三,两国在某些重大的问题上具有共同的利益诉求——这是打造战略支点国家最重要的要求③。

---

① 周方银:《中国如何打造"战略支点"国家》,《凤凰周刊》2014年第27期;徐进:《打造中国周边安全的"战略支点"国家》,《世界知识》2014年第15期;石源华:《推动韩国成为"一路一带"沿线战略支点国家》,《世界知识》2015年第23期。

② 周方银:《中国如何打造"战略支点"国家》,《凤凰周刊》2014年第27期。

③ 徐进:《打造中国周边安全的"战略支点"国家》,《世界知识》2014年第15期。

关于战略支点国家以上两种观点均从中国周边国家考虑，而不涉及区域外的国家。第一种观点将俄罗斯看作中国的战略支点国家，显然低估了俄罗斯的国际地位和抱负；第二种观点所谓的不存在激烈的冲突和竞争的标准太过含混，"激烈"的标准是什么？显然不好把握。这种观点的第二和第三个标准对确立战略支点国家的标准有很重要的借鉴意义。但是第二种关于战略支点国家的判断标准忽视了国际体系在中国选择战略支点国家中的重要意义。

结合以上关于战略支点国家的标准，笔者认为，确立一个国家的战略支点国家必须从以下几点考虑：一是本国的实力地位和国际战略；二是国际体系的影响。具体而言：第一，战略支点国家的确定与一国的国力和战略密切相关。世界性大国既可以确定周边的战略支点国家，在全球各个地区也有战略支点国家。例如美国一直将英国视作其在欧洲的战略支点国家，将土耳其视作其在西亚的战略支点国家，沙特和以色列看作其中东战略支点国家，将日本看作其在东亚的战略支点国家，而且以同盟的方式巩固与这些国家的关系。俄罗斯在独联体内将白俄罗斯当作其欧洲方向的战略支点国家，将哈萨克斯坦看作其在中亚的战略支点国家，将印度看作其在南亚的战略支点国家。但是英国不可能将美国看作战略支点国家，俄罗斯或中国也不可能将美国看作其战略支点国家，一是因为美国实力比二者强大，二是因为美国与中俄有战略冲突。因此,日本和印度不可能在短期内成为中国的战略支点国家。第二,本国战略支点国家必须与本国有现实和潜在的共同战略利益。没有共同的、长远的战略利益,则不可能塑造为战略支点国家。第三,本国与潜在的战略支点国家没有领土和领海纠纷,这是战略支点国家的最基本要求。第四,本国与潜在的战略支点国家不属于两个敌对的集团,换言之,战略支点国家不能是与本国有严重战略冲突的大国集团的盟友,例如中国不可能将韩国和泰国塑造为中国在东北亚和东南亚的战略支点国家,因为韩国和泰国是美国在亚洲的战略盟友,美国对两国有支配性影响,中国不可能对其对外行为有根本的塑造作用。第五,战略支点国家必须在本地区有较强的地缘政治经济地位,发展与战略支点国家的友好关系必然能为本国的在该地区的利益发挥重要作用。第六,本国有足够的资源和手段塑造该国的战略行为。如果没有这个条件则塑造战略支点国家无从谈起。

(2) 哈萨克斯坦是中国中亚外交的战略支点国家

根据以上标准,可以认为哈萨克斯坦是中国在中亚潜在的战略支点国家。首先,中国与哈萨克斯坦有1700多公里的共同边界,自该国独立以后,中国与其关系发展平稳顺利,中哈两国已经解决了领土和边界问题,没有重要的战略冲突;其次,中国与哈萨克斯坦两国实力相差悬殊,中国具有影响后者的政治与经济实力,特别是经济方面,哈萨克斯坦对华依赖日益增强。1992年后的23年里,中哈经贸合作发展平稳,而且哈对华贸易多年来均处于顺差地位。1992—2014年间,除1992年、2006—2009年,2014年六年里中国处于顺差地位外,其他17年里中国均处于贸易逆差地位。多年对华贸易的顺差地位为哈萨克斯坦经济发展获得了宝贵的外汇,有利于哈萨克斯坦经济发展(参见图1)。2015年1—11月,哈萨克斯坦与中国双边货物进出口额为97.6亿美元。其中哈萨克斯坦对中国出口50.2亿美元,从中国进口47.4亿美元,哈萨克斯坦贸易顺差2.8亿美元①。哈萨克斯坦是中国在独

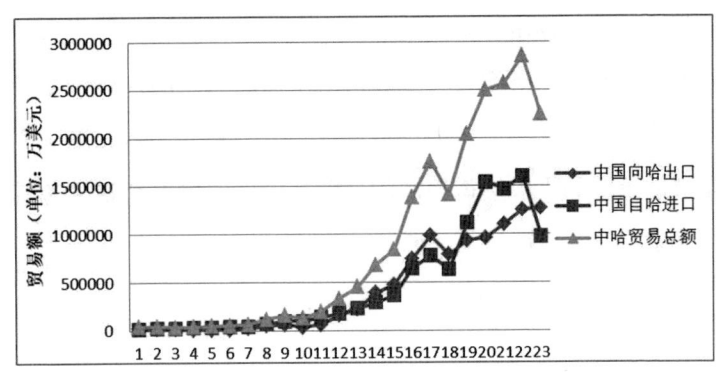

图1　1992—2014年中哈贸易

资料来源:根据1993—2015年中国统计年鉴数据制作。

---

① 中华人民共和国商务部网站:国别报告:http://countryreport.mofcom.gov.cn/new/view。2016年1月10日访问。

联体国家第二大贸易伙伴和第一大投资目的地国。紧密的经济联系是中国将哈萨克斯坦塑造为地区支点国家的最有力的杠杆。第三，中俄均为在本地区最有影响的大国，中俄全面战略协作伙伴关系为使哈萨克斯坦受到外部因素羁绊的压力减小，方便其成为中国的战略支点国家。最后，中国的地缘政治经济优势和不断提升的国力不断创造与哈萨克斯坦的利益增长点，有利于中国对哈萨克斯坦的战略塑造。

哈萨克斯坦与中国在政治和经济方面有着重大的共同利益，双方没有领土等问题的重大分歧。参与丝绸之路经济带建设不仅会给哈萨克斯坦带来期待已久的发展机遇，还有助于哈萨克斯坦提升国际地位、增加国际影响力。加上作为古丝绸之路的历史渊源以及同中国接壤的地缘因素，哈萨克斯坦是中国"一路一带"重点打造的战略支点国家①。中国将哈萨克斯坦打造为战略支点国家有利于中国中亚外交的成功，也有利于巩固中俄全面战略协作伙伴关系，使上合组织框架下的合作能顺利开展，实现丝绸之路经济带建设和哈萨克斯坦的"光明之路"建设及欧亚联盟的对接，有利于地区和平与繁荣。

由此可见，从地缘政治考虑，哈萨克斯坦与中国同为发展中国家，有较长的边界线，在21世纪初已经解决了边界问

---

① 赵雅婷：《"一路一带"背景下中国战略支点的选择——以中国同哈萨克斯坦的战略合作为例》，《新疆社会科学》2015年第6期，第79页。

题，双方有维护边境和地区安全的共同愿望，实现互利合作有现实基础。作为哈萨克斯坦邻邦的俄罗斯近30年来与中国关系发展良好，哈萨克斯坦没有被迫在中俄之间选边站的困难；同时，基于中国目前的国家实力和哈萨克斯坦的地理位置，域外大国不可能实现利用哈萨克斯坦损害中国利益的图谋。因此将哈萨克斯坦作为中国的战略支点国家有现实可能性。从地缘经济考虑，中国经济发展惠及哈萨克斯坦的繁荣进步，哈萨克斯坦在与中国贸易中，多年来处于顺差地位，可以获得经济发展急需的外汇；近年来中国也是哈萨克斯坦重要的投资方，与中国密切的经济联系保证了中哈关系稳步发展。第三，中国外交政策和外交理念受到哈萨克斯坦的支持和欢迎。中国尊重哈萨克斯坦的主权和政治制度，尊重哈萨克斯坦人民的自由选择，中哈交往中平等相待，不谋求在中亚的支配地位，"亲、诚、惠、容"外交理念受到哈萨克斯坦的欢迎。第四，上合组织、"丝绸之路经济带"和"光明之路"计划是实现中哈长期友好合作的制度保证。因此，哈萨克斯坦应该是中国在中亚地区的战略支点国家，能够为中国的中亚外交政策的顺利推进提供支持。

三、"一带一路"对中哈关系发展的推动作用

习近平主席在"一带一路"中提出要加强"政策沟通、

道路联通、货币流通、民心相通"五方面的战略目标。如果实现以上目标，则对中哈关系有重要的推动作用。同时，也必须看到中哈关系对以上"五通"的实现意义重大。因此，将哈萨克斯坦打造成为中国在中亚的战略支点国家尤为重要，中国也有实现这一外交目的可能性。中国可以在双边、多边层面加强中哈关系，为"丝绸之路经济带"建设提供动力。

(一) 作为中亚战略支点的哈萨克斯坦与"一带一路"的关系分析

1. 将哈萨克斯坦塑造为中国的中亚战略支点国家的有利条件

(1) 地缘政治影响。哈萨克斯坦宣布独立和苏联解体后，中国尊重哈萨克斯坦人民自己的选择，1992年1月3日与哈萨克斯坦建交。2月哈总理捷列先科对中国进行正式访问，表示希望在互利基础上进一步发展哈中友好关系。6月23日，哈萨克斯坦总统纳扎尔巴耶夫对哈报界谈话中表示："哈中经贸关系完全有可能获得更快的发展。我们可以借助中国的投资进行原材料加工，以便向中国出口成品。"1993年10月18日纳扎尔巴耶夫总统访华期间与江泽民主席谈话中表示："中国作为大国，在国际舞台上尤其在亚洲占有举足轻重的地位，发展两国关系既是两国人民的共同愿望，也有利于本地区及世界的和平与稳定。"① 当日中哈签署《关于中国与哈萨克斯坦友好关系基础的联合声明》。1994年李鹏总理访哈期间，两国签署了《中哈国界协定》《中国和哈萨克斯坦关于中国向哈萨克斯坦提供政府贷款的协定》等四个文件。1995年2月8日，中国政府发表了关于向哈萨克斯坦政府提供安全保证的声明。声明说，中国政府"无条件不对无核国家和无核区使用或威胁使用核武器。这一原则立场适用于哈萨克斯坦。中国政府呼吁所有有核国家做出同样的保证，以增进包括哈萨克斯坦在内的所有无核国家的安全"②。在这些政策文件的基础上，双方确认了中苏边界谈判中已达成的协议，为两国边界问题的解决奠定了基础。中国的友好政策在哈萨克斯坦独立之初，增强了哈对中国的理解和信任，为以后中哈关系的稳步发展打好了基础。

（2）地缘经济影响。虽然中亚国家政治上获得独立，但是由于独立初期仍然使用卢布，因此与俄罗斯经济联系密切。20世纪90年代初期俄罗斯在中亚奉行甩包袱战略，加上国内的休克疗法，导致严重通货膨胀和经济衰退，这不能不影

---

① 赵连宏：《中亚五国总统对华言论选编（1992年3月—1995年9月）》，《国际资料信息》1995年第10期，第19页。

② 《关于向哈萨克斯坦提供安全保证的声明》，《人民日报》1995年2月9日，转引自方连庆、王炳元、刘金质主编：《国际关系史（战后卷）（下册）》，北京大学出版社2006年版，第947页。

响独联体国家，中亚国家也深受其害。1992—1994年塔、哈、吉、土、乌国内生产总值分别下降了66%、51%、45%、24%和15%。①因此包括哈萨克斯坦在内的中亚国家不得不寻求经济多元化策略，发展与中国和其他周边国家的经济联系，以及同西方的经贸关系，以获得经济发展。因此，发展良好的对华关系也是改善哈国内经济发展的需要。长期以来，哈萨克斯坦是中国在中亚的最大贸易伙伴，中哈贸易额平均占到中国与中亚五国贸易总额的71.65%。②

中国政府重视发展与哈萨克斯坦的友好关系，特别是以本国经济惠及后者。与欧亚联盟的另外两个大国相比，中国对哈萨克斯坦的重视就非常明显。截至2014年，中国是白俄罗斯第五大贸易伙伴，中白两国贸易额为18.94亿美元，2013年中国企业对白俄罗斯的直接投资为2718万美元，2013年岁末中国企业在当地人数为1598人。2014年中国是哈萨克斯坦第一大贸易伙伴，哈是中国在独联体内仅次于俄罗斯的第二大贸易伙伴，双边贸易额224.38亿美元。2013年中国对哈直接投资8.1亿美元。中国企业2013年岁末在哈人数6109人。2014年俄罗斯是中国第九大贸易伙伴，中国

---

① 李静杰、郑羽主编：《俄罗斯与当代世界》，北京：世界知识出版社1998年版，第215页。

② 方泗玙、任华：《"俄白哈关税同盟"对中哈经贸关系的影响》，《新疆财经》2011年第4期，第42页。

则连续5年成为俄第一大贸易伙伴,两国贸易额953亿美元。2013年中国企业对俄投资10.2亿美元,该年岁末中国企业在俄人数为1.5万人[①]。2013年中国对哈萨克斯坦直接投资占其对外直接投资的8.11%,居第11位,比居于第10位的德国(占比为9.11%)只少一个百分点[②]。显然,与白俄罗斯相比,中国与哈萨克斯坦的经济联系更为密切,中国也向哈萨克斯坦投入了更多的经济资源。如果考虑到哈萨克斯坦与俄罗斯国力的巨大差异,从以上数据则更可以看出,中国对哈萨克斯坦的重视。

(二)未来塑造中哈战略关系的路径

1. 政治上

哈萨克斯坦独立以后,西方国家趁机进入,填补权力真空。西方国家在哈萨克斯坦培养亲西方势力,支持哈反对派,使哈未来发展存在很大的不确定性。同时,西方在中亚其他多家的"颜色革命"对哈国内政治稳定也产生负面影响。中国奉行不干涉内政原则,尊重哈萨克斯坦人民自己的选择有利于不同政治势力上台后发展对华友好关系。

---

① 周密:《"一带一路"与欧亚经济联盟合作空间巨大》,《中国经济周刊》2015年第18期,第23页。

② 中华人民共和国商务部官网:http://www.mofcom.gov.cn/,中国对外投资合作发展报告第6页。

2. 经济上

中国带动哈萨克斯坦经济发展主要可以从以下三个方面入手：首先，创造良好环境，为哈萨克斯坦商品提供更多市场。近年来中国已经成为哈最大贸易伙伴和主要出口市场（参见表）。从表1可见，2010年至2015年，中国一直是哈

表1　2010—2015年哈萨克斯坦主要贸易伙伴国

（单位：亿美元）

2010		2011		2012		2013		2014		2015（1—9月）	
出口	进口	出口	进口	出口	进口	出口	进口	出口	进口	出口	进口
中 101.2	俄 54.8	中 158.7	中 50.1	中 164.8	中 75	意 152.2	中 81.9	意 160.5	中 74.4	意 64.9	中 40.3
意 95.8	中 39.6	意 146.9	德 22.1	意 154.7	乌 29.2	中 141.7	德 28.1	中 98.1	德 23.3	中 42.7	德 14.6
法 44.3	德 18.3	荷 65.9	乌 17.5	荷 74.8	德 22.7	荷 97.3	美 23.6	荷 87.3	美 19.9	荷 41.5	美 11.0
荷 41.6	意 15.8	法 52.2	美 16.2	法 56.3	美 21.2	法 52.6	乌 22.5	法 46.9	乌 12.1	法 20.9	意 8.6
49.4%	53.5%	52.8%	49.5%	52.8%	55.3%	58%	51.5%	53.9%	48.3%	52.7%	49.6%

资料来源：根据中华人民共和国商务部统计数据整理。中、意、法、俄、荷、美、乌、德分别指中国、意大利、法国、俄罗斯、美国、乌克兰、德国，最后一行的百分比指哈萨克斯坦向主要出口国的出口占其总出口的比例和从进口国的进口占其进口总额的比例。

萨克斯坦最大贸易伙伴国，自 2011 年起一直是哈萨克斯坦的第一进口来源国，2010—2012 年是哈萨克斯坦的第一出口国。自 2010 年起，俄罗斯不再是哈萨克斯坦的四大贸易伙伴之一，哈萨克斯坦的主要贸易伙伴是中国和美欧国家，俄罗斯对哈萨克斯坦的经济影响日益减弱，即使 2009 年 11 月俄、白、哈关税同盟的签订也没有实质性改变俄对哈萨克斯坦经济影响减弱的趋势。虽然意、荷、法、德、美等西方国家也是哈萨克斯坦的主要贸易伙伴，但是中国与哈萨克斯坦接壤，占据地缘经济优势，随着"丝绸之路经济带"的展开，中国对哈经济影响会更加明显。

第二，通过直接投资促进哈经济增长，扩大哈就业人口。近十年来哈萨克斯坦一直都是亚洲各国中吸引中国投资最多的前五位国家之一。2012 年哈萨克斯坦吸收中国投资 30 亿美元，在亚洲地区居第二位，在全球居第三位[1]。截至 2013 年年底，中国对哈萨克斯坦各类投资 195.1 亿美元[2]。2014 年（1—6 月）中国对哈萨克斯坦直接投资 8.95 亿美元，美国为 23.44 亿美元，荷兰为 34.0 亿美元，瑞士为 8.23 亿美

---

[1] 中华人民共和国商务部：《中国对外投资合作发展报告 2013》。
[2] 中华人民共和国驻哈萨克斯坦经商参赞处：《对外投资国别（地区）指南 2014》。

元,俄罗斯为6.9亿美元,中国居第3位①。比起对哈贸易,中国对哈投资将更具影响力。

第三,拓展"丝绸之路经济带"建设,加强基础设施互联互通,为哈商品打造通向亚太的出海口。哈萨克斯坦是内陆国家,没有出海口。目前经过霍尔果斯口岸直通连云港的贸易线路是哈最重要的出海通道,利用这个通道,哈萨克斯坦的商品更容易销往亚太国家。中哈石油和天然气管道的建成也为哈萨克斯坦向中国出售石油和天然气提供了便利。中哈能源合作是双赢合作,有利于两国经济共同发展。

3. 鼓励民间交往,加强人文外交

加强民间交流和人文外交能使双方地方政府、民间团体和社会组织参加到中哈交流与合作,扩大两国人民的了解和友情的重要渠道,是传统政府间外交的重要补充。作为上合组织成员,中国设立的上合组织成员国来华留学基金项目以配合成员国青年交流使哈萨克斯坦直接受益。中哈也轮流举办青年交流营活动。2002—2007年中哈两国先后举办两届青少年运动会,800多名青年运动员参加。② 近年来中国与上合组织成员国共建孔子学院,建立友好城市,吸引上合组织成

---

① 中华人民共和国商务部官网:http://www.mofcom.gov.cn/article/i/jyjl/e/201410/20141000778326.shtml。2015年1月20日访问。

② 马丽蓉:《丝路学研究:基于中国人文外交的研究框架》,北京:时事出版社2014年版,第245页。

员国青年学生来华参加夏令营活动增进两国人民的了解，以此夯实上合组织成员国友好关系的民意基础。其中，中哈共建孔子学院11所①。这些合作机制无疑为中哈民间交往和人文合作提供了重要平台。

结　语

中国作为正在成长为全球性大国的地区性大国，周边外交在外交全局中处于首要地位，而周边的战略支点国家对促进睦邻外交有重要作用，中国应该选择和塑造战略支点国家。在"一带一路"稳步推进的背景下，战略支点国家的地位更加凸显。哈萨克斯坦是中国周边西北方向的战略支点国家；在西南，巴基斯坦是中国潜在的战略支点国家，东北亚，朝鲜也是中国的战略地点国家；如果政策得当，印尼可以成为中国在东南亚的战略支点国家。战略支点国家的选择不易太多，务求实效。而且一旦确定战略支点国家，则国家需要运用多种资源，建立多种机制塑造、培养和巩固与战略支点国家的关系。这样才能带动中国周边环境的改善和"一带一路"的推进。

---

① 国家汉办官网：http://www.hanban.edu.cn/。2016年5月登录。

当代中国经济外交的战略转型与理念创新

任晶晶[*]

【内容提要】 改革开放以来，随着中国日益深度地融入世界经济体系，中国开始在世界经济舞台上扮演越来越重要的角色。回顾过去三十多年的历史，中国的经济外交经历了接触和试探、学习和融入、参与和治理三个发展阶段，有效地发挥了服务国内经济建设的积极作用。当前，伴随着中国崛起为世界第二大经济体及其国际影响力的持续上升，中国经济外交正在发生"双重转型"，即逐步由过去压倒性服务于国内经济建设向为促进国内发展与服务对外战略大局并重方向转变，同时从单纯参与国际经济体系活动向影响和塑造国际经济规则及议事日程制定方向转变。中共十八大以来中

---

[*] 任晶晶，法学博士，中国社会科学院当代中国研究所副研究员，中国社会科学院地区安全研究中心副秘书长。研究方向为当代中国外交与国际战略思想。

国经济外交的一系列理念创新和战略布局都体现了上述重要转型，标志着中国经济外交开始向引领国际经济外交全局的新阶段跃升。

【关键词】 中国经济　外交战略　转型　理念创新"一带一路"

经济外交是一国总体外交中不可或缺的组成部分，它既是一种古老的国际关系现象，也是一个在全球化时代条件下被不断赋予新的理论意义与实践价值的重要概念。自20世纪70年代末中国开启改革开放的历史进程以来，经济外交一直扮演着服务国内经济建设大局、推动实现国家现代化的重要角色。经济外交的不断发展，不仅为中国崛起提供了持续有力的外部经济推动，而且也显著增强了中国的国际影响力，为中国走向世界舞台中心发挥了重要推动作用。近年来，以2008年美国金融危机爆发、2010年中国经济总量超越日本成为世界第二、2013年中国取代美国成为全球第一大贸易国等事件为标志，中国不仅已成为世界经济增长的引擎和全球经济大国，而且在世界政治领域的地位也迅速上升。在此背景下，中国经济外交的战略使命开始发生悄然转变。中共十八大以来，中国新一届中央领导集体主动谋势，提出了"一带一路"这一经济外交的全方位新理念，并且进行了一系列重大战略布局，从而使中国经济外交的职能和属性发生了"双重转型"：一方面，经济外交逐步由过去压倒性服务于国内经济建设向为促进国内发展与服务对外战略大局并重的方向转变；另一方面，中国开始由过去单纯参与国际经济体系活动向影响和塑造国际经济规则及议事日程制定方向转变。这种"双重转型"标志着中国经济外交正在向引领国际经济外交全局的新阶段跃升。

一、经济外交的含义及其主要内容

"经济外交"作为一个专业术语首次出现在日本政府于1957年发表的《外交蓝皮书》中。作为二战的战败国和一个非正常国家，经济活动特别是对外援助成为日本战后外交的主要载体和实现其战略目标的重要手段。因此，关于经济外交的研究首先发端于日本有其历史原因。然而，由于日本学者的相关研究仅仅局限于日本自身，认为经济外交是该国特有的一种对外政策行为，并直接将经济外交等同于对外援助，故其在概念界定和理论建构上并无太多实质性成果，甚至在如何定义经济外交上存在不少混乱之处。[1] 稍晚于日本，一

---

[1] 周永生：《经济外交》，北京：中国青年出版社2004年版，第15—18页。

些西方学者曾尝试更为精确地定义经济外交。① 例如，杰夫·贝里奇（G. R. Berridge）认为，经济外交包括两个方面：（1）处理经济政策问题的外交，包括派遣代表团出席由世界贸易组织（WTO）这样的机构组织的外交；（2）使用经济资源进行的外交工作，包括对外援助或制裁等方式，目的在于实现某项外交政策目标。② 显然，在这种定义之下，经济外交成为一种政策执行手段，但该定义并未指出其执行的是外交政策，还是经济政策。

近年来，随着经济外交在中国对外战略中地位的不断上升，中国学者在日本学者和西方学者既有研究成果的基础上对经济外交的含义进行了重新界定。③ 笔者认为，在中国学

---

① 西方学者早期的研究成果参见 David E. Kaiser, *Economic Diplomacy and the Origins of the Second World War*, Princeton: Princeton University Press, 1980; M. S. Daoudi and M. S. Dajani, *Economic Diplomacy: Embargo Leverage and World Politics*, Boulder: Westview Press, 1985; Peter A. G. van Bergeijk, *Economic Diplomacy, Trade and Commercial Policy: Positive and Negative Sanctions in a New World Order*, Aldershot: Edward Elger Publishing Limited, 1994.

② [英] 杰夫·贝里奇：《外交理论与实践》（庞中英译），北京大学出版社2005年版，第97页。

③ 中国学者的相关研究，可参见金熙德：《战后日本经济外交的作用及其演变》，《日本学刊》1995年第4期，第89—90页；张健：《战后日本经济外交（1952—1972）》，天津人民出版社1998年版，第9—11页；赵可金：《经济外交的兴起：内涵、机制与趋势》，《教学与研究》2011年第1期，第57页；周永生：《经济外交》，北京：中国青年出版社2004年版，第22页。

者的诸多研究成果中,周永生的定义相对全面和准确,其要点包括两个方面:(1)经济外交是为追求本国经济利益而执行的对外交往行为;(2)经济外交是借助经济手段,为实现并维护一国战略目标而执行的对外交往行为。① 从这一定义出发,我们可以明确经济外交的两大"规定性"特征,以使其区别于传统外交和一般性经济活动:(1)与传统外交相比,经济外交主要围绕对外经济关系展开,其实现方式是促进或阻滞国际经济关系;(2)与一般性经济活动相比,经济外交的实施主体是一国的中央政府,这就决定了经济外交在本质上是一种政治活动,因而属于国际关系学科的研究范畴。

在对经济外交的含义进行了明确界定之后,为全面理解中国经济外交,还需要对经济外交的内容进行分类,以便清晰地把握当前中国经济外交的理念创新和战略布局。总体来看,中国经济外交按照内容可以分为三大类:贸易外交、金融外交和投资外交。

首先,贸易外交是经济外交中最为普遍的形式,因为国际经济关系最常见的表现形式就是贸易。就其目的而言,贸易外交既可能致力于通过缔结双边或多边自由贸易协定等降低贸易壁垒并扩大贸易合作,也可能通过制裁等方式服务于特定政治目的。例如,中韩、中澳双边自贸协定谈判之所以

---

① 周永生:《经济外交》,北京:中国青年出版社2004年版,第22页。

能够取得成功,就在于当事国希望能进一步增进贸易往来、提升贸易水平并促进各自的经济发展,最终实现互利双赢。又如,2014年以来美俄之间围绕乌克兰危机而引发的战略对抗,导致西方选择通过贸易制裁的方式试图迫使俄罗斯做出退让,以达到其地缘政治目的。

其次,金融外交主要围绕资本和货币流动展开。就资本流动而言,它既有可能是国际借贷行为,也有可能是主权国家与国际金融机构(如IMF)之间的外交互动。就货币流动而言,它同样包含两方面的内容:汇率的跨国协商与国际货币的使用。例如,当前中美之间围绕人民币汇率问题产生的分歧即属于货币外交的典型案例。此外,国际货币的使用则通常体现为货币互换协议。① 例如,2014年10月,中俄两国签订了规模为1500亿元人民币/8150亿元卢布的货币互换协议,这不仅有利于双方的贸易和投资,还可以有效防止汇率变动造成的损失以及降低融资成本。②

最后,投资外交主要包括跨国直接投资和跨国(国际化)生产等内容。近年来,由于国际地缘政治格局变化以及全球化进程中各种不确定因素的增加,相关国家间签订各类

---

① 相关分析参见李巍、朱艺泓:《货币盟友与人民币的国际化——解释中国央行的货币互换外交》,《世界经济与政治》2014年第2期,第128—154页。

② 《卢布持续下跌:中俄货币互换,中国亏了吗?》,环球网,http://finance.huanqiu.com/hongguan/2014-12/5262200.html。

双边投资保护协定（BIT）成为国际关系中的一个热点问题，此即投资外交的典型案例。具体而言，一方面，投资外交主要意在清除投资对象国设定的投资壁垒，消除保护主义，同时要求对方政府保护本国投资安全，从而实现自身经济利益。另一方面，投资外交也包括对外来投资进行有效监管，以保护本国的相关产业。例如，中美两国的双边投资保护协定谈判在第六轮中美战略与经济对话（S&ED）之后有了明确的时间表，双方将就负面清单问题于2015年举行磋商，并力争在一到两年内达成最终协定。[①]

二、当代中国经济外交的历史沿革

如果从上述经济外交的定义和内容出发进行界定，当代中国经济外交起步于20世纪70年代末。在新中国成立后的相当长一段时间里，出于国家安全、意识形态等方面的原因和国内自给自足的经济政策，中国并未参与西方主导的国际经济体系，而有限的"经济外交"活动也仅限于同社会主义阵营国家间开展的经济互助行为，不具备完全意义上经济外交的实质内容。改革开放后，中国将"以经济建设为中心"确立为国家发展战略，从而为以服务国内经济建设为根本目

---

① 《中美BIT明年启动负面清单谈判》，新华网，http://news.xinhuanet.com/fortune/2014-07/11/c_126739471.htm。

标的经济外交的真正开展创造了前提。三十多年来，中国的经济外交经历了接触和试探、学习和融入、参与和治理三个发展阶段，目前正在向引导和塑造国际经济规则及议事日程制定的阶段迈进。

1. 接触和试探：20世纪80年代的中国经济外交

改革开放初期，中国经济外交的头等目标在于打破孤立状态，重新融入世界，为实现现代化创造良好的外部条件。因此，中国政府在此期间派出了大量官方代表团赴西方进行考察，以了解当时的世界经济形势。例如，1978年5月到9月，时任国务院副总理谷牧率团访问了法国、瑞士、比利时、丹麦和德国等欧洲发达国家，成为新中国成立后向西方派出的首个官方经济代表团，在中国的经济外交史上具有开创性和里程碑意义，直接推动了中国的对外经济交往。[1]

此外，中国还在此期间开始致力于加入主要国际经济组织，从而为更广泛地融入世界经济体系创造条件。1980年，中国恢复了在国际货币基金组织（IMF）和世界银行的席位。从1981年起，中国开始向世界银行借款并开展基础设施建设和人才培养等方面的合作。1986年，中国成为亚洲开发银行会员国。在此期间，中国于1986年7月向关贸总协定

---

[1] Ezra F. Vogel, *Deng Xiaoping and the Transformation of China* (Cambridge: Harvard University Press, 2011), pp. 221–227.

(GATT)正式提出复关申请,启动了入世谈判进程。总体来看,中国在20世纪80年代的经济外交虽然不算活跃,但通过与外部世界的接触,了解到了当时世界经济、贸易和科技发展的现实情况,为后来开展更高层次的经济外交奠定了基础。

2. 学习和融入:20世纪90年代的中国经济外交

冷战结束后,随着超级大国意识形态、地缘政治对抗的终结以及全球化时代的到来,中国开始进一步致力于融入既有国际经济体系,学习国际经济规则和制度,以加快自身发展和实现现代化的步伐。

在区域经济外交层面,中国于1991年应邀加入亚太经合组织(APEC),并于1993年参加了该组织举行的首次领导人峰会,使APEC成为中国亚太经济外交的第一平台。在1997年亚洲金融危机期间,东盟—中日韩(10+3)机制应运而生,中国在其中发挥了重要作用,不断推动这一机制走向成熟和完善。

在全球经济外交层面,中国在此期间最为重大的外交举措即围绕复关和入世展开了长期艰苦的外交谈判。最终,中国于2001年11月正式加入世界贸易组织(WTO),由此成为世界经济体系中不可或缺的重要成员,开启了中国经济外交的新篇章。

在整个20世纪90年代，中国经济外交的"学习"特点十分鲜明，在不断学习各类国际经济规则的过程中融入国际经济体系，从而为自身发展成为国际经济体系的重要参与者乃至领导者打下了基础。

3. 参与和治理：21世纪以来的中国经济外交

以加入WTO为标志，中国成为国际经济外交舞台上的平等参与者和国际经济秩序的重要建设者。在此背景下，经济外交在中国外交全局中的地位迅速上升，中国经济外交取得了举世瞩目的成就。

首先，中国开始在全球经济治理中发挥积极的建设性作用，不断推动国际经济体系朝着更加公平合理的方向发展。例如，在"多哈回合"谈判中，中国坚定维护和执行多边贸易体制；而在2008年金融危机后，中国则致力于推动20国集团部长级会议升格为首脑会议，为推动国际金融体系改革、构建新的全球经济治理机制做出了重要贡献。

其次，中国开始在亚太区域层面积极推进自由贸易区（FTA）建设和金融合作。例如，2000年，时任国务院总理朱镕基首次提出中国—东盟自由贸易区构想。经过中国东盟双方的共同努力，该自贸区于2010年正式建成。自此，缔结自贸区协定成为中国经济外交的重要组成部分，也成为其提高经济开放水平、参与经济全球化的重要举措。① 又如，中国在金融外交领域积极参与"10+3"机制下的"清迈倡议"，推动后者成为亚洲国家在金融货币领域最为重要的制度性合作成果。②

4. "双重转型"：当前中国经济外交的新趋向

在经历了三十余年的实践后，当前中国经济外交正在经历由历史和现实共同决定的重要转型。一方面，三十多年的经济外交为国内经济现代化建设提供了重要动力，而在中国成为世界第二大经济体和利益遍及全世界的全新背景下，经济外交不可避免地会被赋予服务国家对外战略大局的新使命；另一方面，随着中国参与国际经济体系和全球治理程度的不断加深，中国在国际经济舞台上的分量和作用已今非昔比，国际经济体系的改革和完善离不开中国的参与，而中国也逐步开始具备引领和塑造国际经济规则的能力。因此，当前的中国经济外交正在发生由过去压倒性地服务于国内经济建设向促进国内发展与服务对外战略大局并重的方向转变，同时由过去单纯参与国际经济体系活动向影响、塑造国际经济规

---

① 陈文敬：《我国自由贸易区战略及未来发展探析》，《理论前沿》2008年第17期，第9页。

② Injoo Sohn, "Learning to Cooperate: China's Multilateral Approach to Asian Financial Cooperation", *The China Quarterly*, No. 194, June 2008, pp. 309-326.

则和议事日程制定方向转变的"双重转型"。这一"双重转型"在2008—2012年已初露端倪，在中共十八大后则得到了充分发展。

2008年金融危机后，中国逐步迈入主动引领全球经济合作和推动全球经济治理变革的新时期，开始积极谋划在保障自身发展权益的同时推动全球经济体系的结构转型和全球经济治理的民主变革。① 在议题引导方面，中国提出了创建"超主权国际储备货币"用以代替现行"单一国际储备货币"的构想，并提出提升特别提款权（SDR）作为国际货币的功能、积极推动国际金融体系改革的倡议。在规则引导方面，中国不仅在环境谈判和气候外交中提出了"共同但有区别的责任"原则，而且在金融危机后强调要加强金融领域的国际监管，反对美国式的自由放任主义，并使其成为国际金融治理领域的共同基调。当然，中国在国际经济议题和规则制定方面实现全面引领还有很长的路要走，但上述这些积极变化无疑都为中国经济外交进一步有所作为打下了坚实基础。

---

① 邹志强：《全球经济治理变革对中国与新兴国家合作的启示》，《世界经济与政治论坛》2014年第4期，第78页。

三、中共十八大以来中国经济外交的理念创新和战略布局

中共十八大以来,新一届中央领导集体根据国际国内形势的变化,在经济外交领域进行了一系列奋发有为的理念创新和战略布局,涵盖了贸易外交、金融外交和投资外交等各个领域,并以"一带一路"这一综合性经济外交大战略作为顶层设计,从而加速了经济外交的"双重转型",使其无论对于中国崛起,还是对于世界经济发展,都发挥了更为显著的作用。

第一,就贸易外交而言,中国提出打造中国—东盟自贸区"升级版"、亚太自贸区(FTAAP)等一系列新理念,开始有效布局周边自贸区网络。东亚地区是世界经济最富活力和最具发展前景的地区,其经济增速大大超过世界平均水平。因此,亚太贸易是美国拓展其国际贸易份额的主要渠道,同时也是美国维护全球贸易地位以及贸易权力的重要支撑。[①]自2009年美国开始推行亚太再平衡战略以来,缔结将中国排除在外的"跨太平洋伙伴关系协定"(TPP)成为其重要的经济抓手。为积极应对美国推行TPP战略带来的压力,中国

---

① 舒建中:《美国与"跨太平洋伙伴关系协定":贸易权力的重构》,《世界经济与政治论坛》2014年第6期,第38页。

提出了打造中国—东盟自贸区"升级版"以及亚太自贸区等一系列新理念并着力加以推进,展现出整合、塑造与领导地区经贸关系的决心和能力。为此,中国政府在两方面实施了积极有为的贸易外交举措,有效维护了自身在国际贸易体系中的中心地位。

一方面,中国努力推动"多哈回合"谈判不断前进,防止美国抛开全球多边贸易体制。2013年12月,僵持了12年之久的"多哈回合"谈判最终达成"巴厘岛一揽子协议",中国在其中发挥了促谈、促和、促成的关键作用。2014年4月,国务院总理李克强在博鳌亚洲论坛开幕式上重申了世贸组织的重要性,强调了中国维护世贸组织多边贸易体制在全球贸易发展中的主导地位的决心。①

另一方面,中国加快了构建周边自贸区的谈判进程,显著抵消了美国跨太平洋伙伴关系协定布局带来的冲击。中国全力支持东盟推进"区域全面经济伙伴关系"(RCEP)的努力,于2013年开始启动中国—东盟自贸区"升级版"谈判,致力于促进区域贸易环境进一步透明化、消除非关税壁垒、加强技术转移、减少汇率损失,推动"命运共同体"建设,并成功完成了同韩国和澳大利亚的自贸协定实质性谈判,在周边自贸区网络建设上迈出了重要一步。在2014年11月召

---

① 《李克强在博鳌亚洲论坛2014年年会开幕式演讲》,中国新闻网,http://www.chinanews.com/gn/2014/04-1 0/6048302.shtml。

开的亚太经合组织领导人北京峰会上，中国正式提出了打造亚太自贸区的战略构想，从而为未来中国中长期贸易外交的发展创造了更为广阔的舞台。

可见，"双重转型"在中国的贸易外交中已经愈发明显地得到了彰显，整合、塑造和引领周边经贸关系，从而构建有利于自身崛起的周边环境并实现互利共赢，成为中国贸易外交的重要战略目标。

第二，就金融外交而言，中国不断通过金融和货币合作，推动实现金融崛起和人民币国际化。例如，中国倡议设立的亚洲基础设施投资银行、金砖国家开发银行以及上海合作组织开发银行将成为中国金融外交的"三大支柱"，既有助于消化中国过剩的外汇储备并推动中国资本"走出去"，也为人民币国际化搭建了新的平台，成为中国经济外交主动谋势的一大成就和亮点。

当前，人民币国际化进程正在不断加快。近年来，中国政府通过有效的货币外交，已初步搭建起了一个囊括47个国家的货币伙伴网络。这些货币伙伴国能够在官方层面为人民币的国际使用提供政策配合和技术支持，由此构成了人民币崛起的政治基础。在实践中，这一伙伴网络帮助中国政府加快了与相关国家进行本币结算的步伐，对人民币国际化起到了助推作用。其中，中俄两国的本币结算最为引人瞩目。2014年5月，中俄两国政府达成了在贸易、投资和借贷中扩大两国本币直接结算规模的协议,尤其是在其中包括了石油贸易的本币结算,这势必将对石油美元体系构成巨大冲击。①

第三,就投资外交而言,中国正在全力推进同相关国家的投资保护协定谈判,为中国企业"走出去"进行安全有效的全球布局。当前,中国已经成为世界投资大国,年对外投资额位居世界第三。2014年11月,中国国家主席习近平在亚太经合组织工商领导人峰会上表示,未来10年中国对外投资将达到1.25万亿美元。② 因此,在缺乏一种全球性投资保护框架的背景下,通过双边谈判缔结投资保护协定(BIT)成为保护中国海外投资利益的重要手段。

从当前情况来看,中国投资外交的重点是同美国和欧盟达成双边投资保护协定。在不少学者看来,由于谈判的参与者均为世界主要力量中心以及相互投资额十分巨大,因此其意义和难度"堪比当年中国的入世谈判"。③ 在中共十八届三中全会做出全面深化改革的重大决定后,进一步发挥市场在

---

① 相关内容参见《中华人民共和国与俄罗斯联邦关于全面战略协作伙伴关系新阶段的联合声明》,人民网,http://world.people.com.cn/n/2014/0521/c1002-25042884.html。

② 《习近平出席APEC工商领导人峰会并发表主旨演讲(全文)》,中国网,http://news.china.com.cn/txt/2014-11/09/content_34006835_3.htm。

③ 《中美欧投资谈判大斗法,中国如何"与狼共舞"》,新华网,http://news.xinhuanet.com/fortune/2014-01/28/c_126072841.htm。

资源配置中的决定性作用,减少对外资的限制,推动中国企业更多地"走出去",将成为未来中国与外部世界实现双向投资和互利共赢的全新模式。中美投资保护协定谈判将在接下来的一两年内步入关键时期,双方能否就现有问题逐步消除分歧、达成共识,将对全球投资保护协定的前景产生决定性影响。

第四,中国提出并扎实推进了"一带一路"这一综合性经济外交大战略的实施。2013年9月和10月,习近平主席先后在哈萨克斯坦和印度尼西亚发表演讲,提出中国要与中亚国家共建"丝绸之路经济带",与东盟国家共建"21世纪海上丝绸之路"的国际经济合作构想,受到全世界的瞩目。"一带一路"战略构想囊括了贸易、金融、投资、科技、能源、交通及基础设施建设等多个方面,在地理上涵盖了欧亚大陆和太平洋、印度洋,涉及几十个国家,是十八大以来中国在经济外交领域最为重要的理念创新和战略部署,是一项内外兼顾、陆海统筹的经济外交大战略。

"一带一路"战略有三根支柱:(1)交通运输通道建设为"一带一路"打下物质基础。(2)亚洲基础设施投资银行和"丝路基金"为"一带一路"提供金融支持。(3)包括互联互通伙伴对话机制、"孟中印缅经济走廊""中巴经济走廊"、上海合作组织、中国—东盟自贸区等在内的多种国际组织和合作机制为"一带一路"提供了制度性协商框架。

"一带一路"战略的重要性首先体现在其丰富的经济合作内涵上,有利于中国拓展同周边国家经济合作的广度和深度,寻找经济合作和发展的新机遇。作为一项综合性经济外交大战略,"一带一路"的具体内容包括了经济外交的各主要领域:通过降低或消除贸易壁垒实现货物自由流通,属于贸易外交;以基础设施建设推进互联互通,属于投资外交;而通过本币结算实现货币流通,则是典型的金融外交。其次,"一带一路"超越了经济合作本身,有着重要的地缘战略价值,这一点充分体现了中国经济外交开始服务于国家对外战略全局的新特点。中国希望通过这一战略的实施,稳定周边地缘环境,推进周边一体化进程,以构建"命运共同体"的方式,为实现自身崛起创造良好的外部环境和条件。

结 语

改革开放以来,中国的经济外交经历了轨迹鲜明的成长历程,取得了丰硕成果,为国内经济建设做出了重要贡献,为中国崛起积聚了重要力量。当前,随着中国成为世界第二大经济体和具有全球影响力的大国,中国经济外交转型已成为历史的必然。中共十八大以来,中国新一届中央领导集体通过一系列理念创新和战略部署,将经济外交的"双重转型"不断推向前进,使中国经济外交由参与型逐步向领导型过渡，并使其在继续服务国家经济建设的同时突出了在对外战略全局中的重要地位。这一"双重转型"不仅体现在近年来中国积极有为的贸易外交、金融外交和投资外交实践中，更鲜明地体现在"一带一路"这一大战略构想的设计及其不断铺展的运作中。可以预计，随着"双重转型"的进一步深入和伴随中国崛起而来的国际政治效应的扩散，中国经济外交必将在国家整体发展以及区域一体化整合中发挥越来越重要的引领作用。

外交决策分析的利益相关者理论

高尚涛[*]

【内容提要】 本文借鉴企业管理决策理论中的"利益相关者"概念,搭建了一个用于外交决策分析的利益相关者理论。该理论的核心假设是,国家决策者只有合理解决利益相关者的利益关切,才能制定有效实现国家利益的行为策略。该理论认为,利益相关者是可以影响利益主导国某一利益目标或被利益主导国某一利益目标影响的任何国家、国际组织或个人。利益相关者的重要性可以用合理性、影响力和紧急性三个指标进行判定。根据利益相关者的重要性级别,结合利益相关者对利益主导国的态度,可以将利益相关者分为支持型、非支持型、混合型和无足轻重型四类,分别采取战略配合、战略防范、战略磋商和战略监控的策略加以应对。

【关键词】 外交决策 利益相关者 利益相关者理论

---

[*] 高尚涛,山东临朐人,法学博士。现为外交学院国际问题研究所副教授。

一、外交决策分析需要利益相关者研究

肯尼兹·沃尔兹提出了国际政治的结构现实主义理论，对国际关系理论与外交政策理论进行了区分。沃尔兹认为，国际政治理论注定是体系层面的理论，这种理论可以对国家行为进行趋势性解释，但无法判定特定国家在特定时间和特定地点的具体行为。要解释国家的具体行为，需要在体系理论的解释框架内，建立起有效的外交决策理论。只有将体系理论框架与外交决策理论相结合，才能准确解释国家的具体行为。① 这一观点催生了两类研究取向：一是基本接受沃尔兹的体系理论，在此之外，再建构一个独立的外交政策理论，两个理论相结合，共同解释或确定国家的具体行为；二是基本抛弃沃尔兹的体系理论，将其提出的"体系变量"糅合到一个综合了体系因素、国家因素甚至个人因素的复杂解释模式中。

从表面上看，两种研究取向似乎难分伯仲，后者甚至在解释国家具体行为方面更加"擅长"一点。但是，从理论的本意和理论建构的要求看，前一种研究取向更值得重视。理

---

① ［美］肯尼兹·沃尔兹：《人，国家与战争》（倪世雄等译），上海译文出版社1991年版，第14—193页；［美］肯尼斯·沃尔兹：《国际政治理论》（胡少华等译），北京：中国公安大学出版社1992年版，中文版序言；高尚涛：《国际关系理论基础》，北京：时事出版社2009年版，第64页。

论研究的基本宗旨，是找出关键变量，建立以关键变量为核心的变量关系假设。由于界定关键变量和建立准确变量关系非常困难，理论研究一般要求一个理论建立一个（而不是多个）核心假设，然后以该假设为前提，推导出系列推论，建立起一个理论体系。所以，理论研究不苛求单个理论能解释由很多变量共同作用导致的"综合结果"，只要求一个理论能准确揭示一对变量关系。在关键变量尚未合理确定和准确界定之前，在准确变量关系尚未明确建立的情况下，将多个"变量"杂合在一个分析框架内，只能增加分析难度，没有多少实际意义。所谓"新古典现实主义"的研究方式，问题正在于此。

那么，一个标准的外交理论应是什么样子的呢？把握三点非常重要。一是外交理论必然是理论，既然是理论，就不能过于详尽地进行政策描述和过程追踪，而必须寻求外交决策领域的一般性解释，建立起通则式分析框架，这是理论的应有之义。① 二是外交理论研究必须基于政策分析确立关键

---

① 目前，国际关系学界对"理论"的理解和使用有些混乱。有人将思想混同于理论，有人将历史解释混同为理论解释，甚至有人将政治指导思想和意识形态意义上的"理论"与学术研究意义上的理论混为一谈。这些都是学术界需要予以澄清和竭力避免的问题，而不是将理论异化的借口。理论研究有自己的标准和要求，国际关系理论研究应与整个社会科学乃至自然科学的理论研究的基本范式保持一致。关于理论的界定，参见高尚涛：《国际关系理论基础》，北京：时事出版社2009年版，第9—13页。

变量，建立起以关键变量为核心的准确因果关系假设，否则，提出的理论必然缺乏足够的解释力。三是外交理论的核心假设最好是一对而不是多对变量关系，否则，变量关系的数量越多，就越难以进行深入透彻的分析。根据这三条标准，新古典现实主义的一些分析模型，如斯蒂芬·洛贝尔（Steven Lobell）分析霸权衰落的政治经济学模式、杰弗里·托利弗（Jeffery Taliaferro）的风险平衡理论等，虽然都提出了通则式分析框架，但在关键变量的界定与确认以及变量关系的建立上都存在一些问题。①

---

① 洛贝尔的分析框架选取了崛起国（挑战国）试图改变现状的经济政策、自由主义国家、帝国主义国家、霸权国的国内自由国际主义政治联盟、霸权国的国内经济民族主义政治联盟、经济与安全利益的平衡等众多难以准确界定的变量及其貌似相互作用的变量关系，分析了霸权国家衰落的内在机制。参见 Norrin Ripsman, "The Political Economy of Hegemony Decline", *International Studies Review*, Vol. 6 No. 1, 2004, pp. 133-135. 托利弗则以决策者对国家实力、相对地位和国际声誉变化的预期以及决策选择的期望值为自变量、以决策者基于收益变化的风险选择为因变量，提出解释国家在希望渺茫的边远地区进行军事干涉的两个因果关系假设，如果决策者预期国家实力逐渐增强，则会接受国际现状，不会冒险进行干涉；如果决策者预期国家实力逐渐减弱，就会挑战国际现状以营造更加有利的国际环境，结果就是冒险干涉。参见 Jeffrey Taliaferro, *Balancing Risks: Great Power Intervention in the Periphery*, Ithaca: Cornell University Press, 2004, p4. 亦见陈志瑞、刘丰：《国际体系、国内政治与外交政策理论——新古典现实主义的理论建构与经验拓展》，《世界经济与政治》2014 年第 3 期，第 127—128 页。

那么，对外交决策理论建构而言，什么样的变量才是关键变量呢？外交决策领域的关键变量，应是驱动国家外交决策和引领国家外交行为的核心要素，而这个要素应首推国家利益。古今中外很多有著名学者都认识到，人们的行为主要是由利益驱动的，所谓"天下熙熙，皆为利来。天下攘攘，皆为利往"，说的就是这个道理。① 而"国家也是人"，其行为也由利益驱动。在外交决策领域，国家决策者几乎每天都要面对两个重大问题，一是如何准确界定某个国际事件所隐含的国家利益，二是如何有效处理和应对这一国际事件以更好地实现国家利益，这种考虑几乎贯穿外交决策选择的始终。这说明，国家利益是驱动国家行为的关键因素。鉴于此，外交理论建构需要围绕国家利益这一关键变量展开。

但是，国家利益不是一个独立存在的变量，它必须依附在特定的人身上，我们只有分析承载特定国家利益的人，才能更好地解释国家行为，所以，外交决策分析需要研究承载特定利益的人——利益相关者（stakeholders），研究利益相关者围绕特定国家利益展开的行为以及他们的行动策略。这意味着，外交决策理论建构有必要围绕国家利益和利益相关者展开。

---

① 司马迁：《史记·货殖列传》，长沙：岳麓书社1988年版，第932页。王伟光：《利益论》，中国社会科学出版社2010年版，第7—51页。Hans J. Morgenthau, *Politics among Nations* (sixth edition) (Virginia: Virginia University Press, 1985), pp. 4-26.

其实，围绕利益相关者进行决策分析的理论在经济学领域早已存在。美国学者爱德华·弗里曼（Edward Freeman）在对公司行为进行研究的过程中，提出了一个利益相关者分析路径（The Stakeholder Approach），并由此搭建了一个利益相关者分析框架。① 这一分析框架逐渐演化出规范性利益相关者理论、解释性利益相关者理论和工具性利益相关者理论。② 其中，工具性利益相关者理论比较侧重利益相关者分析在决策领域的实际应用，发展进程相对较快。该理论围绕利益相关者这一核心概念，以更好地维护和实现公司利益为

---

① ［美］爱德华·弗里曼：《战略管理：利益相关者方法》，上海译文出版社 2006 年版。其实，利益相关者分析，在爱德华·弗里曼的《战略管理：利益相关者方法》问世以前，已经广泛展开。但是，这本著作第一次提出了基于决策者角度的利益相关者定义，并系统确立了利益相关者分析的基本框架，为现代利益相关者分析奠定了基础。

② 规范性利益相关者理论主要是围绕利益相关者概念进行的应然研究，强调利益相关者应该遵循的价值基础。解释性利益相关者理论主要是围绕利益相关者概念构建一个分析和解释公司行为的理论框架，其目的主要是说明性的。工具性利益相关者理论主要是围绕利益相关者概念构建一个可用于行为决策参考的指导性理论，为公司决策提供帮助。在公司管理研究领域，工具性利益相关者理论由于侧重实用性研究，受到众多学者的偏爱，研究成果较多，理论框架较为成熟。参见 ［美］ 爱德华·弗里曼、杰弗里·哈里森、安德鲁·威克斯、拜德安·帕尔马、西蒙娜·科莱：《利益相关者理论现状与展望》（盛亚、李靖华等译），北京：知识产权出版社 2013 年版，第 5 页注释 6。需要指出的是，目前在国际关系学界，解释性理论仍占据主导地位。

出发点,① 通过分析甄别利益相关者并判定其重要性、利益需求和合理满足方式,深入阐发了公司涉外决策的定位、依据和策略等问题,② 对国家外交决策分析具有重要的类比启发意义。

工具性利益相关者理论研究的主要问题,是公司决策者如何更好地为公司做决策。该理论假定,公司是一个具有特定利益目标(包括确保公司健康运转和合法盈利等)的组织,在以国家经济法规为基础的经济市场中依法自主经营、自负盈亏,公司决策者作为公司的主要成员和重要利益相关者,代表公司进行决策,确保实现公司利益。与此类似,国家外交决策分析也重视国家决策者如何更好地为国家作决策以更好地实现国家利益的问题,由此我们可以合理假定,主权国家类似于经济市场中的公司,是一个具有特定利益目标(包括确保国家健康运转、经济发展和国家安全等)的组织,

---

① 需要指出的是,利益相关者理论不假定公司决策的目的是实现其利益的最大化,而认为公司应追求合理利益、承担道德责任,公司不负责任的行为是有损其自身利益的。在本文中,作者将这一假定也用于外交决策的利益相关者理论中,假定国家决策的目的是追求合理利益,对利益相关者负责也是维护国家自身利益的表现。

② [美]爱德华·弗里曼、杰弗里·哈里森、安德鲁·威克斯、拜德安·帕尔马、西蒙娜·科莱:《利益相关者理论现状与展望》(盛亚、李靖华等译),北京:知识产权出版社2013年版,第19—20页。

在以国际法、国际机制和权力分配为基础的国际体系中自主进行外交决策、自担后果与风险,国家决策者作为国家的重要利益相关者,代表国家进行决策,以确保国家利益得以实现。① 经过这样的类比,我们就可以借用工具性利益相关者理论对国家的外交决策进行分析。分析的基本思路是,国家决策者如何以更好地维护和实现国家利益为出发点,通过分析甄别利益相关者并判定其重要性、利益需求和合理满足方式,来确定外交决策的定位、依据和策略等。

为叙述方便,本文直接将工具性利益相关者理论简称为利益相关者理论(The Stakeholder Theory)。

二、利益相关者理论的基本分析框架

利益相关者理论假定,具有独立决策权的个人,是理性利己的逐利者。他们有自己的合法权利和财产,并可以通过权力(影响力)主张和实现自己的合理利益。国家决策者作为具有独立决策权的个人,既有代表自己的个人利益,也有

---

① 在国际关系理论中,作为一种理论建构和学术研究的方法,这种类比并不罕见。沃尔兹的结构现实主义理论,就进行了这种实质化类比。Kenneth N. Waltz, *Theory of International Politics* (New York: McGraw-Hill, Inc, 1979), pp. 88-93. 当然,国际体系规范程度相对市场体系要弱一些,但国际体系的主权规范也已足够强大。

代表国家的角色利益（国家利益）。国家决策者可以在平衡个人利益和国家利益的基础上，通过利益平衡和利害关系权衡，有效实现和维护他所代表的国家利益。在此基础上，该理论假设，国家决策者只有合理解决利益相关者的利益关切，才能制定有效实现国家利益的相应行为策略。而所谓合理解决，是指决策者根据利益相关者的不同重要性级别（利害关系权衡），有针对性地制定不同的应对方案，以满足不同利益相关者的合理利益需求，从而推动其为实现组织利益积极贡献、避免消极作用。

（一）利益相关者的界定

根据弗里曼的经典定义，利益相关者（Stakeholders）是指可以影响某一组织目标或被该组织目标影响的任何组织或个人。[1] 这一定义是站在经理人和决策者的角度做出的，体现出理论创立者的功利主义考虑：如果个人或群体能够影响到某一组织或被某一组织影响，决策者就应该关注他们、制

---

[1] Freeman R. Edward: *Strategic Management: A Stakeholder Approach* [M]. (Pitman Publishing Inc, 1984.) quoted from Paul Littau, Nirmala Jyothi Jujagiri, Gerald Adlbrech: "25 Years of Stakeholder Theory in Project Management Literature (1984–2009)", *Project Management Journal*, 18 September 2010, p.17.

定一种特定的策略来应对他们,以更好地实现组织利益。①

在这个定义中,弗里曼将利益相关者默认为与某一组织的利益相关。但从本质上讲,这个定义的核心是利益,而不是组织,组织只是以某一利益为核心聚拢起来的一群人,任何以某一利益为核心聚拢起来的一群人(不管聚拢方式如何),都有利益相关者。所以,我们可以抛开弗里曼的组织外衣,更加一般化地界定利益相关者,即利益相关者是指可以影响某一利益目标或被某一利益目标影响的任何组织或个人。经过这样的一般化地处理后,我们可以很容易地将利益相关者概念应用到外交决策分析中去:外交决策领域的利益相关者,是指可以影响某一国家利益目标或被某一国家利益目标影响的任何国家、国际组织或个人。而界定并追求这一利益目标的国家,我们称之为"利益主导国"。

需要指出的是,利益主导国与国家决策者是不等价的,正如公司经理人与公司是不等价的一样。② 国家决策者作为

---

① [英] 爱德华·弗里曼、杰弗里·哈里森、安德鲁·威克斯、拜德安·帕尔马、西蒙娜·科莱:《利益相关者理论现状与展望》(盛亚、李靖华等译),北京:知识产权出版社2013年版,第47页。

② 至少在古典现实主义和新自由主义早期的一些文献中,国家和国家决策者是分不清楚的,两个概念混用。如 [美] 汉斯·摩根索:《国家间政治》(孙芳、李晖译),海南出版社2008年版;[美] 罗伯特·基欧汉:《霸权之后》(苏长和、信强、何曜译,)上海人民出版社2006年版。实际上,国家和国家决策者是不重合的,他们在外交决策中的作用也是不一样的。

利益主导国的重要利益相关者，也有自己的利益，而且他的有些利益与国家利益是不重合的，甚至是相冲突的。明白这一点，对于我们深入理解利益主导国的外交政策具有重要意义。这也是利益相关者理论所强调的重要方面之一。

那么，我们应如何甄别和确定利益主导国的利益相关者呢？

首先，我们可以根据某些国家、国际组织或个人是否与利益主导国某一利益目标的维持或实现具有有效的机制联系或规范约束，确定其是否为契约型利益相关者（Contractual Stakeholders）。这类利益相关者要么处于利益主导国的相关决策机制内，要么与利益主导国存在明确的协议合作关系，如沙特阿拉伯国际油价目标的沙特决策者、沙特外交部、OPEC成员国、合同消费国（根据双边供货合同和约定价格进口沙特石油的国家）等。其次，我们可以根据某些国家、国际组织或个人是否与利益主导国某一利益目标的维持或实现具有非机制联系，确定其是否为公众型利益相关者（Community Stakeholders）。这类利益相关者通常与利益主导国具有间接而非直接的利益关系，如沙特阿拉伯国际油价目标的国际压力集团、国际媒体、普通石油消费国（根据国际市场价格从国际石油市场购买沙特石油的国家）等。[1]

---

[1] Charkham, J., "Corporate Governance: Lessons from Abroad", *European Business Journal* 4 (2) 1992. pp. 8–16.

其次，我们可以根据某些国家、国际组织或个人是否主动介入利益主导国的利益维持或实现活动，确定其是否为自愿型利益相关者（Voluntary Stakeholders），这类利益相关者通常在利益主导国的利益主张或实现活动中主动投入人力物力，如美国亚洲再平衡战略目标中的美国、日本、菲律宾、美国总统、日本首相等。

第三，我们可以根据某些国家、国际组织或个人是否被动卷入利益主导国的利益主张或实现活动，确定其是否为非自愿型利益相关者（Involuntary Stakeholders）。这些利益相关者往往不得不对利益主导国的活动做出反应，如美国亚洲再平衡战略目标中的中国和朝鲜等。[①]

（二）利益相关者的重要性衡量

确定了利益相关者，我们还需要确定利益相关者的重要性级别，以便利益主导国可以参照其制定针对利益相关者的行为策略、确保其利益实现。为此，我们借鉴美国学者米切尔和伍德（Mitchell & Wood）的研究成果，选取三个指标对利益相关者进行评分，并根据分值高低确定利益相关者的重要性等级。这三个指标分别是：合理性（Legitimacy）、影响

---

① Clarkson, "A Stakeholder Framework for Analyzing and Evaluating Corporate Social Performance", *Academy of Management Review* 20 (1) 1995. pp. 92-117.

力（Power）和紧急性（Urgency）。①

合理性指标是指某一利益相关者是否对利益主导国的某一国际利益具有法律的、道义的或其他特定方式的合理索取权，例如，中国作为利益主导国推动"一带一路"建设，离不开"一带一路"沿线国家的参与和支持，这些沿线国家因此具有要求分享中国建设利益的合理理由，所以符合合理性标准。影响力是指某一利益相关者是否拥有影响利益主导国某一国际利益的地位、能力、资源和相应手段，例如，在中国"一带一路"建设中，沙特作为利益相关者，具有中国需要的大量能源资源，对中国具有吸引力；该国可以以这些资源为筹码与中国讨价还价，对中国产生影响力。紧急性是指某一利益相关者的诉求能否立即影响利益主导国的利益从而迅速引起该国决策者的重视，例如，在中国建设"一带一路"的过程中，如果沙特因某事决定立即关闭其沿线通道，或能够立即召开双边高层会谈讨论此事，就会立即引起中国重视，沙特会因此具有较高的紧急性；反之，如果沙特因某事只能进行不痛不痒的交涉，则可能无法立即引起中国重视，其紧急性程度也会较低。需要指出的是，一个有意义的利益

---

① Mitchell, A. & Wood, D., "Toward a Theory of Stakeholder Identification and Salience: Defining the Principle of Who and What Really counts", *Academy of Management Review*, 22（4）1997. pp. 61-75. 本文对三个指标名称的翻译，沿用了国内经济学界的通用译法，以确保整个学术话语体系的一致性。

相关者，至少需要符合以上一项指标，即要么对利益主导国的某一利益拥有合理索取权，要么能够对利益主导国的决策者施加压力，要么能够迅速引起利益主导国决策者的重视，否则就是无效的利益相关者，不值得重视。①

在以国家主权和领土边界共识为核心的当代国际社会中，绝大多数国家日益融入国际机制和国际规范网络，在这种情况下，合理性因其界定国家利益分享者身份和确定国家索取利益的权利，成为国家主张与确认利益的基本依据，所以，在上述三个指标中，合理性最基本也最重要，其权重也应属最大之一。其次，在国际社会中，影响力（权力和吸引力）对一国合理利益的实现具有决定性作用，所以，该指标也至关重要，也值得利益主导国高度重视，权重也是最重要之一，可与合理性相当。紧急性指标也比较重要，但与合理性和影响力相比，其权重稍低。在有些情况下，利益相关者如果没有足够的合理性和影响力，单凭紧急性很难得到利益主导国的足够重视，例如，一个集中精力发展经济的国家可能会对

---

① 美国学者米切尔和伍德提出了用"评分法"（Score-based Approach）来衡量利益相关者的指标体系，深化和细化了利益相关者理论的应用研究。两位学者指出，利益相关者理论有两个核心问题，一是利益相关者的确认（Stakeholder Identification），二是利益相关者的重要性（Stakeholder Salience）（决策者依据什么给予特定群体以关注）。参见陈宏辉、贾生华：《企业利益相关者三维分类的实证分析》，《经济研究》2004年第4期，第81页。

绿色环保组织的抗议活动充耳不闻。根据以上分析，我们可以给出上述三大指标的相对赋值。如果我们将衡量利益相关者重要性程度的总分值设定为 100，那么，以上三种指标中每个指标的总分可以分别设定为：合理性 40、影响力 40、紧急性 20。① 当然，具体到不同的利益相关者，其每一单项指标的具体分值也不尽相同，有的高一些，有的低一些，但最高不能超过该项指标的设定值，如合理性指标的单项取值最高只能是 40，影响力最高只能是 40，紧急性最高是 20。三个指标的最低取值则有可能是 0，表示某一利益相关者在某一指标衡量的方面没有任何重要性。将每个利益相关者各项指标的实际分值相加，就可以得到衡量其重要性程度的相对数值。

根据不同利益相关者对上述三个指标的拥有和符合程度，我们可以将他们分为三类：②

第一类：决定型利益相关者（Definitive Stakeholders）。

---

① 三个指标的赋值是一组经验数值，旨在通过不同的赋值大致分出不同指标的重要程度，所以具有一定的"随意性"。但是，这种赋值方式对分析结果的影响不大，因为赋值的本质是通过一定的数值差别对利益相关者的相对重要性程度进行区别，而不是对其绝对重要性数值进行测量。

② Mitchell, A. & Wood, D., "Toward a Theory of Stakeholder Identification and Salience: Defining the Principle of Who and What Really counts", *Academy of Management Review*, 22 (4) 1997. pp. 61-75.

该类利益相关者同时符合事关利益主导国某一利益的合理性、影响力和紧急性三项指标，其满分分值为 40+40+20＝100，重要性程度最高。

第二类：预期型利益相关者（Expectant Stakeholders）。该类利益相关者仅符合利益主导国某一利益的两项指标。这种利益相关者还可以细分为三小类，分别是主要预期型利益相关者、依靠预期型利益相关者和危险预期型利益相关者。主要预期型利益相关者是指同时符合利益主导国某一利益的合理性和影响力指标的国家、国际组织和个人，其满分分值为 40+40＝80。依靠预期型利益相关者是指同时符合利益主导国某一国际利益的合理性和紧急性指标的国家、国际组织和个人，其满分分值为 40+20＝60。危险预期型利益相关者是指符合利益主导国某一国际利益的影响力和紧急性指标、但不符合合理性指标的国家、国际组织和个人，其满分分值为 40+20＝60。可见，主要预期型利益相关者比依靠预期型利益相关者和危险预期型利益相关者重要，依靠预期型利益相关者则与危险预期型利益相关者的重要性差不多。但从总体上看，预期型利益相关者（第二类）的重要性程度，要低于决定型利益相关者（第一类）。

第三类：潜在型利益相关者（Latent Stakeholders）。该类利益相关者仅符合事关利益主导国某一利益的一项指标，具体也可分为三小类：可相机对待的潜在型利益相关者、休眠的潜在型利益相关者、苛求的潜在型利益相关者。可相机对待的潜在型利益相关者是指仅符合利益主导国某一国际利益的合理性指标但不符合影响力和紧急性指标的国家、国际组织和个人,其满分分值为40。休眠的潜在型利益相关者是指仅符合利益主导国某一国际利益的影响力指标但不符合合理性和紧急性的指标且暂时处于休眠状态的国家、国际组织和个人,其满分分值为40。苛求的潜在型利益相关者是指仅符合利益主导国某一国际利益的紧急性指标但不符合合理性和影响力指标的国家、国际组织和个人,其满分分值为20。在潜在型利益相关者(第三类)中,可相机对待的潜在型利益相关者与休眠的潜在型利益相关者重要性相当,但比苛求的潜在型利益相关者重要。从总体上看,潜在型利益相关者(第三类)的重要性程度,要小于预期型利益相关者(第二类),更小于决定型利益相关者(第一类)。

要真正确定利益相关者的重要性级别,还需要对利益相关者的上述指标进行细化。借鉴美国学者格兰特·萨维奇(Grant Savage)等人的相关研究成果,[1] 我们设想出合理性、影响力和紧急性三大指标所对应的若干可识别的经验内容,并以此对利益相关者的重要性等级指标处理如下表:

---

[1] Savage Grant T., Timothy W. Nix, Carlton J. Whitehead, and John D. Blair: "Strategies for Assessing and Managing Organizational Stakeholders", *Academy of Management Executive*, 5(2) 1991, pp. 61–75.

总指标及其赋值	指标内等级细分	指标对应的可观察项		可观察项的最大赋值
合理性 (0-40)	高合理性	控制关键资源 (利益主导国利益的一部分)		40
	中合理性	具有有效契约关系		35
	低合理性	具有合法继承权利		30
		具有其他共识权利		
		具有相关补偿权利		
影响力 (0-40)	高影响力	强制力比利益主导国大		20
		吸引力大		20
	中影响力	强制力与利益主导国相当		15
		吸引力中等		15
	低影响力	强制力比利益主导国小		10
		吸引力小		10
紧急性 (0-20)	高紧急性	进行联盟活动,且采取支持或反对行动	与利益主导国联盟	20
			与其他利益相关者联盟	
	中紧急性	不进行任何联盟活动,但采取支持或反对行动		15
	低紧急性	有采取行动的潜力,但尚不愿意采取任何行动		10

注:上表中,如果一个利益相关者同时拥有几个指标的可观察项,并列者取其大,非并列者需累加。如同时具有有效契约关系、具有合

法继承关系、具有其他共识权利等指标取其大；如同时具有控制关键资源和具有有效契约关系两项指标则需累加。

利用上表，结合前面总结的三大类利益相关者，即第一类的决定型利益相关者、第二类的预期型利益相关者和第三类的潜在型利益相关者，我们就可以大体确定具体利益相关者的重要性积分和等级顺序。

(三) 针对利益相关者的对策制定

制定针对利益相关者的有效行为策略，需要明确三大问题：一是利益主导国的利益目标是什么，[①] 二是利益相关者有哪些、其重要性级别如何，三是利益相关者的主要关切及其对利益主导国的态度如何（支持、中立还是反对）。

首先是利益主导国的利益和目标。现代国家在国际社会中的基本利益，主要包括涉及国家生存与发展的国家主权、国家安全、国家发展三大方面。国家主权利益主要指利益主导国在其合法领土上的自决权。国家安全利益主要指利益主导国的合法领土及其边界不受外来军事侵害和威胁、国家政权不受外来颠覆和控制、国民生命财产和国家资产不受外来侵犯和剥夺等。国家发展利益是指利益主导国按照本国道路

---

① Freeman R. Edward, "Stakeholder management: Framework and philosophy". In P. S. Bronn & R. Wiig (Eds.), *Corporate communication—A strategic approach to building reputation*, 2002, p. 39.

和模式无害的建设自己国家、促进国家经济和综合实力增长的权利。在这三大方面利益之下，现代国家会有复杂多样的各种具体利益，需要在实证分析中具体分析、细化和确认，此处不再赘述。关于利益目标，利益主导国的每个利益都会有一个具体目标，例如，在国家发展利益之下，中国需要从国外进口石油，从哪里买、从何处运、进口多少，都需要制定具体目标。除此之外，还有一个重要方面，即利益目标的属性问题。利益相关者理论在承认利益主导国的某一国际利益具有利益相关者并对其进行界定和划分的同时，就预设了其内在的"多赢"属性（决策者只有合理满足了所有利益相关者的利益，才可能更好地实现自我利益和本国利益）。在以国家主权和领土边界共识为核心的有序国际社会中，行为体追求"多赢"利益目标，符合其长远最佳利益，追求单赢或独占将得不偿失。所以，"多赢"是利益相关者理论在制定行为策略时的一个基本出发点。利益相关者决策的一个重要任务，就是在确保利益主导国最佳合理利益的基础上，通过对利益相关者进行确认和分类，对其进行定性，根据酌情合理满足其利益需求且有利于利益主导国利益实现的原则，制定"多赢"的应对策略。①

---

① ［英］爱德华·弗里曼、杰弗里·哈里森、安德鲁·威克斯、拜德安·帕尔马、西蒙娜·科莱：《利益相关者理论现状与展望》（盛亚、李靖华等译），北京：知识产权出版社2013年版，第19—20页。

其次是确定利益相关者的人选及其重要性级别。我们可以根据前面提出的利益相关者定义甄别谁是利益相关者,然后根据操作化后的三大指标计算出利益相关者的综合得分,并根据综合得分确定其重要性排名,排名越靠前越值得重视。总分值低于 10 分的利益相关者,基本上可列为无足轻重者。总的来说,决定型利益相关者(第一类)重要性排名较高,利益主导国必须始终高度重视其愿望和诉求,并设法在条件许可范围内安抚或满足他们,否则会直接危及利益主导国自我利益的维持或实现。在预期型利益相关者(第二类)中,主要预期型利益相关者虽然缺乏足够的紧急性,但他们希望受到决策者的重视,也有能力和手段主张自己的利益、参与相关国际谈判,所以,决策者也应给予其足够重视。依靠预期型利益相关者缺乏足够的权力支撑其利益诉求,但可以获得其他更有权力的利益相关者支持或寄希望于该国决策者同情等办法实现其相关利益,如结盟、发起或参与多边活动、呼吁良知等,决策者也不应忽视他们,而应密切关注其发展动向并及时应对。危险预期型利益相关者没有合理的利益诉求,但他们会通过暴力手段满足自己的不合理要求,危害性较大,决策者应高度重视并设法将他们摆平。在潜在型利益相关者(第三类)中,可相机对待的潜在型利益相关者拥有合理的利益诉求,利益主导国可酌情决定是否或在多大程度上需要发挥他们的作用、满足他们的要求。休眠的潜在型利益相关者没有合理诉求，但有对利益主导国的利益维持或实现进行强行干扰的潜能，所以决策者应未雨绸缪，制定针对他们的应对预案。苛求的潜在型利益相关者既无合理诉求又无足够影响力，但能直接引起利益主导国的注意，他们令人厌烦但不太危险，除非他们能够随着时间推移，展现出一定的合法性或获得某种影响力，决策者可不必对其给予太多关注。①

第三是要明确和重视利益相关者的利益关切及其对利益主导国的态度。②

关于利益相关者的利益关切，马克斯·克拉松（Max Clarkson）提出了利益主导国需要遵循的几个甄别和对待原则（所谓的"克拉松原则"）。③ 这些原则包括：第一，利益主导国应积极监控所有利益相关者对其的关注，并在决策及落实中适当考虑他们的利益；第二，利益主导国应该多听取利益相关者的想法，了解他们的贡献，与他们进行开诚的沟通；第三，利益主导国所采用的行为策略应建立在对每一

---

① Mitchell, A. & Wood, D., "Toward a Theory of Stakeholder Identification and Salience: Defining the Principle of Who and What Really counts", *Academy of Management Review* 22 (4) 1997. pp. 61-75.

② Clarkson Center for Business: Principles of Stakeholder Management, *Business Ethics Quarterly* 12 (1) 2002, pp. 256-264.

③ Ibid.

个利益相关者及其支持者的关切和权力的深刻理解之上；第四，利益主导国应认可利益相关者可自主开展活动并获得相应报酬的规则；对他们在相关利益活动中所担负的责任和利益的分配问题上应该努力做到公平公正；重视它们各自可能遭遇的风险和可能遭受的损失；第五，利益主导国应与利益相关者协同合作，采取得力措施使所开展的活动给他们造成的风险和损害最小化，当损失不可避免时，应该给予他们适当补偿；第六，利益主导国应与利益相关者一起避免介入或开展可能侵犯其他利益相关者合法权利的或不为其他利益相关者接受的活动；第七，利益主导国应承认决策者自身也是利益相关者，他们自己要完成的任务与他们对其他利益相关者的利益所应负有的法律和道义责任之间，可能存在冲突。决策者应该通过开诚沟通、及时通报、激励措施以及必要时第三方介入解决的方法，处理所发生的此类冲突。

利益相关者对利益主导国的态度可能存在以下情况：支持、中立、反对，利益主导国的应对策略也会不一样。对利益相关者态度的判断，可以遵循"听其言、观其行，且行大于言"的原则，根据其公开表态和实际行动两个方面，判断其是否支持或反对利益主导国。具体见下表：

表态情况	实际行动	态度判定
表态支持	有支持行动，无反对行动	支持态度
	无支持行动，无反对行动	弱支持态度
	有支持行动，有反对行动	部分支持和反对态度
	无支持行动，有反对行动	反对态度
表态反对	有反对行动，无支持行动	反对态度
	无反对行动，无支持行动	弱反对态度
	有反对行动，有支持行动	部分反对和支持态度
	无反对行动，有支持行动	支持态度
没有表态	有支持行动，无反对行动	支持态度
	有反对行动，无支持行动	反对态度
	有支持行动，有反对行动	部分支持和反对态度
	无任何行动	中立态度

注：表中"反对态度"含消极参与行为，"无反对行动"亦不包消极参与行为。

根据上表所列出的利益相关者态度情况，参考萨维奇等人的研究结果，① 我们把利益相关者分为四种态度类型：支持型、非支持型、混合型、无足轻重型。支持型是指持支持态度且重要性积分大于10的利益相关者；非支持型是指持反

---

① Savage Grant T., Timothy W. Nix, Carlton J. Whitehead, and John D. Blair, "Strategies for Assessing and Managing Organizational Stakeholders", *Academy of Management Executive*, 5（2）1991. pp. 61-75.

对态度且重要性积分大于 10 的利益相关者；混合型是指在某一利益维持或实现过程中，支持其某一方面而反对另一方面（部分支持或反对），且重要性积分大于 10 的利益相关者；无足轻重型是指持中立态度或弱支持/反对态度或重要性积分小于等于 10 的利益相关者。

综合考虑利益相关者的重要程度、利益关切和所持态度，利益主导国可以确定对利益相关者的应对策略。①

一般而言，利益主导国对支持型利益相关者的策略应是战略配合。支持型利益相关者一般与利益主导国具有较多的利益共同点或较大的利益置换项，乐见利益主导国实现利益目标，是利益主导国可以信赖和依靠的力量，所以，利益主导国的基本策略应是迎合其利益关切，团结和调动他们，共同推进相关利益维持或实现。当然，利益主导国也需要根据三大指标对支持型利益相关者进行专门的重要性排序，排名越靠前越值得重视。

利益主导国对非支持型利益相关者的策略应是战略防范。非支持型利益相关者一般与利益主导国缺少利益契合点，且利益冲突明显，存在从事抵制活动的动机。所以，利益主导国应重点防范其可能的破坏活动，并通过适当的利益补偿和利益交换并酌情进行行为压制，促使其向放弃反对甚至给予

---

① James A. Stieb: "Assessing Freeman's Stakeholder Theory", *Journal of Business Ethics*, 87, 2009, pp. 401–414.

支持的方向转化，将其可能造成的损失降到最低。① 同样，利益主导国也需要根据三大指标对非支持型利益相关者进行专门的重要性排序，排名越靠前越值得重视。

利益主导国对混合型利益相关者的策略应是战略磋商。混合型利益相关者在某些方面与利益主导国存在利益共同点或利益置换项，但在另外一些方面存在利益冲突或不同意见。对此，利益主导国应积极协调，充分沟通，并在此基础上，酌情通过利益满足、利益补偿、行为压制等手段，稳定和巩固其支持方面，缩小和改变其反对方面。利益主导国也需要根据三大指标对混合型利益相关者进行专门的重要性排序，排名越靠前越值得重视。

利益主导国对无足轻重型利益相关者的策略应是战略监控。监控的重点是防止其发生对利益主导国不利的变化。有的无足轻重型利益相关者可能被反对型利益相关者利用，有的则可能通过主动发起联盟活动提高自己的影响力，还有的可能随着时间的推移获取了足以产生质变的合理性、影响力或紧急性，等等，对此，利益主导国应密切关注其动向，并及时对变化结果做出评估。但是，在无足轻重型利益相关者能够产生重要影响之前，利益主导国只需给予其最低限度的满足即可。必要时，利益主导国也可以根据三大指标对无足

---

① James A. Stieb, "Assessing Freeman's Stakeholder Theory", *Journal of Business Ethics*, 87, 2009, pp. 403-410.

轻重型利益相关者进行专门的重要性排序，对排名靠前的要更重视一些。

三、利益相关者理论评价

从1984年弗里曼正式提出利益相关者的经典定义及其分析框架以来，至今已逾30年。① 在这30年间，经过几代学者的持续努力，利益相关者分析框架不断发展完善，至今已形成了较为成熟的利益相关者理论，为我们引入外交决策分析提供了现实可能性。利益相关者理论的最大特色，就是能够紧扣绝大多数社会事实的核心要素"利益"以及利益的核心载体"利益相关者"展开分析，通过对不同利益相关者的甄别、定位和定性，确定合理的行动策略。这样不仅可以提高决策分析的针对性和有效性、避免"隔靴搔痒"，还可以指导决策者制定出更有针对性的行为策略，更好地维护决策者所代表的国家或组织的利益。

在外交决策分析领域，利益相关者理论的应用空间很大。外交决策面对的问题至少可以分为两类，第一类是利益主导国在根据本国需要主动发起某种利益界定和实现活动时，决

---

① Paul Littau, Nirmala Jyothi Jujagiri, Gerald Adlbrecht, "25 Years of Stakeholder Theory in Project Management Literature (1984–2009)", *Project Management Journal*, 18 September 2010. pp. 17–29.

策者如何合理决策以推进其利益顺利实现。例如，美国如何推行亚洲再平衡战略、中国如何有效维护对黄岩岛的领土主权，等等。第二类是一国在面对某利益主导国驱动的某个国际事变时如何准确界定并有效主张和实现自己的利益。例如，在美伊核谈判中中国的利益何在、如何进行有效维护和实现，在西方国家军事干涉利比亚内战时中国的利益何在、应如何应对，等等。在这两大类问题中，利益相关者理论都可以派上用场。在第一类问题中，国家的身份是利益主导国，其主要任务是确定如何甄别、衡量和定位利益相关者，并根据其重要性级别和立场制定恰当的策略推进其利益实现。在第二类问题中，国家以利益相关者的身份出现，国家决策者面临的主要任务，是如何准确甄别和界定本国利益，以及如何在参与应对国际事变的过程中与利益主导国斗智斗勇，合理、有力、快速地主张和实现自己的利益。在这里，国家决策者需要根据利益相关者理论提供的方法，大体估算自己的重要性程度，并尽可能提高自己的重要性程度（合理性、影响力和紧急性），提升自己实现利益的能力。

当然，利益相关者理论仍在发展和完善之中，还有很多局限和不足。其中一个主要问题是，利益相关者理论是一个地道的经济学理论，本文借鉴这一理论构建外交决策分析框架的努力，还处于尝试阶段，本文也只是提出了一个分析框架，大量的细节尚需补充完善。此外，就利益相关者理论本身而言,其在经济学领域的实证研究也尚嫌不足,可操作化处理尚显粗糙,利益相关者重要性衡量指标的经验内容需要进一步归纳整理,指标的赋值也可继续推敲,对利益相关者的策略归纳还需要进一步丰富和提炼,① 这直接导致外交决策分析的利益相关者理论可资借鉴的经验研究不足。截至目前,基于利益相关者理论建立国家决策分析和效用评价体系的工作虽然非常重要,但尚无任何研究进展,国际关系学界亟须围绕利益相关者分析框架进行精致的实证研究。不过,这些问题都是发展中的问题,相信这些问题会随着利益相关者理论研究的深化和逐渐引入国际关系分析而逐步得以解决。

---

① Emerson Wagner Mainardes, Alves Helena, and Raposo Mario, "Stakeholder theory: issues to resolve", *Management Decision*, 49. 2 (2011), pp. 226-252. 亦见刘利:《利益相关者理论的形成与缺陷》,《中国石油大学学报》(社会科学版) 2009 年第 2 期,第 22—24 页。

西方首脑外交的发展及其对中国的启示

胡 勇[*]

【内容提要】 西方首脑外交的兴起是内外环境变化互动的产物。长期的外交实践塑造了这一最高级外交形式的三个主要功能：相互认知、解决问题与形象塑造。与此同时，首脑外交的一些弊端也多由此而起。以西方首脑外交作为参照系，则中国首脑外交在若干功能领域还有一定的提升空间和改良余地。如何更好地发挥首脑外交的优势，同时尽量规避首脑外交的风险，中国首脑外交的发展可以受益于西方的经验和教训。

【关键词】 首脑外交　西方　中国　启示

2016年9月初，二十国集团（G20）领导人杭州峰会在中国成功举办。峰会不仅是一次聚焦全球经济治理的盛会，也

---

[*] 胡勇，上海对外经贸大学法学院国际关系学系讲师、博士。

是各种双边和多边首脑外交的舞台。事实上，与许多政治学和国际关系学的术语一样，"首脑外交"（summit diplomacy，又译"峰会外交"）也是西方舶来的概念。《外交辞典》对它的解释是："国家元首或政府首脑出于外交或宣传目的举行的会议。"① 当然，现代外交的实践表明首脑外交的外延已经发生了重大的变化，除了"峰会"（summitry）之外，首脑出访、遣使、通信（话）也是首脑外交的重要组成部分。②

现代首脑外交的实践和对首脑外交的学术研究首先出现在西方。直到如今，这方面的外交实践和理论研究仍然以西方世界最为丰富和发达。③ 党的十八大以来，中国的首脑外交更加活跃④，相关研究也取得了较大的进展⑤，但是与西方国家相比仍有一定的提升空间和改良余地。西方学者对首

---

① G. R. Berridge and Alan James, *A Dictionary of Diplomacy*, (New York: Palgrave Macmillan, 2003,) pp. 255-256.

② Elmer Plischke, "The President's Image as Diplomat in Chief", *The Review of Politics*, Vol. 47, No. 4, 1985, p. 545.

③ G. R. Berridge, *Diplomacy: Theory and Practice* (2nd edition), Houndmills, Basingstoke & Hampshire: Palgrave, 2002, p. 184.

④ 张清敏：《理解十八大以来的中国外交》，《外交评论》2014年第2期。

⑤ 经检索中国知网（CNKI），仅2016年以来的成果就包括：张颖：《中国对非首脑外交及其启示》，《现代国际关系》2016年第2期；张颖、颜露：《首脑外交视域下的中拉全面合作伙伴关系》，《国际论坛》2016年第2期；张颖、徐阳华：《首脑外交视角下的中国东盟经贸关系》，《国际经济合作》2016年第2期等。

脑外交的研究成果，特别是对首脑外交利弊得失和发展前景的分析，或可为方兴未艾的中国首脑外交带来一些启示。

一、西方首脑外交的兴起

正如荷兰学者扬·梅里森（Jan Melissen）在一篇书评中点评的那样："首脑外交是对当代国际关系和国内政治需求做出的反应"。① 考察西方首脑外交兴起的历史进程，可以发现两个推动首脑外交演进的基本逻辑：一是国际关系体系的演进，特别是多边主义和地区主义的兴起；二是"新外交"的提出和外交权力向首脑集中的趋势。前者提供了首脑外交兴起的外部需求，后者则注入了内部动力。

从17世纪到19世纪资本主义全球扩张时期，以欧洲列强为主要代表的资本主义和帝国主义大国一方面为争夺殖民地和战略优势时常兵戎相见，打得不可开交；另一方面却在外交舞台上纵横捭阖，通过既斗争又妥协以及相互勾结以牺牲弱小国家的利益为代价进行秘密交易和利益补偿以维持均势。这一时期的外交被称为"传统外交"或"旧外交"。著名外交史学家哈罗德·尼科尔森（Harold Nicolson）在《外交方法的演变》中将"旧外交"的特点概括为："在观念上

---

① Jan Melissen, "Book Review of Diplomacy at the Highest Level", *International Affairs*, Vol. 72, No. 4, 1996, p. 795.

把欧洲视为国际的重心；在思想上认为组成欧洲协同体的大国比小国具有更大的重要性，也负有更大的责任；各国都拥有一支训练有素、具有共同职业行为准则的外交人员队伍；并且都认为外交谈判必须始终都是旨在达到一定结果的过程，而不是一种插曲，谈判的每个阶段皆需保密。"①

这种得到尼科尔森赞赏的外交模式具有强烈的"欧洲中心论"和"大国中心论"的色彩，并且坚定地奉行"精英外交"和"秘密外交"的原则。当时外交舞台上的主角是"职业外交官"。他们往往是世袭的精英，"具有相似的文化水平、相似的履历和相似的目标"。"外交自成一个天地。欧洲的贵族外交官们组成一个自外于欧洲各国社会的'贵族国际'，一个'外交小社会'。"② 当时的各国首脑（主要是君主）进行外交决策时几乎只能依赖外交官提供的情报和政策建议，事实上把外交决策权让渡给了经验丰富的职业外交精英。另一方面，君主们也遵循着科敏纳（Philippe de Commynes）

---

① 哈罗德·尼科尔森：《新旧外交之间的过渡》，载周启朋、杨闯等编译：《国外外交学》，北京：中国人民公安大学出版社1990年版，第70—71页。

② ［德］汉斯·摩根索：《国际纵横策论：争强权，求和平》，上海译文出版社1995年版，第310—313页。另可见卢明华：《当代国际关系理论与实践》，南京大学出版社1998年版，第207页。

的忠告①,极少直接处理外交事务,而是把外交舞台几乎拱手让给了长袖善舞的外交官。

第一次世界大战,特别是第二次世界大战以后,国际关系发生了深刻的变化。殖民主义和帝国主义崩溃、国内政治民主化和国际关系民主化同时推进、国际会议频繁、国际组织和机制逐渐完善、交通技术发展和信息革命加速等因素给国际关系带来了新的活力。受其影响,"旧外交"也开始向"新外交"转型。普利施科(Elmer Plischke)指出:"从伍德罗·威尔逊开始,'新外交'逐渐得到重视。它的特点主要包括,在诸如国际联盟这些国际组织中进行的'议会外交',政治领导者的'个人外交'以及'公开外交',尼科尔森把这些新出现的形式基本上看作为一种新的'民主'或'民主化'的外交","30年代及第二次世界大战期间,随着主要欧洲国家领导人多次举行的高级会晤和会议以及由美国总统和英国首相、苏联部长会议主席及其他一些世界领导人召开

---

① 科敏纳(1447—1511),法国外交官和历史学家。他曾经写道:"两个想建立良好私人关系的大国君主应该永远避免直接见面,但是应该通过优秀的和智慧的大使进行沟通。" G. R. Berridge, *Diplomacy: Theory and Practice* (2nd edition), Palgrave Macmillan (2002), p.170. 参见杰夫·贝里奇:《外交理论与实践》,北京大学出版社2005年版,第179页。科敏纳的名言后来成为许多职业外交官的信条,他们认为外交是关乎国家命运和人类前途的大事,不应该让没有外交经验的首脑直接插手。

的秘密会议的增多,一些作者在新外交史的基础上开始强调'最高级外交'"。①

在这一时期,国家元首或政府首脑开始独揽外交大权。美国的伍德罗·威尔逊和富兰克林·罗斯福便是其中的典型。他们不再仅仅依赖国务院和职业外交官进行外交决策,而是利用自己的亲信作为特使出访外国为他们提供决策的依据,甚至总统自己也走上外交舞台的前沿,成为最高的外交执行者。第二次世界大战以后的外交实践更是突出首脑的作用,首脑外交开始大行其道。② 小施莱辛格(Arthur Schlessinger, Jr.)曾写道:"40年代以后,是斯大林而不是莫洛托夫,是杜鲁门而不是艾奇逊,是赫鲁晓夫而不是葛罗米柯,是肯尼迪和约翰逊而不是腊斯克,是尼克松而不是基辛格,也就是说,是政治首长而不是外交官做出关键性的决策。"③ 战后各种制度化首脑会议和特别首脑会议为政治领导人提供了经常实践首脑外交的机会,首脑开始成为真正的"首席外交官"

---

① 埃尔默·普利科斯:《新外交》,载周启朋、杨闯等:《国外外交学》,第82—83页。

② Quincy Wright, "Western Diplomacy Since 1945", *Annals of the American Academy of Political and Social Science*, Vol. 336, 1961, p. 144.

③ Arthur Schlessinger, Jr., "The Measure of Diplomacy: What Makes a Strategy Grand?", *Foreign Affairs*, July/Aug, 1994. 转引自卢明华:《当代国际关系理论与实践》,南京大学出版社1998年版第208页。

(Diplomat in Chief)。① 而在今天这个时代,人们更是无法想象任何一个西方国家的首脑会将这个国家的对外事务完全交由他们的外交部长来负责。②

在梅里森看来,除了国际体系转型和国内政治演变这两个最重要的推动力外,当代西方首脑外交的兴起还有以下几个不容忽视的促进因素:第一是第二次世界大战期间大国首脑会议的示范效应增加了西方国家民众对首脑外交的期待。美国和欧洲的民众期望大国首脑之间的会晤能够解决这些国家面临的最紧迫的问题;第二,科技革命,尤其是信息技术的进步和交通技术的变革,大大降低了首脑之间进行沟通和展开频繁穿梭外交的成本;第三,新闻媒体和公共舆论在国际事务中的重要性促使政治领导人更加积极地现身首脑外交的场合。"政治领导人已经发现首脑外交不再纯粹是国与国之间最高级对话的外交舞台,也是进行重要的国际和国内宣

---

① 邓恩在他 1996 年主编的书中将七国首脑会议、欧盟首脑会议、美苏超级大国首脑会议、北约首脑会议、葬礼首脑会议、英联邦首脑会议、非洲首脑会议和不结盟首脑会议列入制度化首脑会议,而将百慕大会议、拿骚会议、莱切斯特会议和里约热内卢会议归为特别首脑会议。David H. Dunn, ed., *Diplomacy at the Highest Level: The Evolution of International Summitry*, Houndmills, Basingstoke & Hampshire: Macmillan, 1996.

② Jan Melissen, "Summit Diplomacy Coming of Age", *Discussion Papers in Diplomacy*, No. 82, 2003, p. 1.

传，亲自回应选民（包括各种非政府组织）利益诉求的绝佳机会。"① 由此可见，介入首脑外交的变量越来越多，当代首脑外交正变得越来越复杂。

二、西方首脑外交的功能及其批判

尽管首脑外交在战后西方外交界得到了迅猛发展，首脑外交的功能也很强大，但无论是研究首脑外交的学者还是首脑外交的当事人都不回避首脑外交现实的或潜在的缺陷。对首脑外交"负作用"的批判几乎伴随西方首脑外交发展的全过程。通过西方学者对首脑外交利弊得失的分析，我们可以发现西方首脑外交的实践实际上已经到了一个集中进行反思的阶段。

毫无疑问，首脑外交具有其他任何外交形式无法媲美的优势，否则各国首脑不可能如此趋之若鹜，更不可能引来舆论和学者的津津乐道。普利施科总结了首脑外交潜在的几个优点：第一，首脑外交能够使最高级领导人彼此熟悉，有助于首脑之间建立友好的私人关系；第二，国家领导人之间良好的私人关系可以促进正式的国家关系；第三，国家首脑有机会将国家的和国际的注意力集中到所选定的重大问题上；

---

① Jan Melissen, "Summit Diplomacy Coming of Age", *Discussion Papers in Diplomacy*, No. 82, 2003, pp. 10–13.

第四，当（美国）总统个人从事外交事务时，他所处理的事情便将国内舞台和国际舞台结合起来；第五，当（美国）总统参与首脑外交时，外国领导人可以确信他们是与美国政府的权力和责任中心打交道；第六，首脑外交可以迅速和直接地做出决定；第七，首脑外交往往能够产生对重大问题的广泛协议，或制定方案以发起某项外交行动或消除分歧，从而为在其他外交场合进行最后决定性的谈判铺平道路；第八，首脑外交可以打破较低层次外交面临的僵局，使问题的解决获得突破性进展；第九，首脑外交的公众影响力更为巨大；第十，首脑外交有助于提高首脑本人在国内外的威望，也有助于提升所代表国家的国际地位。①

与普利施科主要从美国"总统外交"的角度阐释不同，邓恩（David H. Dunn）从更普遍的意义上总结了首脑外交的几个突出优点：首先，首脑之间的直接接触可以使彼此获得直观的了解，从而有助于在最高层建立信任关系；其次，首脑外交在国际关系中具有重大的象征意义，比如美苏冷战峰会对缓和国际关系的意义；第三，与此相关的是首脑外交还具有重要的宣传价值。冷战时代，首脑外交是东西方彼此进行公共外交的重要手段。今天首脑外交更是成为领导人进行

---

① [美]埃尔默·普利施科：《首脑外交》（周启朋等译），北京：世界知识出版社1990年版，第461—464页。也可以参阅原版 Elmer Plischke, *Diplomat in Chief: The President at the Summit*, (New York: Praeger,) 1986, pp. 456-460.

国内外"公关"的武器——对内可以满足国内政治需求,对外可以增加自己的声望,提高国家的地位;第四,首脑外交除了象征意义,也有助于完成一些重要的实质性的外交使命。比如在首脑会议上可以当面获得其他国家领导人对有关问题的最直接、最权威的表态,可以为谈判设定最后时限或者将议题直接提上首脑外交的议程从而加快谈判的进程或使其成果更具权威性;第五,首脑外交可以提供政治领导人在冲突各方间进行外交斡旋或实施危机管理的机会;最后,首脑外交也提供了塑造国家形象的舞台。①

与这些显而易见的优点相比,西方学者似乎更注重对首脑外交中暴露出来的种种弊端进行分析。现代首脑外交最早的批判者之一尼科尔森在1919年就写道:"没有什么比大国领导人之间的私人外交这个习惯更为致命的了……外交的可靠性在于它是一门谈判的艺术,而不是谈话的艺术。任何亲密无间的谈话只会产生糊涂、危害和高度的紧张。"② 普利施

---

① David H. Dunn, ed., *Diplomacy at the Highest Level: The Evolution of International Summitry*, Palgrave Macmillan, 1st ed. 1996 edition (January 14, 2014) pp. 247-252.

② Charles Thayer, *Diplomat*, (New York: Harper and Brothers, 1959) p. 109. quoted from David H. Dunn, ed., *Diplomacy at the Highest Level: The Evolution of International Summitry*, Palgrave Macmillan, p. 253.

科毫不客气地指出了首脑外交存在的不利和风险①：首先是（美国）总统滥用首脑外交，从而降低了公众对首脑外交的兴趣；其次密集和频繁的首脑外交透支了总统的身体；第三，多数风险在于总统缺乏应对首脑外交的情报和准备；第四，总统有时候缺乏必要的外交艺术，比如个人风格和心理暗示；第五，首脑外交中的礼仪性内容（欢迎仪式、国宴、记者招待会等）可能掩盖首脑外交真正的性质和内容；第六，首脑外交有时候过于依赖首脑之间的私人关系，在首脑更替后可能造成关系的不稳定；第七，新闻媒体的过度介入可能干扰首脑外交的正常进行；② 第八，首脑外交的进程可能被国内舆论所左右；③ 第九，首脑外交中的突发状况可能影响首脑外交的效果（比如挂错国旗、遭到反对派的示威等）；第十，

---

① ［美］普利施科：《首脑外交》，第464—478页。Or see Elmer Plischke, *Diplomat in Chief: The President at the Summit*, (New York: Praeger, 1986) 1986, pp. 460-473.

② 有学者曾以1955年日内瓦峰会前后不同媒体的报道来验证"公开性"对首脑外交带来的负面作用。Douglas Waples, "Publicity Versus Diplomacy: Notes on the Reporting of the 'Summit' Conferences", *The Public Opinion Quarterly*, Vol. 20, No. 1, 1956, pp. 308-314.

③ 普利施科曾以艾森豪威尔与克里姆林宫的"通信外交"为例，证明这种首脑外交形式是如何演变为两国之间的舆论战的。Elmer Plischke, "Eisenhower's 'Correspondence Diplomacy' with the Kremlin—Case Study in Summit Diplomatics", *The Journal of Politics*, Vol. 30, No. 1, 1968, p. 156.

首脑外交增加了安全保卫的难度和压力。此外，首脑外交还会导致公众过高的期望，增加决策的仓促和盲目，减少回旋余地等。

邓恩对首脑外交的批判也是十分尖锐的，主要有以下几个方面：① 首先，首脑外交营造的私人关系可能走入误区。首脑之间可能因为个人感情上的好恶从而影响国家间的关系，比如赫鲁晓夫在1961年维也纳会议上就公开对肯尼迪表达了不信任，但是在20世纪80年代里根和戈尔巴乔夫却能够显得"惺惺相惜"。这种情况在盟国间也不鲜见，20世纪60年代美国总统约翰逊与英国首相威尔逊关系不睦就直接影响了美英特殊盟友关系②，而此前肯尼迪总统和麦克米兰首相之间的私人友谊却促成了英国在拿骚会议上的外交成功。巴尔（George Ball）的忠告是："当领导人的背景、习俗、语言以及价值观和意识形态等都各不相同时，首脑外交更可能导致的是糟糕的结果和错误的印象。"③

---

① David H. Dunn, "How Useful is Summitry", in David H. Dunn, ed., *Diplomacy at the Highest Level*: *The Evolution of International Summitry*, pp. 253-264.

② See details in Jonathan Colman, "Harold Wilson, Lyndon Johnson and Anglo-American 'Summit Diplomacy', 1964-1968", *Journal of Transatlantic Studies*, Vol. 1, No. 2, 2003.

③ George Ball, *Diplomacy for a Crowed World*: *An American Foreign Policy*, (Little, Brown and Company, 1976,) p. 32.

其次，除了因领导人的不同个性存在潜在的冲突，首脑外交的另一项风险是政治领导人缺少外交经验从而可能导致谈判受阻或造成误解。里根就曾在美苏雷克雅未克首脑会议上向戈尔巴乔夫提出美国愿意放弃所有的核武器，但是这一提议没有事前和盟国沟通，结果引起北约盟友的强烈震惊。[1]第三，领导人的自负和某些国内政治的诉求会促使其破坏首脑外交的游戏规则，从而引起其他领导人的不满。比如20世纪80年代撒切尔夫人就在一次英联邦首脑会议后贸然宣称英联邦南非政策的改变完全是她个人施加影响的结果，从而引起其他英联邦国家首脑的不满。另外，由于过分强调领导人个人外交的重要性，20世纪70年代尼克松和基辛格在跟苏联领导人会晤时甚至没有安排美国外交官在场记录。

最后，文化的障碍和体制的差异也会对首脑外交产生负面影响。这在东西方国家之间尤为明显。比如1969年日本首相佐藤荣作访问美国时，尼克松曾要求日本在纺织品贸易上做出让步。当时日本首相的回答是"我将尽力而为"，美国总统就以为日本首相已经同意了。殊不知在东方文化中这是一种典型的表达婉拒的方式，结果日本首相回国后并没有履行其对美国总统的"承诺"，尼克松就十分生气并且认为日本首相是一个"骗子"。当然政治体制的差异也是十分重要

---

[1] David H. Dunn, "How Useful is Summitry", in David H. Dunn, ed., *Diplomacy at the Highest Level: the Evolution of International Summitry*, p. 251.

的，日本首相直接受到执政党和国会的左右，其决策权威就不及总揽行政和外交大权的美国总统。然而即使是美国总统，其首脑外交的成效也受到国内政治力量对比关系变化的影响。此外，邓恩也同意普利施科对密集的首脑外交可能严重损耗领导人的时间和精力，以至于无暇顾及国内事务，以及首脑外交的形式化可能超过实质内容的批评。

进入21世纪以来，西方学者对首脑外交的批评有增无减，其中以梅里森的观点最具代表性。在他看来，西方首脑外交已经出现了危机，主要表现为首脑外交数量上的急剧膨胀（Summitry breeds summitry），但是首脑外交的效率和质量却没有随之跟上；首脑外交越来越成为领导人树立个人威望和进行政治宣传的形象工程、大量的人力、物力和财力投入到一系列的首脑会议中造成了公共资源的高度紧张和短缺；首脑外交的盛行使得领导人减少了对国内事务的关注；首脑外交的形式主义已经超过了首脑外交本身所要解决的问题；首脑外交的议题越来越广泛几乎无所不包但这些问题又无法通过首脑会议得到解决等。①

三、西方首脑外交对中国的启示

如果以1919年巴黎和会上大国首脑间的会议外交为标

---

① Jan Melissen, "Summit Diplomacy Coming of Age", p. 18.

志,当代西方首脑外交已经走过了近一个世纪的历程,其间既有辉煌的成就,也曾经饱受诟病,甚至被人认为已经在走下坡路(summit climb-down)。① 相比较西方,中国的首脑外交还处在一个发展的上升期。作为相对新生的事物,中国首脑外交的未来发展可以从西方首脑外交的经验与教训中得到一些宝贵的启示。

第一,首脑外交为政治领导人之间相互认识和熟悉,建立私人友谊和工作关系提供了重要的机会与场合,但个人化外交的局限性也应当引起注意。

虽然首脑外交是以实现国家利益为目的的政府间外交的最高形式,但是在外交实践中首脑个人之间的互动与私人关系的营造也非常重要。首脑虽然大权在握,责任重大,对外以国家的名义从事活动,但是首脑首先也是活生生的人,首脑也有喜怒哀乐,也有个人好恶。如果首脑之间能够建立起良好的私人关系,那么无论对于在两国最高层之间建立稳定的工作关系,还是促进两国整体关系的发展都是不无裨益的。反之,如果首脑之间由于缺乏了解或其他原因相互交恶,那么对于两国关系显然是非常不利的,这在中外历史上都不鲜见。

在这个首脑外交全球化的时代,首脑之间有许多机会建立各种联系。20世纪90年代以来,中国首脑与外国首脑之

---

① Jan Melissen, "Summit Diplomacy Coming of Age", p.18.

间的联系除了传统的互访之外,还增加了许多新的渠道,比如热线、信函、特使等。一些多边首脑会议也成为中国领导人与外国首脑开展互动,建立个人友谊与工作联系的重要舞台。如今中国国家元首和政府首脑与世界主要国家领导人之间的定期会晤机制已经建立起来。与首脑之间互动的数量相比,首脑关系的质量更为重要。20世纪90年代以来时任中国国家主席江泽民与俄罗斯总统叶利钦、法国总统希拉克、美国前后两任总统克林顿和布什等大国领导人都建立了良好的私人关系[1],这对于中国开展大国外交无疑是宝贵的资源。

但是由于文化背景、现实利益等方面的差距,中国首脑与西方首脑之间的私人关系远不如后者之间那么密切,中国倡议的安理会"五常"首脑会晤机制最终无疾而终或许可以说明一些问题。相对于西方丰富多彩的首脑外交形态(例如度假外交、典礼外交等),中国的首脑外交有点过于正式,柔软性和灵活性相对不足。直到2014年2月习近平主席出席索契冬奥会开幕式,才开创了中国国家元首出席境外大型国际体育赛事的先河。将来中国可以在丰富外交形式,进一步沟通首脑之间的个人感情方面有所着力。

当然,首脑关系并不等同于国家关系。首脑在实质上是

---

[1] 可参阅钟之成:《为了世界更美好——江泽民出访纪实》,北京:世界知识出版社2006年版。吴建民:《外交案例》,北京:中国人民大学出版社2007年版。

人格化的国家，首脑在外交舞台上都是各为其主。更何况绝大多数首脑都是有任期限制的，首脑私人关系或个人化外交具有一定的局限性。在中美建交后的历任美国总统中，老布什与中国最有渊源，曾被中国领导人称为中国人民的"老朋友"。但是1989年政治风波后仍然毫不犹豫带头制裁中国，1992年又破坏中美"八·一七公报"对台大规模售武。① 他的继任者克林顿上台之初曾奉行对华强硬政策，但在第二个任期内却和江泽民主席共同开创了中美建设性战略伙伴关系。然而到了小布什和奥巴马时期，情况又发生了新的变化。总而言之，中国首脑外交应当重视培育首脑之间的个人友谊，但也不能夸大这种私人关系。

第二，讨论与解决关乎两国或地区/国际间的重大问题是首脑外交的一项重要功能。② 但首脑毕竟不是职业外交家，因此要确保首脑外交的效果，就必须为首脑的外交决策与执

---

① 1989年后中美关系急转直下，老布什总统一方面严厉谴责和制裁中国，另一方面以"老朋友"的身份给中国领导人邓小平写信，谋求中美关系的转圜。不得不承认，老布什总统在抵制国会立法制裁中国，特别是对中国最惠国待遇附加条件方面是做了大量工作的，对阻止中美关系继续恶化做出了贡献。"当然，布什这样做的出发点和最终目的，都是为了更好地维护美国的利益。"参见陶文钊：《中美关系史》（三），北京：中国社会科学出版社2007年版，第278页。

② 有学者认为只有一国首脑亲自在外交第一线与外国首脑处理或解决两国间或国际间的问题才是严格意义上的首脑外交。杨公素：《外交理论与实践》，成都：四川大学出版社1992年版，第106页。

行提供制度化的保障。

首脑外交之所以具备解决重大问题的功能，是因为首脑是一个国家的权力中心，是包括外交在内的国家大政方针的最高决策者，在重大问题上只有首脑才有做出最后决定的权力与权威。在外交实践中，特别是在实质性首脑外交中，首脑之间会产生一种彼此的期待，希望通过最高级会谈从对方首脑那里得到相关问题的最权威的答复或承诺。甚至同样的措辞由首脑发表还是由低一级官员发表也是有天壤之别的。20世纪90年代后期美国政府对台的"三不"政策其实在不同场合已由不同级别的美国官员宣示过，但是只有在1998年克林顿总统在中国亲自重申时才会引起国际社会的轰动。[①]

20世纪90年代以来，中国领导人，特别是国家主席以中国最高领导人的身份越来越频繁地出现在国际舞台上。国内领导体制的变革和个人权力地位的巩固使中国国家主席可以和外国首脑直接讨论和谈判重大问题，有的时候还可以当即做出重要决定。中国首脑外交中的元首外交终于由以象征性为主过渡到具有解决实质问题的功能。[②] 在中俄历史遗留问题的解决过程中，在中美关系跌宕起伏的危机管理外交中，

[①] 《人民日报》，1998年7月1日。也可见龙伯格：《悬崖勒马：美国对台政策与中美关系》，北京：新华出版社2007年版。

[②] 胡勇：《中国元首外交的兴起——一种基于国内政治的考察》，《外交评论》2009年第4期。

在"上海五国"会晤机制和上海合作组织的创立和发展进程中都可以看到中国最高领导人的突出作用。①

然而,正是由于首脑大权在握,一诺千金,所以首脑外交的潜在风险也远远超过其他层次的外交形式。最高领导人虽然既是最高外交决策者也是最高外交执行者,但毕竟不是职业外交家,更不可能在外交事务中事必躬亲。如果领导人由于缺乏必要的情报做出错误判断或者过度承诺,其后果将是非常严重的。因此有必要加强中国外交决策的科学化、民主化和信息化建设,保障领导人在首脑外交中掌握充分的信息做出正确的决策。② 这就要求中国外交决策体制的制度创新,特别是加强和完善外交决策咨询机制,改善政策研究,增加外交政策的供给。③

第三,在传媒业高度发达的今天,首脑外交还是进行政治宣传和塑造领导人个人形象和国家形象的绝好舞台。中国的首脑外交应当更加重视在国内外的政治传播效应。

首脑外交作为最高层次的外交形式天然地会引起舆论和

---

① 钟之成:《为了世界更美好——江泽民出访纪实》,北京:世界知识出版社2006年版。唐家璇:《劲雨煦风》,北京:世界知识出版社2009年版。

② 张历历:《外交决策》,北京:世界知识出版社2007年版,第256—259页。

③ 张骥:《中国外交决策体制呼唤制度创新》,《中国经济与社会论坛》2013年第6期。

传媒的关注，首脑可以利用这个场合回应来自国内外的诉求。首脑外交对于国际关系的宣传价值自不待言，在西方国家，由于选举政治等压力，有时候首脑外交还具有强烈的国内政治色彩。这在竞选高峰时期表现得最为明显。首脑需要通过首脑外交让选民看见他（她）正在为国家服务，显示他（她）正在最高层维护国家的利益。另外，首脑外交配合公共外交也会产生良好的宣传效果，达到塑造首脑个人形象和国家形象的双重目的。但是这种政治宣传和形象塑造的功能有时也会误入歧途，甚至产生两种极端的情形：要么出于国内政治的考虑损害国际关系，要么专注于国际事务忽略了国内问题的重要性从而危害首脑本人的政治生命。

《中华人民共和国宪法》规定国家的一切权力属于人民，因此从法理上讲中国的首脑外交同样需要对国内民众负责，同样有进行国内宣传的价值。但是在中国特色的政治体制和政治文化中，外交，尤其是最高级的首脑外交一直充满神秘色彩。这就需要增加中国政治和外交的透明度，让民众知道中国为什么要进行首脑外交，首脑外交都有什么内容，首脑外交对促进国家利益和人民福祉有哪些作用，等等。只有民众拥有了更多的知情权，才可能产生更好的宣传效果。长期以来，中国首脑外交的国内宣传一般由外交部官员或专家学者代为诠释。近些年来，已经有学者建言国家可以考虑设立首脑发言人或者由首脑本人亲自出马，包括更多地接受国内媒体的采访，更多地直播一些重要的首脑外交活动，甚至可以考虑借鉴美国和俄罗斯等国的做法由首脑发表定期的电视或广播讲话或者通过网络等渠道亲自对民众答疑解惑。① 这样的做法不仅可以更好地起到国内宣传的效果，而且对塑造首脑本人乃至党和政府的形象都大有裨益。

相较对内宣传，中国首脑外交在对外传播方面显得更加积极，也更加成功。江泽民主席曾经在西雅图与美国普通工人相谈甚欢，在夏威夷为州长夫人伴奏，在费城专程探望老师，在洛杉矶引吭高歌，也曾经用英语接受美国电视台的专访，先后用西班牙语和俄语在智利和俄罗斯发表正式演讲，等等。② 这些首脑外交的"花絮"曾经在国际舆论中引起轰动，增加了世人对中国首脑和中国这个古老国家的兴趣。习近平主席上任以来，其宽厚诚恳非比寻常的领袖魅力、仁义

---

① 清华大学的李希光教授多年来一直呼吁设立国家主席和国务院总理发言人，参见"李希光：为何需要中南海发言人？"，《国际先驱导报》2009年6月11日。值得一提的是，时任总理温家宝于2009年12月27日接受了新华社记者的独家专访，这是迄今为止中央主要领导人首次也是唯一一次接受国内媒体的独家专访。在这次访谈中，温家宝就中国在哥本哈根大会期间的气候首脑外交回答了记者的提问。2010年"两会"前夕，温总理又接受了中国政府网和新华网的联合专访，并与广大网友在线交流，其中就专门谈到了中美关系问题。这些与媒体和网民的互动都收到了良好的效果。

② 钟之成：《为了世界更美好——江泽民出访纪实》。北京：世界知识出版社2006年版。

博爱而又凛然不可犯的大国气度、渊博的学识等给世人留下了深刻的印象,被誉为"习式外交"。"这些年,习主席成为国际舞台最受欢迎的领导人之一。争相与习主席发展'私人情谊'已成为国际外交舞台的新时尚。"① 总体来看,中国首脑外交的对内宣传和对外传播还比较薄弱,公共外交也不够发达。面对现代传媒的崛起和社会参与的呼声,中国外交还有很多工作要做,首脑外交或可成为其中的一个突破口。

结　语

通过对西方首脑外交发展的简单耙梳,我们可以发现西方首脑外交的应运而生是由于内外环境互动发生了变化,特别是国际体系的演进、"新外交"的兴起和首脑外交权的上升。研究者从长期的外交实践中总结出首脑外交的三个主要功能:相互认知、解决问题与形象塑造。与此同时,首脑外交的一些弊端也多由此而起。对于方兴未艾的中国首脑外交而言,西方首脑外交的经验与教训应当引起足够的重视。如何更好地发挥首脑外交的优势,同时尽量规避首脑外交的风险,使首脑外交更好地服务国家利益,值得人们继续思考和研究。

---

① 国平:《"习式外交"开启中国外交新时代》,新华网 http://news.xinhuanet.com/politics/2015-12/08/c_128510997.htm。

全球治理体制
变革中国方略

我国自贸区发展与"一带一路"战略对接研究

杨 莉[*]

【内容提要】 上海、天津、广东、福建四个自贸区的发展得到国内的广泛的重视,探讨我国自贸区发展与"一带一路"战略对接研究具有重要意见。本文从各个自贸区的战略定位和特点、自贸区的运行应借鉴国外经验、四个自贸区在"一带一路"战略中的互补性发展、带动内陆地区的发展、如何制定科学的评判标准等方面进行了研究。

【关键词】 自贸区 "一带一路" 贸易便利化

一、引言

据不完全统计,"一带一路"沿线大多是新兴经济体和

---

[*] 杨莉,外交学院国际经济学院教授、博士,研究方向:决策理论、系统分析与评价。

发展中国家，涵盖了中亚、南亚、西亚、东南亚和中东欧等多个国家和地区，这些地区总人口约44亿，经济总量约21万亿美元，分别约占全球的63%和29%。为实现"一带一路"发展战略目标，其中较为重要的支持来源于我国和国外的一些核心区域发展战略以及重要节点的发展战略，这些核心区域和重要节点中又以自贸区最为重要，因此自贸区将成为"一带一路"战略的重要支点，为其快速发展提供"给养"。

为实现中国"不能当旁观者、跟随者，而是要做参与者、引领者"，且"要在国际规则制定中发出更多中国声音、注入更多中国元素"，我国正在逐步构筑立足周边、辐射"一带一路"、面向全球的自由贸易区网络，积极同"一带一路"沿线国家和地区商建自由贸易区，使我国与沿线国家合作更加紧密、往来更加便利、利益更加融合。目前中国已签署的自贸协定超过12个，涉及20个国家和地区，包括中国与东盟，以及中国与新加坡等国家的自贸协定。从这几年中国的努力来看，对外开放方向逐渐清晰：就是要以自贸区战略为切入口，构建利益共同体。而在国内设立自由贸易试验区，实施先行先试尤为重要，沪粤津闽四大自由贸易试验区由此应运而生。

从地理位置来看，四大自贸区中，上海、广东、福建三地与21世纪海上丝绸之路的密切关系，而天津作为北方的国际航运中心、经济中心以及新亚欧大陆桥东端起点①,对"一带一路"的国内核心区域和相关国家均具有较强的经济辐射与联动作用。由于每个自贸区都有重要的港口,是我国与世界各国交流和沟通的主要区域,自贸区是我国和国外经济联系的一个平台,站在区域互联互通的基础上,自贸区可以率先作为企业走出去的一个平台,在参与"一带一路"战略和打通"一带一路"沿线国家的贸易通道上,自贸区的贸易投资便利化的做法将迅速外溢,能够承担"一带一路"战略下的重大项目,为"一带一路"提供更多的支持。进一步延伸天津口岸的辐射功能,最终服务于"一带一路"战略。

二、各个自贸区的战略定位

上海作为首批自贸试验区,进一步试验带有综合性,它瞄准的是国际高水平的贸易规则,主要应对 TPP 等国际贸易规则的挑战,更重要的是建立国际金融中心。

第二批自贸试验区建立在上海自贸区的初步试验基础之上,从南至北,由点连成线,鉴于各自产业基础和产业特色

---

① 王娟娟、秦炜:《一带一路战略区电子商务新常态模式探索》,《中国流通经济》2015 年第 5 期。

不同，承担着不同的国家使命①。在第二批获批的三个自贸区中，天津自贸区是目前长江以北唯一的自贸区，其基本战略定位主要是以自主创新为核心，打造京津冀协同发展的高水平开放平台，并成为全国改革开放的先行区和制度创新的试验田，最终建成国际一流的贸易园区。与上海自贸区形成互补、对比试验，在服务京津冀协同发展和发展实体经济等方面取得较大突破；广东自贸区重在促进珠港澳区域经济一体化，与CEPA对接。广东自贸区着力体现在三大方面：构建粤港澳金融合作新体制、粤港澳服务贸易自由化，以及通过制度创新推动粤港澳交易规则的。福建自贸区则侧重台海合作，与台湾的自由经济示范区形成呼应，并与海上丝绸之路战略相融合。

三、自贸区的运行应借鉴国外经验

我国自贸区的管理为多个部门共同管理，容易导致各部门权责不明，政策矛盾，沟通协调难度大，效率低下。如上海自贸区并没有实现其在建立之初所设想的"中央可能会以领导小组的形式对上海自贸试验区的推行予以支持和领导，并派出一位国务院高层对接上海自贸区"，其管理机构是中

---

① 程健、韦寅蕾、邢琚：《内陆地区扩大开放的问题与对策》，《经济纵横》2014年第4期。

国（上海）自由贸易试验区管理委员会，简称"管委会"。作为市政府派出机构，管委会负责具体落实自贸区改革任务，其下设办公室、经济发展局、财政和金融服务局等，全部都是政府部门管理，这就会出现各自的定位关系不好融合、缺乏有效的一致性等政策靠政策的思想严重，且市政府和管委会之间缺乏有力协调等现象。因此在管理模式上，自贸区应该学习新加坡港，从以政府主导的管理模式转变为企业化管理模式，辅之以政企协调。

新加坡自贸区由企业直接管理。新加坡政府实行政企分离的管理体制①，如将原先的港务局重组为新加坡海事港务局和新加坡PSA国际港务集团。前者隶属于新加坡交通部，而后者则主要以企业化方式经营和管理自由贸易区。以裕廊自由贸易区为例，它主要由裕廊海港私人有限公司——与新加坡PSA国际港务集团类似的公司——经营和管理，定期向政府有关部门汇报工作，但不受政府的管制，使自贸区的运营得到了效率最大化。但在企业直接管理的模式中，政府的参与有效填充了自贸区政策制定和执行之间的空白。

除此以外，新加坡特有的法定机构在政府和企业间扮演了重要的协调者角色。法定机构是新加坡特有的产物，在法律上，法定机构是经议会通过，为某一特定目标而成立的自

---

① 刘慧、叶尔肯·吾扎提、王成龙等：《"一带一路"战略对中国国土开发空间格局的影响》，《地理科学进展》2015年第5期。

治的政府部门,因而比一般政府部门有更大的自主权;其董事会的成员包括由内阁部长任命的议会成员、政府官员、学科专家,因而能有效协调各方利益,从而推进有效政策的制定。

四、四个自贸区在"一带一路"战略中的互补性发展

上海、天津、广东、福建四个自贸区在"一带一路"战略中应实现互补错位性发展。自贸区作为改革开放排头兵、创新发展先行者,将在构建开放型经济新体制、探索区域经济合作新模式、建设法治化营商环境等方面,率先挖掘改革潜力,破解改革难题。自贸区主要是为国家进行投资制度的试验、贸易监管制度的试验、金融创新的试验,以及服务与开放的试验。从深化对外开放战略角度来看,如果说,"一带一路"是从构建对外开放新格局的战略高度出发,那么自贸试验区则是在投资自由化、贸易便利化、金融国际化、行政管理简化等具体方面先行先试,为中国与国际贸易谈判积累经验。

天津滨海新区是北方最重要的开放口岸,其特殊开放区的形态最多[①],形式也最完整,包括保税区、保税港区、综

---

① 刘卫东:《"一带一路"战略的科学内涵与科学问题》,《地理科学进展》2015年第5期。

合保税区、保税工业园区、出口加工区，能最大程度上为国家作制度创新试验，也就是说，它的制度创新的平台多。同时天津是中国北方最重要的高端制造业基地，有强大的基础设施建设能力，也有为基础设施等重大项目进行融资和设备融资租赁的能力，可创造出制度创新和自主试验的最大需求，能通过自贸区的制度试验和地方发展为经济转型创造巨大空间。

天津自贸区主要强调在滨海新区三个功能区已有优势的基础上，实现为国家进行制度试验的使命。首先，天津东疆保税港区是中国融资租赁的平台，创造了融资租赁的中国模式，在融资租赁的大宗商品交易市场和其他的灵活贸易方式上创造出了有天津特色的模式。融资租赁是天津的优势，无论是在大型战略工具，如飞机、轮船，还是在重型装备、机器设备等方面，都形成了强大的租赁产业聚集。其次，天津作为进口汽车的全国最大口岸，在汽车进口、灵活贸易方式等方面有更大的试验空间。另外，空港片区以航空航天产业、装配制造产业，以及新一代信息技术和高端服务业为产业特色，在产业聚集上已初具规模，形成了高端制造业的集聚。在扩大投资开放领域，天津自贸区在以金融创新服务于实体经济方面将做出新的探索。中心商务区以金融创新为主，以现代服务业为特色产业，理想目标是打造北方的陆家嘴，因此，它的错位发展将通过京津冀市场间金融和资本市场的一体化来实现。

上海自贸区在备受关注的金融改革方面①，将全面配合推进自贸区金融开放创新试点，以服务实体经济为落脚点。具体包括拓展自由贸易账户功能，参与人民币和外币资金池试点，落实未来的 QDII2 细则，推动"双自联动"等方面。是配合金融监管部门推动要素市场的集聚和发展。是在物理载体、财政扶持、人才政策、发展环境等多方面，支撑自贸区金融开放创新的继续深化。着力加强与中央金融监管部门及其地方派出机构的合作，配合做好政府信息共享的工作。努力优化金融发展环境。

上海自贸区积极推动丝绸之路经济带对接长江经济带，依托嘉兴滨江滨海区、临近苏州工业园、舟山国家经济战略区等优势，助推海上丝绸之路，争做"一带一路"战略下对接长江龙头经济带的排头兵，走在"四个全面"战略协同发展的时代前列。针对"一带一路"的"五通"——即政策沟通、道路联通、贸易畅通、货币流通和民心相通问题，与上海自贸试验区的"四化"——即投资自由化、贸易市场化、金融国际化、行政法治化任务也有着诸多相通之处，比如贸易畅通、货币流通正与贸易便利化、金融国际化相吻合等。

广东在海上丝绸之路建设方面拥有较好基础，比如：

---

① 董红、林慧慧：《"一带一路"战略下我国对外贸易格局变化及贸易摩擦防范》，《中国流通经济》2015 年第 5 期。

2014年，广东与海上丝绸之路沿线国家的贸易额达到约1200亿美元，占中国与东盟海上丝绸之路沿线国家贸易额的24%左右。而作为中国大陆与海上丝绸之路沿线国家经贸合作量最大的省份，广东在合作创办产业园区、投资矿产、农业等方面也有着较好基础。

自贸区从投资意义上看，服务"一带一路"战略可以作为企业走出去的一个平台，通过金融创新带动企业向"一带一路"沿线地区和国家进行直接投资，通过参与重大项目，为重大项目提供融资租赁等便利化金融服务，打通"一带一路"地区和国家的贸易通道。在国家政策层面，除了进一步加强合理规划与统筹安排之外，更需要给予企业更多实在的支持与鼓励，加快国内企业"走出去"步伐，积极助推中国企业融入全球经济大潮中，包括立法规范、服务体系建设、金融改革、自贸区创新实践以及相应税收优惠等多个方面。

五、带动内陆地区的发展

内陆地区是指不沿边、不靠海、远离海岸线和边境线的地区。在我国，山西省、河南省、安徽省、陕西省、甘肃省、宁夏回族自治区、青海省、四川省、重庆市、湖南省、湖北省、江西省、贵州省共13个省市属于内陆地区。内陆地区的经济发展相对落后，以2014年地区生产总值为例，13个内陆省份中 8 个省的水平位于全国平均水平以下。

实施新一轮高水平对外开放，加快构建开放型经济新体制，以开放的主动赢得发展的主动、国际竞争的主动是未来几年中国对外开放的新布局，也是中国外贸发展的新因素。在这一背景下，加快实施自由贸易区战略，逐步构筑起立足周边、辐射全球的贸易网络成为对外开放的抓手。

随着沿海自贸区逐步实施推广，为尽快构建全方位对外开放新格局，内陆尤其是中西部地区重要节点城市设立自贸区步伐将加快。即自贸区进一步扩围应将重点放在内陆地区①，中西部地区尤其是与"一带一路"、长江经济带等战略最匹配的区域和节点城市最有可能获批。如今内陆中西部有一定外贸规模，中西部地区在资源和外贸增速上的优势成为设立内陆自贸区的重要筹码。这些积极申报的地区如西安等海关特殊监管区这些年已运转成熟，再加上向西开放的大背景下，选择一些重要的节点城市设置一些园区应该说是非常合适的。现在沿海地区已有 4 家自贸区，下一轮将可能在中部地区和西部地区再设置若干个自贸区，形成全国约 10 家自贸区的架构。

多地明确表示将积极申报自贸区，涉及的主要城市及区域包括重庆、湖北武汉、河南郑州、陕西西安、甘肃兰州、

---

① 沈进建等：《全面开放"一带一路"沿线口岸与各国打造命运共同体》，《全球化》2015 年第 7 期。

山东青岛、辽宁大连、吉林长春和珲春、广西北部湾等。第三批自贸园区申报筹备工作已经开启，目前地处中西部的武汉、西安、重庆、成都、兰州都在积极争取进入第三批自贸区行列。

西安、兰州、郑州是与"一带一路"战略密切程度较大的城市，更在积极准备。西安自贸区申报方案已报相关部门办理。陕西省2015年政府工作报告提出，以西安海关获准复制上海自贸区制度为契机，扎实做好"丝绸之路经济带自由贸易园区"筹建申报工作。甘肃省2015政府工作报告提出，将加大经济领域改革力度，积极推行上海自贸试验区可复制改革试点经验，争取设立中国兰州自由贸易区。目前，兰州自贸区申建方案也已上报。在经济相对落后的内陆地区，河南省在2010年国务院批复新郑综合保税区之后，对外贸易和生产总值快速增长，从内陆地区落后省份发展为内陆地区经济优势突出的省份。2015年12月14、15日上合组织会议在郑州召开，说明郑州的发展已经引起各界的重视。

现行自贸区有多少经验可以复制、可以推广值得探讨。如上海自贸区，虽然已经有多项制度在全国复制推广，其中包括投资管理方面、贸易监管方面、金融创新方面。但应重视津粤闽三地从起步到见效至少需要几年时间。见效之后，再总结经验看是否适应中西部设立自贸园区的发展的需要。

六、如何制定科学的评判标准

自贸区运行的程度、发展的快慢，新的自贸区如何运行，有多少经验能够推广，必须有衡量标准。自贸区的发展需统筹经济、贸易、科技、金融等各方面的资源，相关的理论研究必须涉及多个学科。

1. 利用系统工程理论

加快实施自由贸易区战略是一项复杂的系统工程。寻求的国家整体综合经济发展的最优，而不是局部区域利益的最优，必须统筹兼顾，全面考虑。因此衡量相关研究是涉及一个复杂的开放式网络巨系统，应采用系统工程的理论和方法，采用对复杂系统的影响因素、结构及状态进行系统的分析和评价研究。

2. 利用博弈的原理

自贸区的发展需要考虑市场行为，更应受到政府的指导、调节、监督。对社会环境来说，是在寻找企业、政府、国家之间的均衡问题，因此可从博弈论证疏解非首都功能视野下的北京人口调控研究的政策和措施的制定。博弈论是研究互动决策的理论，而自贸区运行的过程实际上是公民与企业、政府等在经济社会不断达到上升的进程中，寻找达到互利或互惠机会的效率状态过程。应采用博弈的原理对企业可能采取的策略，政府的指导、引导的政策可能产生的效果及具有的引导作用进行分析。

3. 利用多目标优化与决策理论

自贸区的发展既要保证城市可持续协调发展，同时要城市带动周边地区的发展，并为武汉、西安、重庆、成都、兰州等大都市更好地发展提供经验。因此应综合考虑城市的经济、社会、资源、生态环境等条件，必须涉及城市经济水平、生活水平、人口数量、资源和环境状况等多种因素，即是涉及多个评价因素、多个指标权衡的问题，需要涉及多目标优化与决策的求解问题。

4. 建立科学的信息收集和处理系统

由于自贸区发展中很多问题具有来源广阔，相对缺少实验和重复的机会等特点，会出现研究对象具有定性描述、不确定性程度强等，尤其是面对信息爆炸的今天，捕捉到真正有价值的信息，剔除假信息或低价值的信息非常重要。需要建立科学的信息处理收集和处理系统，有很多技术：数据筛选、数据的模式识别、数据的聚类分析、小样本数据扩充、不完备条件下数据分析等信息收集处理技术。包括可利用大数据处理和云计算处理技术的专门机构和人员来处理复杂决策问题的数据分析。

理解"一带一路"倡议背景下中国对外援助*

白云真**

【内容提要】"一带一路"倡议呈现出战略规划性、互利共赢性、责任义务性、相知相交性、开放包容性五大特点。在"一带一路"倡议的新时期,中国对外援助日渐发生显著的变化,处于重要的转型时期。由此,中国对外援助政策框架与战略规划需要服务于"一带一路"倡议的四大目标,满足其五大特点,从而更切实地助力中国与世界和平发展的根本目标。对此,笔者认为中国决策者以此更加奋发有为地推进中国对外援助行政管理改革,以政治勇气与战略智慧扩大

---

* 本文系国家社会科学基金青年项目"经济权力视角下我国对外战略调整研究"(项目编号:12CGJ002)、中国博士后科学第57批面上资助项目"全球气候变化协议的制度设计"(项目编号:2015M570204)的阶段性成果。

** 白云真,中央财经大学国际政治系副教授,中国海外发展研究中心兼职研究员。

区域性援助与多边援助的份额，以全球视野、世界眼光提高援助项目的有效性与质量，从而创新对外援助新模式，更好地服务于"一带一路"倡议的四大目标，努力为2015年后发展议程及其全球发展做出贡献。

【关键词】"一带一路"倡议战略特点　中国对外援助　发展合作

一、引言

2013年9月、10月，中国国家主席习近平访问哈萨克斯坦、印度尼西亚时分别提出"丝绸之路经济带""21世纪海上丝绸之路"（即"一带一路"倡议）及其筹建亚洲基础设施投资银行的倡议。2014年11月8日，国家主席习近平宣布中国将出资400亿美元成立丝路基金，为"一带一路"倡议沿线国家基础设施建设、资源开发、产业合作等有关项目提供融资支持。由此可见，以优惠贷款为重要形式的援助方式是"一带一路"倡议的题中之意，也是"一带一路"倡议政策实践的重要组成部分。2015年3月28日，发改委、外交部、商务部联合发布了《推动共建丝绸之路经济带和21世纪海上丝绸之路的愿景和行动》，从顶层设计角度阐明了共建原则、框架思路、合作重点、合作机制等关键要素，提及医疗援助在民心相通中的地位。①

2015年9月25日、26日、28日，习近平主席分别宣布，中国设立总额为200亿元人民币的中国气候变化南南合作基金以支持其他发展中国家应对气候变化；设立首期为20亿美元的南南合作援助基金以支持发展中国家落实2015年后发展议程；设立为期10年、总额10亿美元的中国—联合国和平与发展基金，其中部分资金用于支持联合国维和行动。可见，在"一带一路"倡议的新时期，中国对外援助在援助方式、规模、内容等日渐发生显著的变化，以更加积极的姿态参与国际发展合作，谋求发挥建设性作用。尽管中国对外援助的资金规模是个重要方面，但是其有效、战略地使用、援助有效性与质量更为关键。

相比之下国际援助界日渐更加注重援助的有效性与质量，强调发展合作的理念及其包容性与可持续性、有效伙伴关系建设，以应对减贫、传染性疾病、气候变化、自然灾害等全球性挑战。② 2005年2月28日至3月2日在巴黎召开了第二届援助有效性（aid effectiveness）高层论坛；2008年9月在

---

① 《推动共建一带一路愿景与行动》，http://news.sina.com.cn/c/2015-03-28/140031655780.shtml。

② Heiner Janus, Stephen Klingebiel, and Sebastian Paulo, "Beyond Aid: A Conceptual Perspective on the Transformation of Development Cooperation," *Journal of International Development*, Vol. 27, No. 2, 2014.

加纳阿克拉召开了第三届援助有效性高层论坛；2011年11月29日—2011年12月1日在韩国釜山召开了第四届援助有效性高层论坛。2014年4月15日，首届有效发展合作全球伙伴关系（Global Partnership for Effective Development Cooperation）高层会议（160个国家与40个组织参加）在墨西哥城召开，强调有效发展合作在满足联合国《千年发展目标》及其2015年后发展议程中的重要性。

在"一带一路"倡议主题研究中，中国学者特别关注亚洲基础设施投资银行、丝路基金等融资机制。黄河从公共产品角度对"一带一路"倡议进行了有益且积极的探索，而且提及20世纪60年代美国对拉丁美洲基础设施援助对其区域经济合作的作用以及"一带一路"建设过程中巨大的人力支援，但是并未明确谈及对外援助在"一带一路"倡议中作为区域公共产品的角色。[1] 对于"21世纪海上丝绸之路"建设中所面临的自然灾害、传染性疾病、海洋环境污染等非传统安全威胁，薛力等学者更多地从大国关系及其丝路基金本身提出应对方法，并没有进一步整体上以具体领域与手段的视角将对外援助纳入"21世纪海上丝绸之路"建设框架之中。[2]

---

[1] 黄河：《公共产品视角下的"一带一路"》，《世界经济与政治》2015年第6期，第138—155页。

[2] 李骁、薛力：《21世纪海上丝绸之路：安全风险及其应对》，《太平洋学报》2015年7期，第50—64页。

在"一带一路"倡议背景下，中国对外援助在资金、分布、方式、领域、举措等方面正在发生相当显著的变化，将向"一带一路"倡议沿线国家倾斜①，处于重要的转型时期，②因而其有效性与质量将成为学者与实践者关注的关键性议题。中国学者已经意识到对外援助在日本"丝绸之路"外交、美国"新丝绸之路"计划中的关键性作用。例如，冯维江提及官方发展援助在"丝绸之路"外交中的主要角色，但是并未提及美国国际开发署等援助机构在美国"新丝绸之路"计划中的意义。③正如上所述，"美国不仅自己为丝绸之路倡议提供援助，也同时号召对象国、伙伴国、国际多边组织、国内外大企业参与其丝绸之路倡议的建设"。④即使笔者自己也仅仅从中国对外援助本身进行战略分析或论及其有效性与质量等问题，⑤仍然缺少明确地从"一带一路"等更宏大的战略背景思考与审视中国对外援助的变革与转型。

---

① http://intl.ce.cn/sjjj/qy/201412/10/t20141210_4087113.shtml。

② Naohiro Kitnao, "China's Foreign Aid at a Transitional Stage", *Asian Economic Policy Review*, 2014.

③ 冯维江：《丝绸之路经济带战略的国际政治经济学分析》，《当代亚太》2014年第6期，第90—93页。

④ 赵江林：《战略方向与实施路径：中美丝绸之路倡议比较研究》，《战略决策研究》2015年第3期，第5页。

⑤ 白云真：《如何有效推进中国对外援助》，《中国社会科学报》2014年8月15日，http://www.cssn.cn/sf/bwsf_dz/201408/t20140815_1292671.shtml。

为此，笔者首先从马克思、葛兰西等的唯物史观及其政治经济学、中国传统战略文化等角度阐明"一带一路"倡议的五大战略特点，以比较方法将中国对外援助转型路径的思考至于全球发展合作新趋势的背景下，特别是美国、日本对外援助或发展合作内容与方式的新变化。

二、"一带一路"倡议的战略特点

作为一项大战略的"一带一路"倡议是个涉及政治、经济、社会、文化与发展等多维度的概念，不仅涉及手段而且关涉到目标。"大战略可简要地界定为行政决策者或决策机构追逐其国际政治目标的一般原则。它更像对外政策，但是在更高的抽象层次上关注广泛的行为模式而不是具体决策。"① "一带一路"倡议是一项并非以强迫与控制或霸权与干预为基础的战略而是以合作与劝说为基础的战略，因而"一带一路"大战略具有战略规划性、互利共赢性、责任义务性、相知相交性、开放包容性五大战略特点。

(一) 战略规划性

"一带一路"倡议体现了中国谋大势、讲战略、重运筹

---

① [美] 凯文·纳里泽尼：《大战略的政治经济学》（白云真、傅强等译），上海人民出版社2014年版，第7页。

的战略规划性，超越了具体的对外政策及其议程，而是致力于解决中国自身及其"一带一路"沿线国家经济增长、安全挑战等诸多问题的战略方法。"一带一路"倡议的战略规划是中国总体性对外政策的集中表现、行动纲领与指导方针。2015年3月28日，国家发展改革委、外交部、商务部联合发布的《推动共建丝绸之路经济带和21世纪海上丝绸之路的愿景与行动》以顶层设计的理念规划了框架思路、合作重点与机制、未来之路与共同目标，① 并未具体阐明对接"一带一路"倡议沿线国家发展和区域合作方案，需要以后续的联合行动不断充实和完善"一带一路"建设与合作的内容与方式。"一带一路"倡议无法事先具体到每一细节，只能做出核心和关键的设计，因为行动的细节取决于中国与"一带一路"倡议沿线国家的具体行动。

即使具体到"一带一路"倡议沿线国家的行动计划或发展纲要，这些行动计划或发展纲要均呈现出战略规划的特点。例如，中国与"一带一路"倡议沿线国家分别签署了《中印尼全面战略伙伴关系未来五年行动计划》《中蒙经贸合作中期发展纲要》《中乌战略伙伴关系未来5年发展规划》（乌兹别克斯坦）等。以2014年8月签署的《中蒙经贸合作中期发展纲要》为例，此后5年内中国将向蒙古提供1000个培训

---

① 《推动共建一带一路愿景与行动》，http://news.sina.com.cn/c/2015-03-28/140031655780.shtml。

名额，增加提供 1000 个中国政府全额奖学金名额，为蒙古培训 500 名留学生，邀请 500 名蒙古青年访华，邀请 250 名蒙古记者访华，并向蒙古免费提供 25 部中国优秀影视剧译作。①

（二）互利共赢性

"一带一路"倡议所竭力建设的以合作共赢为核心的新型国际关系是以互利共赢为基础的。"'一带一路'建设不是空洞的口号，而是看得见、摸得着的实际举措，将给地区国家带来实实在在的利益。"② "一带一路"倡议本身就是促进共同发展、实现共同繁荣的互利共赢之路，将带动中国与"一带一路"倡议沿线国家在经济、政治、安全、社会、文化等领域更加紧密地协调与配合，以互利互惠原则努力推动共同发展、共同繁荣。

"一带一路"倡议摒弃了荷兰、英国等殖民扩张的旧模式、美苏的冷战思维与零和博弈方法，绝不牺牲他国利益而谋求一己之私利。"各国和各国人民应该共同享受发展成果。每个国家在谋求自身发展的同时，要积极促进其他各国共同

---

① 习近平：《守望相助，共创中蒙关系发展新时代》，http://www.zgdsw.org.cn/n/2014/0825/c218988-25532337.html。

② 习近平：《迈向命运共同体开创亚洲新未来》，http://www.zgdsw.org.cn/n/2015/0330/c218988-26770440.html。

发展。世界长期发展不可能建立在一批国家越来越富裕而另一批国家却长期贫穷落后的基础之上。只有各国共同发展了，世界才能更好发展。那种以邻为壑、转嫁危机、损人利己的做法既不道德，也难以持久。"①"一带一路"倡议兼顾中国与沿线国家的不同利益诉求与重大关切，寻求利益契合点。

(三) 责任义务性

"一带一路"建设将赋予中国在力所能及的范围内承担更多的国际责任与义务的使命，以为人类社会的和平与发展贡献自己的微薄之力。"就丝绸之路所涉及的区域而言，无论两千年前还是当今之世，中国都是当之无愧的大国，并且也是受这一区域治乱兴衰影响最大的国家之一。中国来扮演经济、安全、社会和文化诸方面合作的更积极的倡导者角色，在合作平台等公共产品上率先投入，既是利益所在，也是责任使然。"②尽管中国仍然是个发展中国家，但是在致力于自身发展的同时，为"一带一路"倡议沿线国家和平与发展提供力所能及的帮助，在国际事务中为发展中国家说话，是义不容辞的责任。中国有责任扮演着世界和平与全球发展的维

---

① 习近平：《顺应时代前进潮流，促进世界和平发展》，http://www.zgdsw.org.cn/n/2013/0325/c218988-20903119.html。

② 冯维江：《丝绸之路经济带战略的国际政治经济学分析》，《当代亚太》2014年第6期，第78页。

护者与促进者、开拓者与奉献者的角色。

中国有责任与"一带一路"倡议沿线国家风雨同舟、和衷共济;有责任提供共同发展的机遇和空间以使其搭乘中国发展的列车;有责任为传染性疾病等卫生问题、地震救灾等事项提供人道主义援助。"中国愿意为包括蒙古国在内的周边国家提供共同发展的机遇和空间,欢迎大家搭乘中国发展的列车,搭快车也好,搭便车也好,我们都欢迎,正所谓'独行快,众行远'。我多次讲,中国开展对发展中国家的合作,将坚持正确义利观,不搞我赢你输、我多你少,在一些具体项目上将照顾对方利益。"① 在严峻的地区性与全球性挑战面前,中国无法独善其身,却有兼善天下、兼济天下的责任,责无旁贷的义务。尤其是,中国以"一带一路"倡议践行着对区域治理、全球治理的担当,承担起更加公正与合理的地区、国际秩序建设者的责任。

(四) 相知相交性

"一带一路"倡议将传承丝绸之路友谊,弘扬丝绸之路精神,以心灵相通,情义相系,相知相交,从而夯实中国与沿线国家友好合作的社会与民意基础。中国大众与沿线国家民众以此互鉴、互学,以达到相互了解、相互认同,从而使

---

① 习近平:《守望相助,共创中蒙关系发展新时代》,http://www.zgdsw.org.cn/n/2014/0825/c218988-25532337.htm。

"一带一路"建设以大众同意为基础。

一方面,"一带一路"倡议的政策实践会使沿线国家民众了解到中国和平发展的理念、绝不称霸的决心、可持续发展的信心、扶危匡正的信念。另一方面,中国民众也学习别的民族、别的国家的优秀文明成果,虚心向沿线各国民众学习,取经,树立中国永远做学习大国的良好形象。相知意在相交,以使中国与沿线国家成为好朋友、好伙伴、好兄弟,巩固彼此之间的深情厚谊。相知、相交是相辅相成的,即"独学无友,则孤陋而寡闻。"[1] 中国与沿线国家在"一带一路"建设中相互沟通、彼此交流,以相知而致交友,以交友而致相知。

(五)开放包容性

"一带一路"建设所推进的区域一体化具有开放区域主义的特征,即"一带一路"以开放的精神与心态,共享发展资源,深入区域整合。"'一带一路'建设秉持的是共商、共建、共享原则,不是封闭的,而是开放包容的;不是中国一家的独奏,而是沿线国家的合唱。'一带一路'建设不是要替代现有地区合作机制和倡议,而是要在已有基础上,推动

---

[1] 《大学中庸译注》(王文锦译),北京:中华书局2013年版,第102页。

沿线国家实现发展战略相互对接、优势互补。"① 中国希期沿线国家、亚欧等国家及其国际组织积极参与"一带一路"建设。

"一带一路"倡议也追求和谐包容、文明宽容，尊重各国自主发展道路和模式的权利，将世界多样性和各国差异性转化为发展活力与动力，加强国家之间、不同文明之间的平等对话，和而不同。"一个国家发展道路合不合适，只有这个国家的人民才最有发言权。正像我们不能要求所有花朵都变成紫罗兰这一种花，我们也不能要求有着不同文化传统、历史遭遇、现实国情的国家都采用同一种发展模式。"② 为此，"一带一路"建设以开放的心态坦诚相待，以包容性推心置腹，有助于造就不同社会制度、不同信仰、不同文化传统的国家和平共处的典范。

概言之，在"一带一路"建设中，中国寻求以合作与劝说的方式吸引沿线国家积极参与，而非以强制与控制的方式将自己的意志强加于他国，在追求本国利益时兼顾他国合理关切，在谋求本国发展中促进沿线国家共同发展，建立更加平等均衡的新型全球发展伙伴关系。"一带一路"倡议是中

---

① 习近平：《迈向命运共同体开创亚洲新未来》，http：//www.zgdsw.org.cn/n/2015/0330/c218988-26770440.html。

② 习近平：《弘扬丝路精神深化中阿合作》，http：//www.zgdsw.org.cn/n/2014/0606/c218988-25113491.html。

国基于自身发展与文化传统、全球可持续发展及其挑战所作出的战略选择与行动规划，是一项与时俱进的总体性外交战略与对外政策。

三、中国对外援助在"一带一路"倡议中的角色

中国对外援助是"一带一路"倡议及其建设的重要内容，是实现其增长、政治、道德与社会目标的有效手段，以"阵地战"而非"运动战"奠定民意基础以及构筑战略共识。"一旦一项对外政策战略从威胁或武力使用（胁迫）的方式转向和平变革，那么实现这一结果的最精通的手段是经济劝说。"① 中国对外援助主要以经济劝说或激励、道德说服等方式的具体实际行动赋予"一带一路"倡议以具体内涵、内容、形式及其实践意义，而不仅仅是以规划的抽象方式实现"一带一路"倡议的四大目标，在战略对接、互联互通、民心相通等领域发挥着基础性角色，某种程度上解决"一带一路"战略规划与政策实践的同一性问题。

---

① Patricia A. Davis, *The Art of Economic Persuasion: Positive Incentives and German Economic Diplomacy*, (The University of Michigan Press, 1999,) pp. 5-6.

(一) 中国对外援助在战略对接方面的角色

对外援助相比于消极制裁或许更能够使中国成为"一带一路"倡议沿线国家模仿的对象,因而会促使沿线国家的认知、规范、政策发生变化,推动中国与沿线国家的政策沟通。事实上中国与沿线国家以援助方式的政策沟通涉及各国的法律与监管制度、公共管理、经济治理等国内政治经济不同维度。例如,小岛屿发展中国家有特定的脆弱性,源自其内部冲突、政治动荡及其气候条件。为了克服这些脆弱性,小岛屿发展中国家不仅急需人道主义援助,而且需要法治、治理、和平与稳定等发展方面的稳定基础。为此,中国对外援助虽然以不附带任何政治条件为特点,但是在"一带一路"倡议的新时期中国学者与实践者应该赋予其新的内涵与理解。以笔者观之,中国对外援助的不附带任何政治条件的做法更多地涉及受援国国内竞争性政治以及领导人选举等传统意义上的政治观,然而治理与监管等新的政治议题并不属于任何政治条件的范畴。

以东帝汶为例,2011年东帝汶制定的《战略发展规划》(Strategic Development Plan) 力图使其到2030年成为中高收入国家,寻求解决三大重要领域,即社会资本、经济发展与基础设施发展。社会资本发展包括改善教育、卫生、社会融合、环境与文化等方面的政策;基础设施发展包括道路与桥梁、水与卫生设施及其港口的建设与维护、电信与电力的改善；经济发展包括农业发展、石油工业、旅游与私人部门投资。此外，东帝汶的《战略发展规划》近期强调对基础设施与人力资本两个领域的大量投资，特别是强调加强东帝汶国立大学等高校建设以开展人力资源培训。那么中国对东帝汶的援助需要聚焦于东帝汶的实际需求，关注基础设施、教育与卫生、农业发展等重点领域，有助于中国与东帝汶的政策沟通与战略对接。

(二) 中国对外援助在互联互通方面的角色

中国支持"一带一路"倡议沿线国家的基础设施发展，以此促进贸易与投资。因而，基础设施援助将在加强中国与沿线国家互联互通方面扮演着重要的角色。2014年11月8日，中国与孟加拉国、老挝、蒙古国、缅甸、塔吉克斯坦、柬埔寨、巴基斯坦在北京举行了加强互联互通伙伴关系对话会。"中方高度重视联通中国和巴基斯坦、孟加拉国、缅甸、老挝、柬埔寨、蒙古国、塔吉克斯坦等邻国的铁路、公路项目，将在推进'一带一路'建设中优先部署。只有让大家尽早分享到早期收获，'一带一路'才有吸引力和生命力。"[①] 中国合理安排无偿援助、无息贷款资金，发挥丝路基金、亚

---

① 习近平：《联通引领发展伙伴聚焦合作》，http://www.zgdsw.org.cn/n/2015/0116/c218988-26399334.html。

投行等贷款融资优势,参与沿线国家基础设施建设。

互联互通建设不仅涉及交通、信息交流与能源网络,而且包括贸易、投资与服务的便利化,更涉及旅游、教育与文化方面的人员交往。"我们要建设的互联互通,不仅是修路架桥,不光是平面化和单线条的联通,而更应该是基础设施、制度规章、人员交流三位一体。"① 对此,时殷弘教授认为"要注意大力渐进性地构建'软性基础设施',包括农业、牧业、医疗、学校、零售商业、扶贫等各方面。它们关系到一个重大问题,那就是中国的有关言辞和行为举止要具备有效的'软权势',或者说广泛、深入和'润物细无声'的影响。"② 由此,中国将加强互联互通领域的人力资源开发合作与沿线国家人力资本建设。例如,"未来 5 年,中国将为周边国家提供 2 万个互联互通领域的培训名额,帮助周边国家培养自己的专家队伍。"③ 诸如此类的人力资源培训方面的援助加快沿线国家"软性基础设施"的发展,并不仅仅局限于器物层面的互联互通建设。

---

① 习近平:《联通引领发展伙伴聚焦合作》,http://www.zgdsw.org.cn/n/2015/0116/c218988-26399334.html。

② 时殷弘:《"一带一路":祈愿审慎》,《世界经济与政治》2015 年第 7 期,第 153 页。

③ 习近平:《联通引领发展伙伴聚焦合作》,http://www.zgdsw.org.cn/n/2015/0116/c218988-26399334.html。

(三) 中国对外援助在民心相通方面的角色

在"一带一路"建设中,中国扩大来华留学生规模,每年向沿线国家提供1万个政府奖学金名额,而且以医疗队的方式提供医疗援助和应急医疗救助,将为中国与"一带一路"倡议沿线国家双边、多边合作奠定民意、社会与文化基础。"一项优秀的大战略必须有足够强健和经久的国内民众心理和民众舆论支持,必须有同样足够强健和经久的国际吸引力或广泛的国际可接受性,否则不仅缺乏追求实现国家根本政治目的大战略手段或资源,而且妨碍大战略本身的生存和贯彻。"① 特别是,中国对外援助日渐注重发展质量,注重改善民生,体现出以人为中心(people-centered)的援助模式。"住所、衣着、再生产和饮食一起,都属于社会生活的要素之列,作为整体的社会关系正是以最明显、最广泛(就是说群众性的)的方式在这些要素中的表现出来。"② 例如在中巴经济走廊建设中,为支持巴基斯坦发展经济、改善民生,中国向巴基斯坦提供无偿援助,用于联邦直辖部落区重建和巴基斯坦关切的民生项目。

---

① 时殷弘:《全球性挑战与中国》,长沙:湖南人民出版社2010年版,第139页。
② [意]安东尼奥·葛兰西:《狱中札记》(曹雷雨等译),北京:中国社会科学出版社2000年版,第267页。

在"一带一路"合作框架与模式下,中国将会不断加大教育援助、医疗援助、公益设施援助以及人道主义援助力度,支持着"一带一路"倡议沿线国家文化、教育、卫生、医疗、应急救灾等领域的发展与能力建设,相互学习、相互借鉴、相互促进。在教育援助方面,中国主要援建教育设施项目,培养师资力量,支持职业技术教育以及增加来华留学政府奖学金名额。"善政不如善教之得民也。善政,民畏之;善教,民爱之。善政得民财,善教得民心。"① 特别是,中国将加强对"一带一路"倡议沿线国家高等教育的援助,不仅有助于沿线国家教育的发展,而且有助于加强彼此的友谊与相互理解。再者,"守望相助,疾病相扶持,则百姓亲睦"。② 在医疗援助方面,中国援助设施和设备,派遣医疗队,提供传染病防控援助等。

总之,对外援助是"一带一路"倡议的一个缩影,而且"一带一路"倡议本身就论及援助手段的基本问题。对外援助所体现的经济劝说的效用,特别是经济激励的使用是政府寻求和平发展的强有力工具。"目的与手段之间的平衡要求必须节省使用资源。节省资源是战略的一个基本要求。战略

---

① 杨伯峻译注:《孟子译注》,北京:中华书局2012年版,第337页。
② 同上书,第126页。

目的应该以尽可能最经济的手段去谋求实现。"① 由此，中国对外援助是着眼于未来的投资（an investment in the future），以最经济的手段实现"一带一路"倡议的四大目标。对对外援助的质疑与批评并无法否定其作为相对独立的对外政策工具的价值、其表达中国和平发展与沿线国家共同发展的意图，然而其关键在于对外援助使用的目的与方式。因而中国对外援助需要按照"一带一路"倡议的新合作模式分配资金，进而提高其有效性与质量。

结　语

"一带一路"倡议的战略、政策与实践具有深刻的政治经济根源，应该嵌入跨越国际关系的社会进程与互动中。由此，中国决策者应当将对外援助或发展合作提升为"一带一路"倡议的重要支柱，从而以此夯实"一带一路"建设的物质基础、社会基础及其民意基础。如笔者所曾指出的，"大战略在一个国家实现的程度，总是取决于大战略满足这个国家的外交需要的程度。光是战略思想力求成为现实是不够的，

---

① 时殷弘：《全球性挑战与中国》，长沙：湖南人民出版社2010年版，第137页。

外交现实本身应当力求趋向战略思想。"① 中国对外援助战略规划与政策实践本身应当力求满足"一带一路"倡议的战略规划性、互利共赢性、责任义务性、相知相交性、开放包容性五大特点。

为此,中国需要继续以此更加奋发有为地推进中国对外援助行政管理改革,以政治勇气与战略智慧扩大区域性援助与多边援助的份额,以全球视野、世界眼光提高援助项目的有效性与质量,从而在力所能及的范围内以对外援助为方式承担更多的责任与义务,创新对外援助新模式,更好地服务于"一带一路"倡议的增长、政治、道德与社会目标,努力为2015年后发展议程及其全球发展做出贡献。

---

① 白云真:《马克思〈十八世纪外交史内幕〉研究读本》,北京:中央编译出版社2014年版,第98页。

我国对"一带一路"沿线国家直接投资风险与对策研究[*]

付韶军[**]

【内容提要】 随着我国经济快速发展和"一带一路"建设不断推进,中国企业不断走出国门,我国对"一带一路"沿线国家的直接投资持续增加,但我国对外直接投资收益率相对较低,同时还面临政治风险、经济风险和安全风险等一系列挑战,为顺利推进"一带一路"建设,维护我国企业海外投资利益,我们需要重视对国际政治风险评估研究,加强政治风险管理;强化"一带一路"沿线的国别经济研究,防范经济风险;加强国内外合作,保障对外投资安全。

---

[*] 本文受中央高校基本科研业务费专项资金青年教师科研启动基金一般项目,"对外开放、互联互通与'一带一路'沿线省市 TFP 增长研究"(3162015ZYQB01)资助。

[**] 付韶军,经济学博士、外交学院国际经济学院讲师。

【关键词】"一带一路" 对外直接投资风险

一、引言

2013年9月，国家主席习近平在哈萨克斯坦倡议共同建设"丝绸之路经济带"①。2013年10月，国家主席习近平在印度尼西亚倡议共同建设"21世纪海上丝绸之路"②。2015年3月28日，国家发改委、外交部、商务部联合发布《推动共建丝绸之路经济带和21世纪海上丝绸之路的愿景和行动》，希望通过发展"五通"，即通过发展政策沟通、设施联通、贸易畅通、资金融通和民心相通，传承"和平合作、开放包容、互学互鉴、互利共赢"的丝绸之路精神，逐步实现中国、中亚、西亚、北非及欧洲的区域大合作。"一带一路"建设坚持共商、共建、共享原则，谋求沿线国家的共同发展③。

---

① 习近平：《弘扬人民友谊共创美好未来——在纳扎尔巴耶夫大学的演讲》，《人民日报》2013年9月8日。

② 习近平：《携手建设中国——东盟命运共同体》，新华网，2013年10月3日。

③ 国家发展改革委、外交部、商务部：《推动共建丝绸之路经济带和21世纪海上丝绸之路的愿景与行动》，新华网，2015年3月28日。

"一带一路"伟大倡议一经提出，便引发了国际社会的高度关注，特别是得到了"一带一路"沿线国家的积极响应。面对美国提出的亚太再平衡战略及TPP、TTIP全球布局，"一带一路"建设有助于应对外部压力，避免处于"边缘化"的危险境地。"一带一路"建设将加强与沿线国家对接和协同发展，有助于形成新的快速发展区域，推动全球经济持续快速增长。"一带一路"建设有助于加强与沿线国家深入合作，为中国企业"走出去"提供便利条件，提升沿线国家的经济发展水平，促进生产技术水平不断提高，扩大中国经济的国际影响力。"一带一路"建设对我国而言是更深层次开放，将有助于加快中国区域经济布局优化调整，实现我国产业结构转型升级。

　　"一带一路"是开放的，关于"一带一路"沿线涵盖的国家名单，目前仍没有形成统一的说法，综合各种文献和媒体资料，笔者认为"一带一路"应包含的国家按区域分为东北亚3国、东南亚11国、西亚北非16国、独联体7国、南亚8国、中亚5国、中东欧18国和西欧7国（见表1）。

表1 "一带一路"沿线国家名单

区域	国家名单
东北亚3国	蒙古、韩国、日本
东南亚11国	新加坡、马来西亚、印度尼西亚、缅甸、泰国、老挝、柬埔寨、越南、文莱、菲律宾、东帝汶
西亚北非16国	伊朗、伊拉克、土耳其、叙利亚、约旦、黎巴嫩、以色列、巴勒斯坦、沙特阿拉伯、也门、阿曼、阿联酋、埃及、卡塔尔、科威特、巴林
独联体7国	俄罗斯、乌克兰、白俄罗斯、格鲁吉亚、阿塞拜疆、亚美尼亚、摩尔多瓦
南亚8国	印度、巴基斯坦、孟加拉国、阿富汗、斯里兰卡、马尔代夫、尼泊尔、不丹
中亚5国	哈萨克斯坦、乌兹别克斯坦、土库曼斯坦、塔吉克斯坦、吉尔吉斯斯坦
中东欧18国	波兰、立陶宛、爱沙尼亚、拉脱维亚、捷克、斯洛伐克、匈牙利、斯洛文尼亚、克罗地亚、波黑、阿尔巴尼亚、罗马尼亚、保加利亚、马其顿、黑山、塞尔维亚、希腊、塞浦路斯
西欧7国	法国、德国、荷兰、比利时、英国、意大利、西班牙

资料来源：作者根据文献和媒体资料整理得。

目前,我国经济增速放缓成为新常态,许多行业的产能严重过剩,国内需求增长乏力,2015年9月全国PPI同比下降5.9%,已经连续43个月负增长,再加上自2012年以来我国对外出口增速不断下降,目前出口增速已经低于5%[①],我国制造业面临的经济下行压力越来越大,如何破解目前的困局是亟待解决的重要问题。响应"一带一路"伟大倡议,谋求与"一带一路"沿线国家的共同福祉,实现经济转型升级,更多中国企业需要"走出去",到"一带一路"沿线国家进行投资,下面将主要分析我国对"一带一路"沿线国家开展直接投资情况、面临的风险及应该采取的防范措施。

二、我国对"一带一路"沿线国家投资概况

随着我国和"一带一路"沿线国家的经济发展,我国对沿线国家的直接投资取得了长远发展,但对外直接投资在不同国家间并不均衡,主要集中于亚洲国家(主要是东盟国家)以及欧洲发达国家,并且我国的对外投资存在收益率不高的特点。

---

① 商务部网站,http://www.mofcom.gov.cn/article/tongjiziliao/cf/201510/20151001132908.shtml。

1. 我国对外直接投资增长迅速

加入世贸组织以来，我国对外直接投资得到了快速发展（见表2、图1），其中，对外直接投资流量从2003年的54.98亿美元增长到2014年的1231.2亿美元，年均增长36.46%；对外直接投资存量从2003年的332.22亿美元增长到2014年的8826.42亿美元，年均增长34.74%。2014年，我国境内投资者共对全球156个国家和地区的6128家境外企业进行了直接投资①。我国对外直接投资存在较大区位差异，我国对外直接投资主要集中在亚洲、拉丁美洲和欧洲。

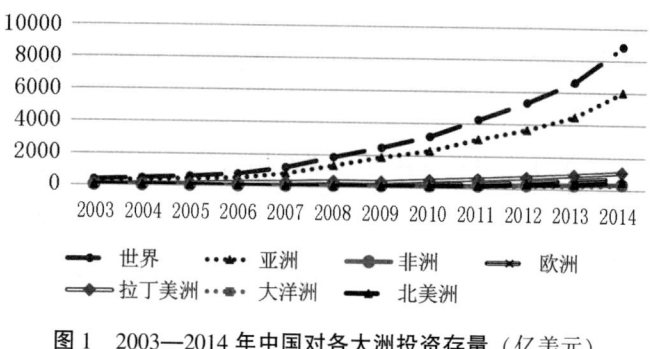

图1 2003—2014年中国对各大洲投资存量（亿美元）

---

① 商务部：《2014年我国对外投资情况》。http://www.mofcom.gov.cn/article/i/jyjl/k/201502/20150200895915.shtml。2015年2月15日。

表2 2004—2014年中国对各大洲投资流量

单位：亿美元

年份	世界	亚洲	非洲	欧洲	拉丁美洲	北美洲	大洋洲
2004	54.98	30.00	3.17	1.71	17.63	1.26	1.20
2005	122.61	43.75	3.92	5.05	64.66	3.21	2.03
2006	211.64	76.63	5.20	5.98	84.69	2.58	1.26
2007	265.06	165.93	15.74	15.40	49.02	11.26	7.70
2008	559.07	435.48	54.91	8.76	36.77	3.64	19.52
2009	565.29	404.08	14.39	33.53	73.28	15.22	24.80
2010	688.11	448.90	21.12	67.60	105.38	26.21	18.89
2011	746.54	454.94	31.73	82.51	119.36	24.81	33.18
2012	878.04	647.85	25.17	70.35	61.70	48.82	24.15
2013	1078.44	756.04	33.71	59.49	143.59	49.01	36.60
2014	1231.20	849.88	32.02	108.38	105.47	92.08	43.37

资料来源：中经网统计数据库。

2. 我国对"一带一路"沿线国家投资取得长足进步

自2003年以来，我国对"一带一路"沿线国家的投资存量获得了较快增长，从2003年的19.12亿美元增长到2014年的1279.76亿美元，2014年占中国全部对外直接投资存量的14.5%，年均增长46.54%（见图3）。我国对沿线国家的投资存在较大国家间差异（见图3），其中，我国对东盟国家投资占据非常重要地位，不论是投资存量还是投资流量，

2014年投资排名前十名国家中均包含四个东盟国家（见表3）。其次，我国对欧洲发达国家的投资也占据主要地位，2014年投资存量排名前十的国家中包括四个欧洲发达国家，投资流量排名前十的国家中包含三个欧洲发达国家。

表3 2014年我国对沿线国家投资排名前十位国家

单位：万美元

排名	投资存量		投资流量	
	国家	金额	国家	金额
1	新加坡*	2063995	新加坡*	281363
2	英国**	1280465	英国**	149890
3	俄罗斯	869463	德国**	143892
4	法国**	844488	印度尼西亚*	127198
5	哈萨克斯坦	754107	荷兰**	102997
6	印度尼西亚*	679350	老挝*	102690
7	德国**	578550	巴基斯坦	101426
8	老挝*	449099	泰国*	83946
9	荷兰**	419408	阿联酋	70534
10	缅甸*	392557	俄罗斯	63356

资料来源：2014年度中国对外直接投资统计公报。

注：*表示东盟国家，**表示欧洲发达国家。

图 2　2003—2014 中国对沿线国家投资存量（万美元）及增长率

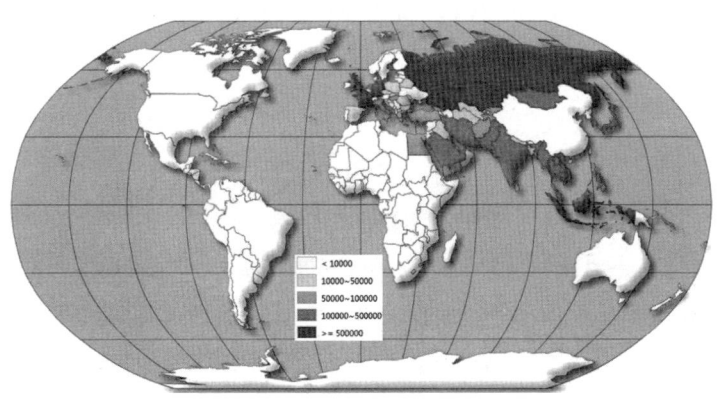

图 3　2014 年中国对"一带一路"沿线国家投资存量（万美元）

3. 我国对沿线国家投资收益率相对较低

虽然我国对沿线国家的投资规模不断增长，但投资收益情况却不容乐观，投资收益率相对较低。截至 2014 年，外商直接投资（FDI）在对外负债中占比达 57.8%，据世界银行调查，外商直接投资在中国的平均收益率可能超过 20%，但我国对外直接投资的收益却相对较低，尤其是"一带一路"沿线国家中大部分为发展中国家，基础设施相对落后，我国对沿线国家的投资很大一部分集中于国际基础设施投资领域，一般而言，基础设施投资具有投资周期长、投资收益率偏低的特点。这使得"走出去"中国企业面临很多风险，一旦投资决策不当不但会影响到企业的发展壮大，甚至会影响到企业的生存，我国企业需要采取审慎决策。

三、中国对外沿线国家投资面临的主要风险

"一带一路"倡议对中国企业而言，既是机遇，又是挑战。"一带一路"建设的关键在于互联互通，在于沿线国家的基础设施建设，但沿线国家大多为发展中国家，资金严重短缺、建设能力落后，需要引入外来的资金支持和技术支持。对于我国而言，"一带一路"建设的核心就是中国企业"走出去"，进行对外直接投资。近年来，中国企业可以借助"一带一路"建设，加快了"走出去"的步伐，但与国内投资相比，对外投资面临的形势更为复杂，中国企业在"走出去"的过程中，会面临来自东道国的政治、经济、文化、社会等多种风险的挑战。

1. 政治风险

西蒙·杰弗瑞（Simon Jeffrey D., 1982）认为政治风险

是东道国政府与社会行动政策对外国商业运作和资本的负面影响①。我国商务部发布的《对外投资合作境外安全风险预警和信息通报制度》提出,"政治风险,指驻在国的政局变化、战争、武装冲突、恐怖袭击或绑架、社会动乱、民族宗教冲突、治安犯罪等。"② 我国对沿线国家投资面临的政治风险主要包括以下:战争或骚乱风险,"一带一路"沿线国家整体上看,沿线国家的政局比较稳定,但也有一些国家存在局部武装冲突和骚乱,比如"伊斯兰国"极端组织横行的中东地区,硝烟尚未完全熄灭的乌克兰等,使"一带一路"在相关国家推进时面临很多风险;大国战略的挑战,美国、日本、印度等国基于本国战略与"一带一路"建设存在一定的利益冲突,如美国推出的"亚太再平衡"战略主要为应对中国崛起,日本也时不时搅局"一带一路"建设;政局变化带来的挑战,部分"一带一路"沿线国家还存在"反华""排华"势力,如印度尼西亚、越南、菲律宾等国,其政治决策过程受到底层民粹意识裹挟的影响越来越大。

---

① Simon Jeffrey D., Political Risk Assessment: Past Trends And Future Prospects, *Columbia Journal of World Business*, 1982 (9), Vol. 17 Issue 3, p. 62.

② 商务部:《对外投资合作境外安全风险预警和信息通报制度》,2010年9月6日。

2. 经济风险

对外投资经济风险是指受东道国宏观经济环境和对外直接投资企业所处的行业环境共同影响而面临的可能造成损失的一种风险①，是由于东道国经济前景的不确定性，实际收益与预期收益发生背离，产生超出预期经济损失或收益的可能性。经济风险主要包括宏观经济风险、汇率波动风险、利率风险等。"一带一路"沿线涉及的国家众多，各国的发展水平各不相同，在政治、经济、文化和社会等各方面均存在很大差异，各国对"一带一路"的利益诉求也不一样，顺利推进"一带一路"建设面临众多经济风险或潜在经济风险。东道国宏观经济经济不稳定、严重通货膨胀和国际收支失衡会带来宏观经济风险；"一带一路"建设耗资巨大，根据亚洲开发银行测算，到2020年期间，亚洲地区每年基础设施投资需求将达到7300亿美元②。企业"走出去"涉及不同币种的兑换，必然要面对汇率风险，并且随着国际货币市场的波动越来越频繁，对外直接投资经历的汇率风险也不断加大。随着经济形势的改变，各国可能相应会调整存贷款利率，这也给跨国投资带来投资降低或收益损失的风险，包括借款利

---

① 王耀辉等：《中国企业全球化报告（2015）》，北京：社会科学文献出版社2015年版。

② 《金立群关于亚投行震惊四座的演讲》。凤凰网，2015年7月7日。

率风险和发行债券利率风险。

3. 安全风险

对外投资安全风险是指跨国经营企业因东道国社会治安、社会动荡、绑架、恐怖袭击以及战争等方面问题,对跨国经营企业造成或者意图造成的人员伤亡和财产损失风险。"一带一路"推进区域经济合作的同时,也面临巨大双重安全风险,即传统安全风险和非传统安全风险。近年来,中国"走出去"规模不断扩大,据商务部统计,我国境外投资企业已近3万家,境外投资企业资产总额超过3万亿美元,与此同时,中国企业面临的境外安全风险不断增加,比如2004年西班牙烧鞋事件和2014年越南对中国企业的打砸抢烧事件给中国企业造成巨大损失。据商务部不完全统计,自2010年起至今,共发生涉及中国企业机构的各类境外安全事件345起[①],给我国企业的海外经营安全带来严峻挑战。

四、中国对外投资风险防范措施

为保证"一带一路"顺利推进,促进我国对沿线国家直接投资的良好发展,我国需要采取适合的防范措施,有效降

[①] 中国商务部:《多种措施加强境外企业机构和人员的安全风险防范》,新华网,2015年12月2日。

低对外投资风险，实现我国对外投资的可持续发展，增进沿线国家的共同福祉。

1. 重视国际政治风险评估研究，加强政治风险管理

政治风险一旦发生会给企业投资造成重大损失，要高度重视政治风险防范工作，建立适合的、有效的避险方案。首先，要加强对政治风险评估研究，调查研究国际政治风险和东道国政治经济形势，进行中长期预测性研究，分析潜在的政治不稳定因素。国家应该从宏观上建立风险防控专门机构，负责研究国际政治风险发生概率，加强与国际评级机构的合作，如，加强穆迪、标准普尔和惠誉等三大评级公司的合作，扶持本土评级公司开展国际政治风险评估研究，如加强对东方金城、大公国际、联合资信、中诚信和上海21世纪资信等企业的国际政治风险研究扶持。其次，在有效评估基础上探讨建立有效的风险防范措施，采取本土化策略，正确引导东道国政治舆论，积极承担社会责任，分散风险加强与东道国的利益关联，制定风险应急预案，一旦谈判无法化解风险要加速撤资撤员，保证我国境外投资企业的生命财产安全。

2. 强化"一带一路"沿线的国别经济研究，防范经济风险

东道国经济前景存在一定不确定性，这会导致我国对外投资企业的实际收益与期望收益产生偏差，对外投资企业面

临一系列经济风险，我们需要加强对东道国经济风险保持清醒准确的认识，建立自身的评估和处理机制来防范经济风险。"一带一路"建设涉及的国家很多，其中大部分是发展中小国，我国对部分沿线国家的研究还处于初级阶段，需要强化对"一带一路"沿线的国别经济研究，对东道国国家经济风险进行有效评估，建立国家经济风险预警机制，防范宏观经济风险。为防范汇率波动风险，我们可以采取风险转移、风险分散和对冲措施，选择有利的计价货币，以本币结算或使用硬币计值，加快人民币国际化进程，也可以通过购买对外投资保险来规避经济风险。

3. 加强国内外合作，保障对外投资安全

为有效保障本国企业和公民的海外投资利益，需要加强国内外安全合作，建立对外投资安全保障体系。首先，加强与国际组织的合作与协调，比如，积极参与联合国安理会的维和行动，借助上海合作组织的反恐机制，维护沿线国家的繁荣与稳定；其次，加强与"一带一路"沿线国家的团结合作，排除恐怖组织、极端势力和海盗等影响因素的极大破坏作用，逐步构建对外投资安全保障；再次，加强海外安保工作，中国安保公司"走出去"，积极参与中资公司的海外安保工作，并加强与东道国的安保合作，保护海外企业的生命财产安全。

从"参与者"到"建设者"
——中国参与国际政治安全体系的进程分析

凌胜利[*]

【内容提要】 国际政治安全体系在参与主体、约束限制、运转方式方面有其特殊性,国家参与其中也更加谨慎,对该体系的学习与适应需要更长的时间。中国参与国际政治安全体系是国家实力、国际责任、战略能力的显著体现。中国参与国际政治安全体系基本上经历了不参与、审慎参与、有限参与和全面参与四个阶段,实现了由"参与者"向"建设者"的转变。中国参与国际政治安全体系是一个实践、学习与观念的三位一体过程,并非单向地受国际外部影响,而是不断地能动性开展自主适应。不过中国对国际政治安全体系的参与主要以话语实践、遵约实践和联盟实践为主,创新性

---

[*] 凌胜利,外交学院国际关系研究所讲师、博士,主要研究兴趣为国际安全与大国战略、美国外交、当代中国外交政策。

实践还有待加强。

【关键词】 国际政治安全体系　参与实践　中国外交

当前，中国逐渐由国际体系的"参与者"转变为"建设者"，中国的国际地位不断提升，国际影响也日益增多。不过相对于中国的国际经济体系的参与而言，中国对国际政治安全体系的参与更能体现中国在国际体系中的地位与能力。通过对以往中国参与国际体系的进行回顾，总结经验与不足，有利于新时期中国更好地参与国际体系并发挥更大积极作用。

中国参与国际体系的历程体现了中国不断融入国际社会的实践，以及在此过程中所形成的认知变化和身份转变。在国际体系转型和全球治理改革加速发展的情况下，关于中国如何更好地参与国际体系并发挥积极作用已受到国内外的高度关注。回顾以往国内外学术界就中国参与国际体系的研究，

主要聚焦于中国参与国际体系的历史进程、① 中国参与国际

---

① 本文是国家社科基金重大课题"我国积极参与国际体系变革进程研究"（项目编号：10ZD055）、教育部社科青年项目"联盟的转型与中国的对策研究"（项目编号：15YJCGJW004）、北京市社科青年项目"亚洲新安全观与周边命运共同体构建"（项目编号：15KDC043）的阶段性成果，感谢秦亚青教授、王帆教授对本文的指点，文中错漏由笔者负责。秦亚青：《国家身份、战略文化和安全利益——关于中国与国际社会关系的三个假设》，《世界经济与政治》2003年第1期；朱立群、黄超：《中国参与国际体系的评估指标及相关分析》，《江海学刊》2009年第5期；许嘉、蔡玮：《国际制度与中国的选择》，《国际政治研究》，2007年第4期；陈启懋：《国际体系和中国国际定位的历史性变化》，《国际问题研究》2006年第6期；江忆恩：《中国参与国际体制的若干思考》，《世界经济与政治》2007年第7期；江忆恩：《美国学者关于中国与国际组织关系研究概述》，《世界经济与政治》2001年第8期；陶季邑：《美国学术界关于冷战后中国全面参与国际组织战略的研究述评》，《国际论坛》2010年第6期；John J. Mearsheimer, "China's Unpeaceful Rise", *Current History*, Vol. 105, No. 690, April 2006, pp. 160-162; Barry Buzan, "Culture and International Society", *International Relations*, Vol. 86, No. 1, 2010, pp. 1-25; Alastair Iain Johnston, *Social State: China in International Institutions*, 1980-2000, Princeton: Princeton University Press, 2008, p. 196; Alastair Iain Johnston, "Is China a Status Quo Power", *International Security*, Vol. 27, No. 4, 2003, pp. 5-56;.

体系的动因。① 并且这些研究基本上是总体性的概况,缺乏对经济、安全、文化等不同领域的研究和分析。在政治、经济、安全、文化等不同问题领域,中国参与的程度、进程、策略、约束因素等不尽相同,因而加强对中国参与具体问题领域的研究很有必要。为了更为清晰地评估中国参与国际体系,国内外也有学者尝试对中国参与国际政治、安全、经济和文化体系进行研究,进而能够更为具体地展示中国参与国际体系的全貌,加深对中国参与国际体系的具体问题领域的了解。比如在对中国参与国际安全体系的研究中,一些学者

---

① 朱立群、赵广成:《中国国际观念的变化与巩固:动力与趋势》,《外交评论》2008年1期;朱立群:《中国参与国际体系的实践解释模式》,《外交评论》2011年第1期;苏长和:《国内—国际相互转型的政治经济学——兼论中国国内变迁与国际体系的关系(1978~2007)》,《世界经济与政治》2007年第11期;朱立群:《中国参与国际体系的实践解释模式》,《外交评论》2011年第1期;朱立群、聂文娟:《社会结构的实践演变模式——理解中国与国际体系互动的另一种思路》,《世界经济与政治》2012年第1期;朱立群:《中国与国际体系:双向社会化的实践逻辑》,《外交评论》2012年第1期;赵长峰、左祥云:《嵌入式发展——中国参与国际体系的路径选择》,《现代国际关系》2011年第4期,第29—30页;Ann Kent, *Beyond Compliance: China, International Organizations, and Global Security*, Stanford, CA: Stanford University Press, 2007.

对中国的安全观、安全秩序观进行了较为系统的梳理。① 本文拟从国际政治安全体系的特殊性入手,全面分析中国参与国际政治安全体系的历史进程,深入剖析中国参与国际政治安全体系的主要特点,以此加深对中国参与国际政治安全体系的理解。

一、国际政治安全体系的特殊性

国际政治安全体系实际上是由国际政治体系和国际安全体系两部分构成,前者主要以联合国以及各地区的政治性国际组织为载体,后者则以国际军控裁军机制、国际维和、国际反恐等全球以及各种地区性安全合作机制为平台。由于国际安全与国际政治密切相关,相互影响,因而对两者的分析更应统筹考虑,不应割裂开来。

相对于经济领域而言,政治安全领域有其独特性,国家在这些不同问题领域的合作也会有所差异。新现实主义与新

---

① 秦亚青:《时代观、安全观与秩序观——中国外交新理念的思想内涵》,载《国际政治研究》2003年第1期;张文木:《中国国家安全观的拓展及其世界意义》,《国际政治研究》2009年第4期;张沱生:《中国的国际安全秩序观:历史的回顾与思考》,载《国际政治研究》2009年第4期;张凤霞:《当代中国国家安全观的发展历程》,《兰州学刊》2008年第5期;吴仲钢:《建国后中国国家安全观的变化和发展》,《上海大学学报》(社会科学版)2006年第2期。

自由主义对于国际合作的分歧体现在合作发生的条件和合作的可能性两方面，这在不同问题领域的差异性体现得尤为明显。与新自由主义者相比，新现实主义者认为国际合作"更难实现、更难维持和更依赖于国家权势"。① 事实上，在不同的次国际体系中，合作的条件与可能性并不一致，国际经济体系表现出更多的互惠性、流动性与扩散性，国家更愿意在此进行国际合作。尽管国家在经济领域合作会出现收益分化，一些国家会担心经济合作的收益分化所产生的累积效应会影响国家的安全能力。但相对于政治安全领域而言，这种收益的转化具有间接性，国家更担心在政治安全领域合作的收益分化的直接性。相对收益与绝对收益的分野是影响国家对不同问题领域合作的重要因素，在不同的战略环境下，对合作利益的不同认知将影响国家间的互动与合作。"特别是处于不安全中的国家必须考虑利益将如何分配，只要双方担心对方可能利用它增加的能力用于不利于自己的政策行动，即使双方绝对收益的前景很好，也不会引发合作。"② 查尔斯·利普森的研究认为，经济事务领域比军事安全事务领域更可能实现国际合作。经济事务的显著特征是建立在理性、稳定而

---

① ［美］大卫·A.鲍德温主编：《新现实主义与新自由主义》（肖欢容译），杭州：浙江人民出版社2001年版，第5页。

② Kenneth N·Waltz, *Theory of International Politics*, (McGraw-Hill, 1979), p.105.

又趋同预期基础上精细的原则、规则和体制。而安全制度非常不真实,尽管这并非绝对,但总体而言安全事务领域几乎没有与贸易和货币领域相对应的全面的规则性安排。真正的问题是为什么安全制度而不是经济制度如此之少并且如此受到限制。之所以产生这样的结果,这与安全事务和经济事务领域形成了不同类型的战略互动有关。经济领域的博弈通常涉及的是相对简单的协作或共同的利益交换。相反,安全领域存在固有的冲突并缺少稳定的均衡。① 经济事务领域与安全事务领域的差异同样体现在国家对国家体系不同领域的参与之中。国家参与国际政治安全体系与国际经济体系在一些方面存在显著差异。

一是参与主体存在差异。尽管国家参与国际体系大多是以主权国家身份参与,但在国际经济体系当中,可以允许一些非国家行为体的参与,并且其日常参与主体更多的是公司、企业等非国家行为体。在国际政治安全体系当中,参与主体基本上严格地限制为主权国家,并且具体事务的参与也是主权国家。因而相对于国际经济体系而言,国际政治安全体系的参与主体更少,主要围绕主权国家展开。而国际经济体系则是多层次行为主体共同参与,关系错综复杂。参与主体的差异也在一定程度上决定了参与目标、策略的不同。在国际

---

① [美] 大卫·A. 鲍德温主编:《新现实主义与新自由主义》(肖欢容译),杭州:浙江人民出版社 2001 年版,第 70 页。

经济体系当中，参与主体更多地关注绝对利益，而在国际政治安全体系中，参与主体由于对主权、安全等多种因素的考虑，会更关注相对利益的分化，因而会更加谨慎一些，参与进程相对缓慢一些。在参与策略上，国际经济体系中的行为体愿意为"形式承认"付出更多成本，因为通过之后的互惠性、流动性、扩张性，价值分配能够逐渐弥补其付出代价。但在国际政治安全体系中则有所不同，国家对"形式承认"的成本意愿较低，经常持谨慎保留态度，往往是在得到一定的价值分配保证之后才会寻求形式承认，因而参与过程会显得比较曲折复杂。

二是参与的限制性因素有所不同。国家参与国际政治安全体系主要是一种政治行为，相对于参与国际经济体系、国际社会文化体系的经济行为、社会行为而言，其限制性因素更多。首先是对主权的更为重视，特别是一些发展中国家，由于对来之不易的主权独立的格外珍惜，在一些主权性问题上表现得比较刚性，进而导致合作容易陷入僵局。国际合作需要主权国家对主权进行一定的限制，对主权概念的分歧也成为国际政治安全体系的诸多合作困境的症结所在。其次，对相对收益和绝对收益存在分歧。在国际政治安全领域，国家可能更看重相对收益，因为在这些领域的互动很多是一次性的，国家更为担心利益分化对安全能力的影响。在国际体系依然处于无政府状态的情况下，各国都需要为自己的安全负责，维持一定的安全能力成为各国的必要任务。鉴于国际合作的利益分化可能对各国的安全能力产生影响，国家因此会相对谨慎。再次，国际政治安全体系的制度规范对国家的约束性要求更高。尽管国际法被称作弱法，许多国际规范也缺乏强制执行力，但由于国际政治安全体系集体行动困境较大，因而该领域的制度需要更强的约束性才能确保制度的有效性。不过现实情况却是，由于约束性过高，国家往往有所保留，反而导致国际政治安全体系的规范建设滞后，约束性弱化。

三是运转方式的严格性程度差异。由于国际政治安全体系关注的都是高级政治问题，因而在运转程序上比较严格，国家的行为也十分谨慎，投票方式也呈现更多的复杂性。相对而言，国际经济体系、国际文化体系中的许多行为是民间性的，因而更具灵活性。国际政治安全体系中的行为涉及谴责、制裁、维和、军事打击等刚性和强制行为，国家在此的表态是其国际责任的体现，具有广泛而深刻的国际影响，因而必须谨慎对待。如在应对朝核问题上，中国既需要兼顾国际责任，同时也会考虑中朝传统友谊，作为六方会谈的主要协调者，中国必须采取谨慎周全的政策。与此同时，国际政治安全体系中的利益分化更为严重，国际竞争更为激烈。国家对具体问题的分歧将深刻地影响国家决策选择，导致集体行动困境或产生极为严格的行为选择。

由于国际政治安全体系具有上述特殊性，国家参与其中也更加谨慎，对该体系的学习与适应需要更长的时间。对于后参与国家而言，不仅需要不断学习相关制度与规范，可能还需被迫接受一些与自身利益相悖的制度规范。因而对于国际政治安全体系的参与，国家往往会保留性加入，谨慎性适应，渐进性变革。

二、中国参与国际政治安全体系的进程

中国参与国际政治安全体系与中国参与国际体系基本同步，事实上，中国最早加入的就是国际政治安全体系。1971年，中国恢复在联合国的合法席位，开启了中国与国际政治安全体系互动的新阶段，极大地提升了中国的国际地位。外界认为，20世纪70年代，中国逐步加入联合国专门组织和附属组织，但中国参与这些组织的基本目的是政治承认和外交需要，以局外者身份处理有关国际事务，故称为"有限参与"。到20世纪70年代末和80年代，中国开始放弃"局外者"身份和国际体系"挑战者"角色，成为多数国际组织的参与者，但此时以参与国际经济制度为核心，在国际制度内的行为总体上比较被动，故称为"部分参与"。① 中国参与国

---

① 门洪华：《压力、认知与国际形象——关于中国参与国际制度战略的历史解释》，《世界经济与政治》2005年第4期；陶季邑：《美国学术界关于冷战后中国全面参与国际组织战略的研究述评》，《国际论坛》2010年第6期。

际政治安全体系是国家实力、国际责任的显著体现,也反映了中国对国际体系的全面参与。到目前为止,中国参与国际政治安全体系基本上经历了不参与、审慎参与、有限参与和全面参与四个阶段。

(一) 1949—1971 年的"不参与"阶段

在中国恢复联合国合法席位之前,中国基本上孤立在国际政治安全体系之外,对国际政治安全体系的相关制度、规范主要持批判、反对态度。受冷战影响,当时以美国为首的西方国家曾利用联合国孤立、打压中国。其显著体现一是美国极尽其能地阻挠新中国恢复在联合国合法席位和权利。美国不仅在 1950 年否决了苏联要求驱逐国民党集团代表的提案,更是在局势有利于中国的情况下,用"延期讨论"和将中国代表权问题作为"重要问题"等方式一再阻挠中国重返联合国。[①] 二是在朝鲜战争期间,美国多次操纵联合国安理会通过各种决议抹黑中国,使得中国在形式上似乎站到联合国的"对立面"。如朝鲜战争爆发后,美国于 1950 年 7 月 7 日操纵联合国安理会通过了组织"联合国军"的决议的 S/

---

① 谢益显主编:《中国当代外交史(1949—2001)》,北京:中国青年出版社 2006 年版,第 15—17 页。

1588号决议。① 众所周知,联合国是国际政治安全体系的核心,美国操纵联合国不断打压孤立中国,造成了中国对联合国与国际政治体系的负面认知,对其进行抵制、批评也就理所当然。② 在国际安全领域,美苏从各自利益出发,试图进行核垄断,确保他们的军事优势,多次逼迫中国放弃核武器。中国在当时自身安全形势堪忧的情况下拒绝加入《部分禁止核试验条约》,认为该条约是美苏霸权主义的工具,并将不使用核武器与禁止核试验挂钩,也算开启了弱者创造性参与国际核不扩散体系的先例。此外,美国领导的巴黎统筹委员会,对中国实施了苛刻的贸易管制(包括军工产品),对中国的军事发展造成了较大的限制,对此中国十分不满。在这一阶段,基于国际政治安全体系对中国的不利态势,中国对国际政治安全体系持负面认知态度,形成了一种孤立者的身份,基本不参与国际政治安全体系。

---

① 联合国正式文件(Official Document System):安理会第S/1588号决议,http://documents.un.org/welcome.asp?language=C。

② 有学者曾对1949—1971年《人民日报》论述联合国的文章进行了内容分析。发现在涉及联合国内容的2174篇政治类文章中,有830篇文章都表达了对联合国的不满、谴责与批评态度,占到了政治类文章总数的38.18%。引自赵磊:《中国国家身份及参与联合国维持和平行动》,《中国与世界》2007年第12期,第54—67页。

(二) 1972—1978年的"审慎参与"阶段

1971年年底中国恢复在联合国合法席位以后,开始了对国际政治安全体系的有限参与,但受到各种国内外因素的影响,呈现出一种高度谨慎的态度。尽管中国恢复了联合国合法席位,并逐渐参与联合国各项活动,对国际政治安全体系也开始了有限的参与,但态度并不积极。之所以出现这样的情况,一是因为中国国内政治方面仍受"文革"冲击,极"左"的意识形态因素影响到中国对于国际政治安全体系的认识,表现出对于当时既有国际体系的对立倾向。二是中国由于对国家主权的看重和对民族解放事业的担忧,对一些国际政治安全机制持保留甚至抵制态度。如在国际反恐领域,中国表示反对少数人的冒险行动即恐怖主义活动,但更强调引发这些行动的帝国主义、新老殖民主义、种族主义等是当前世界上实施恐怖主义和反动暴力行为的罪魁祸首。① 因而中国并不赞成西方的做法,而是希望从根源上消除恐怖主义,对联合国推进国际反恐合作和制定一些国际反恐公约持规避

---

① 《毛里塔尼亚等非洲和阿拉伯国家代表在联大总务委员会上发言,反对把防止所谓"恐怖主义"问题列入联大议程,我国代表支持毛里塔尼亚等国的意见,指出这个议题没有区分性质,完全不同的两种暴力,有可能被帝国主义和反动派所利用》,《人民日报》1972年9月24日,第6版。

甚至抵制态度。① 三是中国参与国际政治安全体系还需处理一些台湾地区以"中华民国"名义加入的一系列条约。基于与台湾当局的国际合法性之争，中国中央政府在一些条约的认定上表现出谨慎的态度。如对"中华民国"参加的东京公约、海牙公约和蒙特利尔公约等国际反恐公约，中华人民共和国不予承认，而是希望研究决定加入与否。四是中国参与国际政治安全体系还处于学习阶段。中国参与国际体系本身就是一个学习的过程，在参与初期，由于对相关国际制度、规范不甚了解，加之语言障碍，导致中国对一些国际政治安全体系的制度、规范并不了解，惯性思维明显，同时出于谨慎考虑，对很多国际政治安全问题处于观望状态。不过随着中国对国际政治安全体系的逐渐参与，对国际政治安全体系的相关制度规范也逐渐了解并出现了认知转变。如中国对联合国的定位也从20世纪70年代初"联合国是资产阶级政客的讲坛，是美苏两霸的御用工具"，是"喝咖啡、聊天、打

---

① 《姚广同志关于"国际恐怖主义"的程序问题的发言》，《我国代表团出席联合国有关会议文件集：1972年续集》，北京：人民出版社1973年版，第196页；《姚广同志关于"防止和惩治对外交官和其他国际上受保护人员犯罪的条款草案"问题发言》，《我国代表团出席联合国有关会议文件集：1972年续集》，北京：人民出版社1973年版，第199—201页。

嘴仗的官僚机构",① 转变为 20 世纪 70 年代末将参与联合国看作阐述意见的渠道,是发展中国家维护其整体权益的讲坛。② 受国内外需要驱动,中国在这一阶段对国际政治安全体系开始审慎参与。

(三) 1978 年—20 世纪 90 年代初期的"有限参与"与阶段

改革开放后,中国将工作重心集中于国内经济建设,尽管初期在对外政策调整方面显得比较迟缓,③ 但也逐渐放弃了无产阶级国际主义,意识形态因素不再是外交政策的主要原则,对国际合作的态度趋向积极,对国际体系的融入程度不断加深。中国对国际政治安全体系的态度逐渐积极与对自身身份定位密切相关。改革开放后,中国对国际形势的评价越来越乐观,对自身定位也趋于客观、中立。例如,1982 年中共十二大报告中对自我定位是"反帝、反霸、反殖、独立自主不结盟的第三世界国家",到 1987 年转变为"独立自主、以现代化建设贡献世界和平的国家";十二大报告中阐

---

① 熊向晖:《我的情报与外交生涯》,北京:中央党史出版社 1999 年版,第 347 页。

② 赵磊、高心满等:《中国参与联合国维持和平行动的前沿问题》,北京:时事出版社 2011 年版,第 230—250 页。

③ 1978—1982 年的政府工作报告和党代会的报告很少涉及对外政策。

明的中国国家义务是"同第三世界其他国家一起为反对帝国主义、霸权主义、殖民主义而斗争",十三大报告中对国家义务的阐释转变为"以社会主义现代化的成功为世界和平做贡献"。中国认知转变是长远而深刻的,定下了中国未来发展的基调,也成为中国身份改变、与联合国及其下属机制关系改善的内生动力。在这一时期,虽然反对霸权主义的目标和"三个世界"划分的战略格局未有变化,但"和平与发展"已成为时代的主流,中国已经从"求生存的社会主义国家"变为"求进步的发展中国家",从国际体系的挑战者转变为国际体系的融入者。中国在这一阶段开始有限参与国际政治安全体系,最明显标志是在国际军控领域取得了一系列突破。1979年,中国首次参加联合国裁军会议,1980年首次参加日内瓦裁军谈判委员会,1984年加入国际原子能机构。随着参与进程的深入,中国在军控领域的政策也在逐渐调整,关于军控条约的用词更温和,并主动表明要发挥负责任的国家的作用。[1] 在向国际社会阐明中国军控政策的过程中,中国对于军控领域的基本立场进行了深入的思考,今天军控政策的某些基本原则都是在这一时期形成的。如中国于1979年提出裁军领域的"两超率先"原则,1984年,中国又阐释了在核不扩散领域的"三不政策",即中国不主张核扩散,也

---

[1] 《中国代表团出席联合国有关会议文件集(1980年1—6月)》,北京:世界知识出版社1981年版,第239页。

不搞核扩散，不帮助别的国家发展核武器。中国也开展了遵约实践，于1981年停止大气层试验，1986年宣布不在大气层进行核试验，1988年自愿向国际原子能机构提交保障设施。① 这一阶段，中国对国际政治安全体系的主要领域基本参与到位，并且还尝试性地提出一些自己的主张，开始了一些创新实践，但大多还处在学习阶段。

（四）20世纪90年代初期至今的"全面参与"阶段

冷战后，受国内外环境变化的影响，中国开始了全面参与国际政治安全体系进程。美国学者麦艾文（Evan S. Medeiros）和泰勒·弗莱维（M. Taylor Fravel）认为，20世纪80年代，中国"对多边制度较为反感"，担心西方国家利用它来"惩罚或约束中国"。但20世纪90年代后，中国态度发生转变，开始承认国际组织能"促进其贸易发展并维护其安全利益"。② 因此，20世纪90年代中期以后，中国更加积极地参与国际组织。当然，中国在这一阶段开始全面参与国际政治安全体系也与打破1989年后中国所面临的外交孤立有关，中

---

① 高望来：《新安全观与中国参与军控体系的实践》，《社会科学》2014年第4期，第30页。

② Evan S. Medeiros and M. Taylor Fravel, "China's New Diplomacy", in Guoli Liu ed., *Chinese Foreign Policy in Transition* (New York: Walter De Gruyter, 2004), p. 389.

国参与气候变化制度谈判就有此考虑。中国全面参与国际政治安全体系，不仅得到了身份承认，而且还能收获一些价值分配；不仅有助于提升中国的国际地位，而且还能够借助多边舞台抵制美国霸权主义。这一阶段中国开始全面积极参与国际政治安全体系，主要出于国内深化改革开放的需要，同时也是顺应冷战后一体化和全球化的发展趋势要求。这一阶段中国参与国际组织的数目显著增加。1977年，中国只加入21个国际政府组织和71个国际非政府组织。但到1994年，中国已加入50个国际政府组织和955个国际非政府组织，[1]并且这一数目还在持续增加。中国不仅加入全球性国际组织，对地区性国际组织的参与也增多，其中对东亚地区性国际组织的参与最为显著和最有成效。中国加入了亚太经合组织、东盟地区论坛、东盟与对话伙伴国会议、东盟与中日韩领导人会议、东亚峰会等。根据《国际组织年鉴》2011—2012年的数据，2011年中国参与的国际组织联盟（A类）有25个，参与全球普遍性国际组织（B类）有384个，参与洲际性国际组织（C类）共625个，即参与的全球协定性国际组织共1034个；参与地区性国际组织（D类）有827个。[2]中国对

---

[1] David M. Lampton, "Think Again: China", in Guoli Liu ed., *Chinese Foreign Policy in Transition* (New York: Walter De Gruyter, 2004), p. 164.

[2] *Yearbook of International Organizations: Guide to Global Civil Society Networks*: 2011-2012, p. 55.

国际组织的参与程度保持持续增长趋势。

在国际政治安全体系中，中国的积极参与在军控、环保和人权等领域表现得尤为明显。美国学者江忆恩（Alastair Iain Johnston）指出：到1982年为止，中国签署军控条约只有3个。但到1996年时，中国一共签署15个军控条约。其中，仅1996年，中国就签署《非洲无核武器条约》和《全面禁止核试条约》等3个军控条约。① 在环保领域，中国是首批签署《生物多样化公约》的国家之一，中国也开始积极参与气候变化制度谈判进程。冷战后中国逐渐与国际人权标准接轨，是国际人权体制的积极参与者，为促进冷战后国际人权领域健康发展做出新努力。② 截至2012年年底，中国已参与各类多边国际公约379项，③ 基本上涵盖了全部的重要多边国际公约。值得注意的是，这一阶段中国的创新实践明显增多，中国不仅在各种全球和地区性国际政治安全问题领域提出中国主张、中国方案，而且还建设性地创设了以中国

---

① Alastair Iain Johnston, *Social States: China in InternationalInstitutions*, 1980-2000 (Princeton, New Jersey: Princeton: Princeton UniversityPress, 2007), p. 36.

② 安德鲁·内森："中国与国际人权体制"，载于伊丽莎白·埃克诺米和米歇尔·奥克森伯格主编：《中国参与世界》，北京：新华出版社2001年版，第140—141页。

③ 该数据根据中国外交部网站发布的"中国参与多边条约数目"的2003—2012年数据统计所得。

为东道国的上海合作组织、六方会谈、博鳌亚洲论坛、香山论坛。这不仅表明了中国对国际政治安全体系的积极参与和融入，还表明中国的参与呈现出越来越多的自主性，实现了由"参与者"向"建设者"的转变。

三、中国参与国际政治安全体系的特点

中国参与国际政治安全体系是一个实践的过程，实践的动力既有中国获取国际承认，推动改革开放的内在需要，同时也不应忽视国际社会的影响所在。随着中国参与国际政治安全体系的不断拓展和逐渐深入，国际社会对中国参与实践的影响越来越依靠中国对国际制度、规范的学习与认可。中国对国际政治安全体系的具体问题领域的参与实践存在差异性，在一些问题领域表现出更多的话语实践（如国际反恐合作），在一些问题领域则表现出更多的联盟实践和遵约实践（如国际气候变化和国际军控），在一些问题领域则表现出创新实践的特点（如中国参与 ARF）。上述差异性的出现表明中国对国际政治安全体系参与并非"自上而下"的一味接受，而是在国际—国内互动的基础上开始了"自下而上"的自主适应。

中国参与国际政治安全体系也是一个不断学习的过程。在中国参与国际政治安全体系的初期，囿于对相关制度、规

范的知识欠缺、语言障碍和专门人才不足，中国需要不断学习，由此也推动了中国对国际政治安全体系的参与经历了旁观、审慎参与、有限参与到全面参与的发展。同时，随着学习过程的不断深入，中国对国际政治安全体系的参与也不再基于简单地获取国际"形式承认"的需要，而更多地追求"价值分配"。在不断学习的过程中，中国对国际政治安全体系的相关具体问题领域的了解也不断增多，也逐渐地认识到相关制度、规范的不合理性与局限性所在。中国不再是一味地被动接受国际制度与规范，而是开始了创造性参与，开启了创新实践，不断尝试提出中国的理念、主张与建议，推动国际体系渐进性地改革和全球治理的完善。

中国参与国际政治安全体系还是一个观念不断转变的过程。中国参与国际政治安全体系的实践并不是被动接受体系规范的过程，而是主动的双向互动进程。在这一进程中，中国一方面接受国际规范，另一方面也试图运用自己的观念来建构更加公正合理的国际秩序。中国在参与国际政治安全体系的实践过程中，其观念也会受到影响并发生变化，其中最为突出的是中国对多边制度的态度和安全观的演变。中国对多边制度的态度经历了拒绝、怀疑、犹豫、谨慎参与、积极参与的演变。起初中国将多边制度视为对中国的束缚与打压，后来也认识到多边制度可以成为中国伸张正义，宣扬主张的多边舞台。观念的转变促进了实践的深化，中国对多边制度的观念变化推动了中国对多边制度的参与，这也是20世纪90年代后中国全面参与国际体系的重要原因之一。在中国参与国际政治安全体系的过程中，中国安全观的变化最为引人注目。一国的安全观是指该国对于威胁的认知、对利益的界定以及对实现安全手段的选择。"国家安全观是国家与国际体系互动的核心内容。国家与国际体系的关系决定了国家安全观念的内容、性质和特点，同时国家安全观念也会对国际体系的发展演变产生重大影响。"① 中国由"战争安全观"向"新安全观"转变体现了中国对新的安全形势的理性认知，也是在对国际政治安全体系参与实践中的思想创新和观念突破。基于安全的国际化、地区化趋势增强，安全因素多样化，安全具有综合性和系统性等新的安全形势，中国提出了"互信、互利、平等、协作"的新安全观。② 新安全观的提出有力地推动了中国对国际政治安全体系的深入参与，也体现了中国逐渐承担国际责任的负责任大国形象。

纵观中国参与国际政治安全体系的历程，中国参与国际政治安全体系是一个实践、学习与观念的三位一体过程，具有自身的独特性。中国参与国际政治安全体系并非单向地受

---

① 郭秀清：《从与国际体系的关系看中国安全观的变化》，《中国浦东干部管理学院学报》2011年第6期，第114页。

② 裘援平：《国际安全问题与中国的新安全观》，《当代世界》2002年第2期，第4—5页。

国际外部影响，而是不断地能动性开展自主适应。基于自身的利益，通过不断的学习，中国对国际政治安全体系日益积极，体现了中国对国际体系的不断融入。

不过相对而言，中国参与国际政治安全体系还存在诸多不足。其显著体现一是创新性不足，中国对于国际政治安全体系的参与主要是在既有的国际制度之中，更多是参与、学习，自身的理念、方案较少。中国目前很少在重要的国际政治安全制度上提出中国的建议或方案并引发全球共识，这也使得中国在国际政治安全体系的话语权相对有限。二是战略能力有限。中国要在遵循当前国际体系的前提下实现和平发展，加强战略能力，促进中国实力向国际影响力的相应转化已变得至关重要。随着中国由国际体系的"参与者"转变为"建设者"，中国在国际体系中加强战略能力建设至关重要，主要体现在议程设置能力、规则变革能力、机制创设能力、实力转化能力和话语塑造能力五个方面。

展望未来，中国对国际政治安全体系的参与会进一步加深。中国在发挥负责任大国作用的同时也需加强自身的国际领导力建设，这也意味着中国在国际政治安全体系中应更加发挥"建设者"的作用。为此可以采取三种路径：一是推动现有国际政治安全体系实现渐进性包容改革。作为安理会常任理事国，中国在维护国际政治安全体系的稳定与发展肩负着重要的使命。随着中国实力的增强，中国发挥大国责任的能力也有所增强,但现有国际政治安全体系历经70余年发展,也存在许多局限。作为负责任大国,在改革权力型、体系型的国际制度时,中国要当好参与者、协调者和建设者。中国应该积极发挥发展中国家和发达国家的桥梁作用,推动现有国际政治安全体系实现包容性改革。二是不断加强地区政治安全机制建设。随着中国的不断发展,周边地区也日益重要,但中国周边地区面临在大国竞争激烈、机制碎片化、国别差异明显等不利影响,也使得中国崛起所面临的政治安全压力增大。为了更加有效地促进中国与周边国家的睦邻友好关系,拉紧中国与周边国家的联系,中国应积极加强地区政治安全机制建设,更大程度地释放主场外交能量,从而提升中国的地区影响力和领导力。三是抢抓制度薄弱的政治安全领域的制度创设。作为新兴大国,在网络、极地、太空、气候变化等治理型、领域性等国际制度尚不健全完善的新领域,中国需要积极作为,更多发挥建设者职能,抢占新制度先发优势。①

结　语

总体而言,中国对国际政治安全体系的参与主要以话语

---

① 凌胜利:《加强中国外交理念自信》,《前线》2015年第4期,第61页。

实践、遵约实践和联盟实践为主，创新性实践还有待加强。特别是在中国在国际体系中的影响日益重要，国际责任逐渐增加的情况下。为了更好地承担国际责任，实现国际责任与国际利益权责统一，国际利益与国家利益的协调必不可少，从而能够更好地契合中国发展中国家和负责任大国等多重身份。中国承担国际责任要坚持国际利益与国家利益相协调，要推动国际体系向更加公正合理的方向发展，因此中国需要更多独立自主地提出主张，也包含着中国的庄严承诺，① 这就需要中国更多地采取创新性实践，这在国际政治安全体系当中也同样重要。近年来，作为国际体系和全球治理的参与者、建设者和贡献者，中国不断提出自己的新主张、新倡议、新理念，受到了国际社会的一定认可，也增强了中国的话语权、提升了中国的国际形象，但将中国的实力转化成相应的国际影响力还有很长的路要走。对于国际体系中重要的政治安全体系，中国如何通过参与实践，不断提升中国的国际影响力成为中国外交的重要课题，在此之中，战略能力的提升至关重要。

---

① 王帆、凌胜利：《中国的外交政策变强硬了吗？——如何理解中国新外交》，《当代世界》2013年第3期，第26页。

命运共同体建设的理论探讨

区域化与安全化悖论下中国安全外交的思考

张景全[*]

【内容提要】 一般认为,区域化会带来安全改善。然而,区域化的模范生欧洲与区域化的新星东亚令人忧虑的现实表明,区域化也让区域化的区域更加不安全,区域化与安全化悖论出现。区域化与安全化悖论的产生存在普遍性原因。区域化与安全化悖论既是环境压力的结果,也是国家政策主动选择的结果。有鉴于此,提出我国安全外交的若干思考。

【关键词】 区域化 安全化 悖论

曾几何时处于方兴未艾中的区域化正在出现安全化,往昔人们普遍存在的区域化催生区域更加安全的热望,正在被区域化与区域变得更加不安全的失望所动摇。在区域化与安

---

[*] 张景全,吉林大学东北亚研究院教授,博士生导师,研究领域为国际安全与国际关系、东北亚区域安全与政治、美国东亚政策等。

全化的悖论之下，我们有必要思考中国安全外交的理念与实践。

一、区域化与安全化悖论的现实

区域化在相当长的时期内，都是一种现实推进与理论构建的方向。然而，区域化的发展，并没有让已经渐趋成熟的区域或者成长中的区域更加安全，恰恰相反，区域化的世界正变得更加不安全。作为区域化的模范生，欧洲正挣扎在金融危机与乌克兰危机之中；作为区域化的新星，东亚正纠结于东海南海争端与朝鲜半岛危机之中。

一个不争的事实是，区域化的区域正在变得更加不安全。区域化颇为成熟的欧洲与区域化方兴未艾的东亚，为我们展示了这一令人忧虑的现实。

目前，欧洲的区域化已经日臻完备，从政治到安全，从经济到社会，欧洲在诸多社会元素的组合中都已经高度机制化。一个更加统一、强大和安全的欧洲，似乎注定要昂首立于欧罗巴，阔步走向世界，欧洲似乎已经成为区域化的一个传奇。然而，一场非传统安全危机与一场传统安全危机，将安全岛欧洲推进不安全区域。

金融危机如同一场传统意义上的战争，将欧洲区域的版图重新改写了。希腊等南欧各国经济受到前所未有的重创，其经济规模萎缩，在欧洲经济版图上日渐甚微。德国抗住了金融危机，其经济规模稳中提升，德国利用南欧诸国对欧元的依赖，在欧洲经济版图上攻城略地。债务危机如同一发炮弹，震撼着欧元和统一的欧洲。希腊面临债务国的集体威压，希腊政府和民众在自主与"合作"之间进退维谷。英国和法国面对日益强大的德国，不得不重新面对欧洲的德国还是德国的欧洲。曾经对欧盟心向往之的土耳其，开始重拾自己跨越欧亚大陆的地缘政治角色。

乌克兰危机如同一场非传统战争，不仅改写了欧洲的地理版图，也将欧洲区域的作战样式重新改写了。乌克兰危机始于乌克兰总统终止与欧盟签署政治和自由贸易协议，转而强化乌俄关系，乌克兰内政与俄美矛盾、俄欧矛盾相互激发，克里米亚并入俄罗斯，乌克兰东部二州陷入战争。美国、北约与俄罗斯纷纷发出战争信号，欧洲处于冷战结束以来最接近热战的前夜。然而，一场始于传统意义上的战争，很快演化为一场非传统的战争。美国对俄罗斯展开经济制裁，作为反制措施，俄罗斯对后者亦展开经济制裁。欧洲被夹在中间，遭受战火与经济制裁的冲击，一些欧洲国家对经济制裁表示不满，因为它们由于欧盟苛刻的紧缩政策对引入俄罗斯资金充满期待。可见，欧洲区域在传统的战场和非传统的经济战场展开了两种样式的作战，欧洲区域安全的脆弱性与复杂性暴露出来。2015年2月8日，德国外长在的慕尼黑安全会议上感慨:"战争与和平问题重归欧洲。"① 然而,这并不是欧洲区域危机的全部,如今的欧洲正在经受一场似乎更为持久的冲击,难民危机。2015 年 11 月 13 日巴黎恐怖袭击惨案后,法国总统奥朗德宣布法国进入战争状态。

东亚的区域化一度被世人看好,身处东北亚的中、日、韩经济体量在世界举足轻重,分别名列第二、第三和第十三,加之三国频繁的经贸往来,东北亚一体化似乎只是时间问题。身处东南亚的东盟进展顺利,东盟与中、日、韩的经济合作机制(10+1 与 10+3)已经成型,东亚的两个次区域东北亚与东南亚的一体化正在为亚太区域化的形成提供强劲动力和希望。

然而,东亚区域化正在被一场海洋安全危机和一场经济机制博弈所打乱,东亚正在陷入深深的危机之中。海洋危机由东海危机与南海危机组成。东海危机源于日本宣布"国有化"钓鱼岛,南海危机源于菲律宾、越南侵占中国南海权益。东海、南海争端本该由当事国来解决,但是,美国参与其中,宣布美日同盟条约适用于钓鱼岛,向菲律宾、越南等国提供舰船支持,对中国在南海本国岛屿上的合法作业展开文攻武吓。与此同时,美国抛出以跨太平洋伙伴关系(TPP)

---

① German Foreign Minister Frank-Walter Steinmeier, Remarks at the Munich Security Conference Panel Discussion, Munich, Germany, February 8, 2015. http://www.state.gov/secretary/remarks/2015/02/237298.htm.

为经济内涵的再平衡战略,日本、韩国加入TPP谈判,致使长期处于谈判中的中日韩FTA举步维艰。2015年10月5日,TPP纽约谈判会议宣布达成历史性协定。中国提出"一带一路"战略,倡议建立亚洲基础设施投资银行(AIIB),韩国犹豫再三加入,而日本则拒绝加入。可见,东亚区域化亦出现两种样式的冲突:传统冲突——领土主权之争,以及非传统冲突——经济规则制定权之争,如果再考虑到危机四伏的朝鲜半岛,从东北亚到东南亚,东亚区域的安全状况令人忧虑。

众所周知,安全是一种"主体间的(intersubjective)安全"。即安全的本质是一种社会认知,是一个共享的、对某种威胁的集体反应和认识过程。正是在实践(包括认知实践)过程中,某些问题变成了安全事务。具体而言,由主体之间的认知互动而形成的安全话语,经过渲染,一个问题以具有最高优先权而被提出,并被贴上了标签,这个过程就是"安全化"(securitization)。安全化过程将某些问题变成了一个安全事务。这样,"不安全"不仅是因为存在真正的威胁,而且也是因为某些问题被认知为一种威胁。目前,区域化的世界也正在被安全化。

在相当长的时期内,人们对区域化充满期待,认为随着区域化的发展,身处同一区域且相互依赖中的各国间安全状况会得到改善,即区域化会带来安全。然而,事实却差强人意，区域化也让区域化的世界更加不安全，各种安全议题不断涌现，越来越多的议题以安全的面目出现，安全化在区域化的世界蔓延，区域化与安全化的悖论出现了。

二、区域化与安全化悖论产生的原因

为什么这种区域化与安全化出现并行的悖论呢？对此，存在一些普遍性的原因。

首先，特定区域内绝对收益与相对收益的权衡。对相对收益的担心导致了对安全议题的关注。新自由主义认为，国际合作会增加国家的绝对收益，随着各国绝对收益的增加，各国会更加倾向于相互合作。然而，现实主义者基于相对收益对自由制度主义提出了质疑。相对收益是各国收益的差额，这在安全领域产生了巨大的影响。参与区域合作的国家，固然会有绝对收益。但是，各国的相对收益是有差异的。更为重要的是，各国会担心这些相对收益会转化为对自己构成威胁的能力，特定区域内的互信缺失无疑放大了后者。因此，随着相对收益差异的持续与对相对收益使用的担心，日益发展的区域化出现安全化。

其次，在现实相互依赖的情况下对未来收益的预期。即使存在相互依赖，但对未来收益的消极预期，也会促使安全关注升温。戴尔·考普兰（Dale Copeland）的研究已经表明，相互依赖中国家走向战争的可能性不取决于它们之间相互依赖的程度，而取决于它们对未来贸易关系的预期。[1] 在特定区域内，随着区域化发展，各个国家的经贸关系越来越紧密化。一般而言，只要区域内国家参与了区域化过程，国家在初期往往对规则制定与资源调整大多存在积极预期，即使初期存在对收益的消极预判，但它们往往会在区域化的背景下认为随着规则的进化、资源的优化，区域内成员的同一国际组织的共有成员身份，提供了结束敌意和约束武力的机制和认知，区域体系的互助性特征增强，自己在未来的收益依然是乐观的。然而，随着区域内规则以及资源配置的固定化，一些国家对收益的持续不满会滋生不安，而一些在初期曾经对收益颇为满意的国家可能也会由于收益逐渐减少而滋生不安，国家对区域体系因规则制定与资源优化而呈现的互助性认知，开始让位于对区域体系因规则制定与资源优化的失望而产生的自助性认知。在自助性认知居主导的体系中，迫使对经济的考虑服从于对安全的考虑。于是，在特定区域内国家因为对未来收益的消极预期，经贸议题被贴上安全议题的可能性增高，传统安全议题被激活的危险性增强。

其三，特定区域内传统议题与非传统议题的叠加。任何区域化都是基于历史与地缘的再造，既有的历史问题与地缘

---

[1] Dale Copeland, "Economic Interdependence and War: A Theory of Trade Expectations", *International Security*, 1996 (20): 5-41.

政治既是区域化的动力也是区域化的阻力。区域内国家对区域社会内的历史认知、区域内国家对区域社会内地缘政治的现实与未来构想是区域认知的重要基础。由于共处一域的国家在历史演进与地缘政治博弈中的不同经历，基于历史演进的结果、基于地缘政治博弈的现实会衍生出矛盾与冲突，这些区域内的矛盾和冲突既会将传统议题如历史问题、领土问题等召唤出来，也会将非传统议题如规则制定、温室气体排放等激发出来，各种议题均被贴上安全议题的标签，从而在特定区域内形成传统议题与非传统议题的叠加，区域化与安全化并行。

其四，区域化将威胁在特定空间内压缩。区域化为各种资源在特定地理空间的配置提供了环境优化，为经济、文化的交融提供了广阔的空间。但是，区域化也将各种威胁压缩在内定区域内。威胁多元化已经是不争的事实，威胁以及应对威胁的主体、种类、样式层出不穷。随着区域化发展，区域内机制化导致区域一体化，区域一体化也意味区域内集团化，从而滋生出另一种封闭化。一方面，区域内矛盾或争端在特定而有限的空间内积累并集聚；另一方面，区域间问题或者通过区域间合作能够解决的问题变得难以处理。特定空间内集聚的威胁将安全议题膨胀到危险的数值，区域化与安全化共生。

其五，网络对特定区域安全议题的放大功能。任何潜在的或现实的真正威胁,都会被政治家的言论、媒体以及民众认知为一种威胁。但现实是,两种条件正在强化这种境况,即区域化与网络化:当区域化使这些潜在或者现实的威胁处于特定区域时,当网络技术使网络化中的人认为这些威胁是特定区域的公共威胁时,尤其如此。在这种情况下,网络技术的超强传播能力和制造议题能力将区域安全议题急剧放大,区域化与区域公共安全的关注热度同步上升。

其六,特定区域内相互依赖的增强可能使使用威胁的收益更高。普遍认为,随着区域内相互依赖的增强,矛盾或者冲突就会减少,因为如果存在较强的相互依赖,对抗的成本也会较大,因此,区域内国家会倾向于选择合作。然而,事实远非如此。在区域化的塑造下,相互依赖的紧密程度已经把各个行为体捆绑在一起,利益捆绑的收益高,意味着利益分离的成本高,也意味着使用威胁的时候收益高。后者往往不被注意:因为使用威胁的一方不会过于担心对方会真的与自己完全针锋相对或任由争端升级为战争,它会预判对方考虑到利益分离的成本而有所顾忌,也会预判与区域关系密切的国家会考虑争端升级的成本而不得不选择介入,相比较而言,这无疑促使使用威胁一方的收益增高而成本下降。

三、中国安全外交理念与实践的思考

区域化与安全化悖论的存在,促使我们重新思考中国安全外交的理念与实践。笔者尝试在区域化与安全化悖论的背景下对中国安全外交的理念与实践进行一点思考。

首先，进一步坚持并构建完整的安全主体路径，重视人的安全，建立三位一体的安全主体理念。传统的思维逻辑是，我们视国家为安全主体，通过国家来推进区域合作，期盼一个新的安全主体区域社会的出现。但现实是，构建中的区域社会没有一个是完美的，区域化与安全化悖论出现。为什么？个人认为，这是因为安全主体缺失导致区域社会这一安全主体先天发育不良。

从区域安全的视角来看，安全主体的演化或推进过程应该是：国家→人→区域，如果我们从国家直接推进到区域，中间其实缺少了一个环节，那就是人这个安全主体。于是，环境、疾病、粮食危机开始困扰我们，难民问题困扰我们，更重要的是信任危机开始困扰区域社会。

信任是人际认知与人际交往的一种重要条件和诉求。国家更倾向于权衡利弊、获取收益。最初的国际关系或者国际政词汇简单明了，因为这些词汇源于人类较为本初的认知。随着国家间交往的复杂，人类较为根本的认知，被国家以及服务于国家的"精英"加以系统加密，成为较为抽象、冷僻、繁杂的话语体系，安全开始离开安全的主体。如今的国际及区域社会，从表象来看，稀缺的是安全，实则，稀缺的是信任。信任不存，安全焉在？因此，以国家为安全主体构建区域社会，缺失了以人为安全主体的构建过程，前文提及的悖论原因得以迸发出来，区域社会成为安全构建的早产儿，区域化与安全化悖论挥之不去。

因此，我们应该坚持并构建新的安全主体路径，建立正确的安全主体路径：国家安全→人的安全→区域安全。2013年10月，在周边外交工作会议上，习近平主席提出"亲、诚、惠、容"理念。2014年5月，在上海举办的第四届亚洲相互协作与信任措施会议上，习近平主席正式提出共同安全、综合安全、合作安全和可持续安全的亚洲新安全观。这些都是对人的安全的关注，对人的安全的构建。但是，从学理的分析来看，我们还应该在外交理念与实践中进一步坚持和构建人的安全主体，最终形成国家安全、人的安全、区域安全三位一体的安全理念。为此，才有可能有效缓解或规避区域化与安全化悖论。

其次，拓展安全外交的谱系，重视文化外交，拓展和转化文化外交的讲述主体和讲述方式，构建完整的经济共同体、文化共同体、命运共同体的安全外交路径。在此，笔者将结合"一带一路"倡议探讨文化外交之于我国安全外交在缓解或规避区域化与安全化悖论中的意义。

我们应在区域化或者"一带一路"倡议中构建起正确而完整的路径，即经济共同体→文化共同体→命运共同体。笔者认为，近代以来的中国，出现了两次主动的文化外交。第一次，是新中国成立后，受世界无产阶级联合起来的革命使命感驱动，中国将革命的文化向世界传播，可称之为革命功能导向的文化外交。第二次，则是"一带一路"倡议，将合作、共赢、和谐的文化向特定区域传播，可称之为合作功能导向的文化外交。

"一带一路"倡议推行的区域，都曾有过灿烂的文化成就、丰富的文化积淀，但又都经历过被殖民与战乱，文化优越感与文化挫折感并存。因此，"一带一路"倡议中的文化外交，有益于包括中国在内的"带""路"文化资源重拾与文化自信重构。这对于规避区域化与安全化悖论意义重大，因为这是用文化的纽带将中国与"带""路"内的国家和地区构建为文化共同体，这在经济共同体之上提升了一个新的层级，从经济共同体到文化共同体，再到真正意义上的命运共同体。

同时，我们应该在外宣工作中转变思维，淡化把文化外交视作软权力的一部分的观念。这是从学理探讨得出的一个结果。如果我们把文化的讲述主体界定为国家，那么，自然会导致把文化视为权力或所谓软权力的一部分。

随着文化讲述主体逐渐国家化，文化外交概念出现，文化冲突便与权力冲突、利益冲突与国家冲突结下不解之缘。事实上，权力无所谓软与硬，一旦与权力联姻或结合，其本质依然是权力。文化与权力的结合，文化冲突便成为一切国际关系、国际战略最初试图规避但最终无法摆脱的宿命。

因此，我们需要在以新的中国特色外交理念和外交实践为出发点，以新的视野看待文化外交与软权力的关系，以新的视野看待中国故事的讲述主体。

当然，将文化外交与软权力进行关联是有意义的，但问题是，认为文化外交是软权力的一部分与认识到文化外交与软权力的关系是不同的。笔者在这里需要提醒的是：一般而言，行为主体是在使用文化外交中获得软权力，而不是把文化外交或者把文化外交的使用视为软权力。

当我们把文化聚焦于权力，把文化外交战略抑或政策设计在或思考于"一带一路"倡议之中时，便很可能把权力冲突的悲剧埋藏其中，无论我们以何种文化外交的美好语境去渲染之，我们很难走出区域化与安全化悖论的怪圈。

如果我们淡化把文化外交视为软权力的一部分，将文化讲述主体由国家向多元转化，随之而来改变的是文化外交的讲述方式。即从单一讲述向多元化讲述转变、从直接讲述向间接讲述转变，从而规避或缓解区域化与安全化悖论而不是重蹈或者强化区域化与安全化悖论。

其三，建立立体安全理念，建构陆海天联动、功能兼容的安全机制。

我国周边安全存在东南西北、海陆二元的平面传统思维，对周边安全机制的区域划分、类型确立、功能指向，也往往由此出发。区域化的周边依然是局部区域化的周边，安全议题依然无法统筹。因此，打破平面式周边安全传统思维，建构立体周边安全机制就显得极为迫切。

建立我国周边安全机制，需要摆脱方位式、海陆型传统平面周边安全思维，把握并立足科技前沿，利用我国在航天、航空领域的优势，抢占空缘、天缘，以空缘、天缘辐射我国周边东西南北四方、海陆两域，为打造立体周边安全体制开拓新路径。

笔者曾经在 2015 年年初提出：建立和发展基于网缘政治与天缘政治的新空域战略学说，① 在实践与理论的摸索中推进网络与太空安全。新空域战略学说立足网基与天基，在网络与太空安全观、网络与太空威慑概念等方面，进行理论与实践探索。

网缘政治与天缘政治的提出与构建，为我国从全新的高度和领域推进自身的国际关系理论和实践提供了新思路，也为我们务实发展、跳跃前进提供了思想动力和实践动力。我们既要学习和探索主要强国所走过的陆缘、海缘及空缘战略轨道，更要抓住机遇探索主要强国都在面对和都将步入的网缘与天缘等新战略轨道。

相对安全观应该成为网缘政治与天缘政治的安全观。网

---

① 笔者提出建立天缘政治与网缘政治，参见《美日同盟新空域：网络与太空合作》，《东北亚论坛》2015 年第 1 期。

络与太空时代,正如邮箱不是保险箱、太空不是太平乡一样,在陆缘、海缘及空缘政治时代,战略家们所追求的绝对安全已经成为绝对的过去。因为理论上而言,没有攻不破的防火墙,没有完全能够被监控的太空。看似复杂的网络与高科技支撑的太空,其实质是极为脆弱的,这是网缘与天缘政治时代的悖论。只有认识到在网络与太空领域安全是相对的,国家才会逐渐放弃绝对安全观,有节制地使用网络与太空这些国际公地,重拾通过合作来构建安全的梦想,以避免"公地悲剧"。①

网缘政治与天缘政治时代应该及时建立威慑概念。拥有技术优势的国家基于自身优势,非常容易培育出控制一切的抱负和做出大胆的行为,以维护网络与太空安全为名,行网络与太空霸权之实。其结果是不仅不能维护网络与太空安全,而且会阻遏人类科技的发展以及延缓对未知空域的探索。因此,在新空域战略学说中,及时地构建起威慑概念尤为必要:科技在新空域的分散以及主要大国之间形成相互的网络与太空威慑能力,增加任何一个行为体发起挑衅和攻击的成本,对维护网络与太空安全意义重大。

另外,中国亟须建立包括网络与太空军力的战略司令部,构建兼容和对称的网络与太空安全机制。新空域需要有新机

---

① 当财产或资源具有很多拥有者,每一个拥有者都声称有权使用这些财产或资源,由此导致财产或资源被过度使用,这就是所谓的"公地悲剧"。

制，但是，如果国内各个机构、国际各个国家或者某几个国家集团根据自己的利益和技术构建起各自不同的安全机制，无疑会给新空域的安全带来更为复杂的局面。因此，我们一方面要统合国内网络与太空资源和军力，建立战略司令部或者网络司令部、太空司令部；一方面要积极倡导建立兼容的网络与太空安全机制，反对建立对抗的网络与太空安全机制，倡导建立对称性的网络与太空安全机制，反对建立非对称性的网络与太空安全机制。现在美国正在以同盟为工具推进网络及太空安全机制的构建，这足以惊醒我们。

因此，我国周边安全机制必须要突破海陆复合型机制的困境，或者要突破海陆复合型机制必然失败的魔咒，突破陆缘与海缘必然冲突的谶语，应该建构陆海天联动、功能兼容的周边安全机制，据此，以新周边安全机制将局部区域化周边打造成为整体区域化的周边，破解区域化与安全化悖论。

有效应对日台关系，切实维护国家利益

——以日本版《与台湾关系法》动态为线索

王 键[*]

【内容提要】 自 2000 年奉行台独的台湾民进党执政以来，21 世纪日台关系发展迅速。民进党承袭李登辉的亲日路线，企图突破 1972 年以来日台关系发展的制度性"约束"，其目标之一就是参照 1979 年美国版《与台湾关系法》而制定日本版《与台湾关系法》，以此作为促进日台关系全面发展的"法律保障"。2000—2008 年陈水扁时期日台关系发展迅速，日台合力推动制定日本版《与台湾关系法》的动作络绎不绝。2005 年 2 月美日 2+2 安保会谈宣布对"台海局势"表示关注，公开干涉两岸中国内政。随后在日台共同推动下，

---

[*] 王键，中国社会科学院近代史研究所研究员，研究方向为日本史、台湾史与东亚区域关系史。

2005年10月以日本学者名义首度公开提出日本版《与台湾关系法》草案。即使在2008年国民党再次成为执政党之后，日台关系发展力度仍呈增势，台湾社会亲日趋势明显，推动制定日本版《与台湾关系法》的动议不断。2014年2月以日本外务副大臣岸信夫（安倍胞弟）为首的自民党亲台议员联盟"促进日本与台湾经济文化交流年轻议员会"又提出制定日本版《与台湾关系法》的新动议。虽然目前日本版《与台湾关系法》的"变现性"面临巨大的困难，但仍是今后日台关系发展的一个风向标。日台合力推动日本版《与台湾关系法》严重干扰台海两岸和平统一的进程。如果日本版《与台湾关系法》成为现实，日本将直接介入台海两岸事务，这不仅是对中国内政的严重干涉和对中国核心利益的公开挑战，也是违背国际法的准战争行为。随着台湾2016年年初大选的来临，台湾政权更迭势将再次出现跌宕，日本版《与台湾关系法》亦会有新的动态。2015年1月，深度参与1979年美国版《与台湾关系法》制定的美国纽约大学政治系终身教授熊玠首度披露36年前美国版《与台湾关系法》的"起草背景、过程及美方初衷等鲜为人知的信息"等，引起台海两岸及海外学界等的高度关注。

【关键词】 两岸关系　日台关系　日本版《与台湾关系法》

一、21 世纪初日台关系与日本版《与台湾关系法》的动态

(一) 陈水扁第一任期（2000.5—2004.5）日本版《与台湾关系法》的动态

即将跨入后冷战时期的 21 世纪之初，台海局势发生历史性震荡。在 2000 年 3 月 18 日举行的台湾大选中，民进党候选人陈水扁当选台湾地区领导人，奉行台独党纲的民进党亦取代国民党成为执政党。"一个在建党纲领中明确宣布要建立'台湾共和国'的政党执掌权力中枢，堪称台海局势中前所未有的重大转折。"① 日台关系面临冷战结束以来的新局面，即长期与国民党台湾当局打交道的日本须与民进党台湾当局进行新的沟通与对话，亦为 21 世纪日台关系的发展注入新的不确定因素。

回溯历史，自 1988 年李登辉执政以来，建立"美日台安全联盟"为"台独"寻找靠山始终是其所追求的重大战略目标。1995 年 8 月 20 日李登辉借出席台日共同主办的"亚洲

---

① 吴寄南：《冷战后的日台关系》，上海人民出版社 2009 年版，第 200—201 页。

展望研讨会"① 之机，提出建立亚太集体安全体系的构想②。其实际图谋就是借助美日军事保护，应对来自大陆的军事威慑。自20世纪末期冷战结束后，针对中国的美日安保亦渐次得到加强，而"日美强化安保实际上暗中对中国采取敌视政策，它涉及台湾和南沙群岛"③。日台则紧密协商，企图突破制约日台关系发展的"1972年体制"④，其目标之一就是参照1979年美国版《与台湾关系法》，从而制定日本版《与台

---

① "亚洲展望研讨会"是由日本右翼学者、东京外国语大学校长中岛岭雄倡议并在李登辉支持下成立的，每年在日、台分别举办一次，从1989年到2000年连续举办12次。是李登辉时期日台联系的重要平台之一，被誉为"李登辉专用之日本管道"。见刘黎儿《具有李登辉特色的对日外交管道》，台湾《中国时报》1994年11月26日。

② "李登辉分裂政策滋生的土壤"，民革中央 http：//minge.gov.cn/minge/txt/2008年9月25日。

③ 范跃江：《试析影响日本对华政策中的"台湾情结"》，《日本学刊》1999年第2期。

④ 1972年9月29日《中日政府联合声明》第三条明文规定：中华人民共和国政府重申：台湾是中华人民共和国领土不可分割的一部分。日本国政府充分理解和尊重中国政府的这一立场，并坚持遵循波茨坦公告第八条的立场。按照《中日政府联合声明》的规定，将日台关系限定在经济、文化领域和民间、非官方的层面上。此为规定日台民间关系的"1972年体制"核心原则。有中国学者指出，"1972年体制"是中日两国政府就台湾、历史等重要问题所达成的共识体系，是维系中日关系正常发展的根本制度基础。见王海滨、段贞《"1972年体制"共识与中日关系》，《国际论坛》2007年第2期。

湾关系法》，以此作为促进21世纪日台关系全面发展的"法律保障"①。

为配合支持李登辉的图谋，20世纪90年代初日本自民党亲台势力就开始发出制定日本版《与台湾关系法》的呼声。李登辉时期台湾驻日代表庄铭耀亦多次向日本政府发出推动日本版《与台湾关系法》的呼吁。1992年1月自民党参议员村上正邦（日本自民党参议院议员会长、自民党"台湾帮"头面人物）提出制定日本版《与台湾关系法》动议②；1993年5月日本政治家小泽一郎（时任新生党党首）亦提出"必须与台湾摸索建立一个正式的关系"③，此后，日台合力推动这一问题，企图为日台发展实质关系披上"合法"外

---

① 日本"日台关系研究会"成员和泉太郎在其《日美台三国同盟》（和泉太郎著，李毓昭译，台湾晨星出版社1999年版）一书中就鼓吹，日本如果能够订立《与台湾关系法》，以备台湾海峡万一发生情况时，就可以增强美国的力量，阻止中国对台湾冒进。在制定《与台湾关系法》之后，日本应支持台湾加入联合国，同时应吁请美国和东南亚国家一致支持……云。引自富权《台联党参拜靖国神社可能有重大政治图谋》，澳门《新华澳报》2005年4月6日。

② 1992年1月村上正邦在参议院施政总质询时宣称："对目前与台湾关系之不正常现状不可继续置之不理"，建议日本政府"仿效美国制定《与台湾关系法》，以重视并改善对台湾的关系"。引自富权《台联党参拜靖国神社可能有重大政治图谋》，澳门《新华澳报》2005年4月6日。

③ ［日］小泽一郎：《日本改造计划》（冯正虎等译），北京：中信出版社1999年版，第121页。

衣。进入后冷战时期的 21 世纪，不论日台政坛结构如何演绎，推动日本版《与台湾关系法》更融合为日台双方抗拒中国大陆的战略需求。

2000 年民进党执政后，更明确提出希望建立"美日台三角安全联盟"或建立"美日台东亚安全机制"①。为改变所谓"台日关系的真空现象"，在李登辉的出谋划策下，陈水扁提出了所谓的"对日工作方针"，其要点是加强政党交流，克服没有正式邦交的困难；加强与日本官僚组织的接触，促进经贸合作；培养精通日本政经情势的学者和智库，经由学术交流和研讨会等民间"第二管道"与日本学者专家交换意见，凸显台日关系的重要性；增进和日本年轻政治家的接触，培育双方共同的认识；确立台日双方在东亚安保的共同利益，同时确立美日台三者关系的安全网②。

为此，陈水扁在承袭李登辉对日策略的基础上，再陆续增设沟通日台联系的一系列新管道③，如在 2001 年年初在台

---

① 王建民：《"美日台战略同盟"的台湾角色》，《理论参考》2005 年第 5 期。

② 台湾"中央社"2005 年 5 月 30 日电。转引自吴寄南：《冷战后的日台关系》，第 201 页。

③ 李登辉时期创建的日台联系机构主要有"新日台交流会""梅花会""台湾史研究会""日华教育交流协会""台湾文化研究会"和"台湾之友会"等。引自《环球时报》2001 年 5 月 8 日。

湾"总统府"内设置由陈水扁亲任组长的"对日工作专案小组",同年8月先后设立"台日友好协会"(会长是民进党前主席谢长廷)与"台日国会议员友好联盟"(会长是民进党"立法委员"林重谟),同时重组超党派的"立法院台日交流联谊会"(会长是国民党籍"立法院""副院长"江丙坤)。还有"日台交流基金会"(会长是陈水扁"国策顾问"金美龄)等。2002年2月台湾"行政院外交部"下设"日本问题咨询委员会"及"对日工作小组"等,还创立高层次对话平台——"台日论坛"① 等。

随着2001年12月大陆与台湾同时加盟WTO,台湾的外部环境亦发生大的变化,日台亟待创建新的美日台对话平台。长期以来日台关系的任何动态发展均受美国亚太战略影响,日台欲突破制约其发展关系的"1972年体制",势必须取得美国的战略支撑。而美国关注日台之间的联系,"实际上是关注长久保持台湾海峡局势'和而不统'的局面"②。同时美国亦是"迄今影响日本与台湾对外关系以及其彼此互动的

---

① 在陈水扁民进党当局的授意和支持下,2002年起"台日论坛"(台湾"中华欧亚基金会"和日本世界和平研究所共同举办)每年分别在日台举办,是陈水扁时期日台高层及民间的对话平台。

② 郭震远:《台湾问题与亚太地区安全》,《国际展望》2000年第18期。

最关键因素"①。

进一步发展日台与美国的战略合作,是日台的一贯意图。2002年8月21日台湾智库与日本冈崎研究所、美国范德堡大学(Vanderbilt)美日中心和美国企业研究所(AEI)共同举办第三次"美日台三边战略对话"②。陈水扁在会议开幕式上明确提出,"台湾愿意强化美日台三方的合作基础,发展'亚洲民主同盟'关系,共同建立一个亚太民主的社群"。台湾地区副领导人吕秀莲更明确表示,台湾和日本具有共同的

---

① 蔡东杰:《后冷战时期日台特殊关系发展分析——东亚战略环境变迁下的日台特殊关系发展》,《日本交流协会日台交流中心2006年度交流事业报告书》,/http://www.docin.com/p-714013348.html。

② 美日台三边战略对话研讨建构新世纪的亚太安全战略架构,除了军事安全及政治民主化的合作议题外,三方在三边经济合作方面达成初步共识:(1)注意中国大陆经济崛起对亚太地区政经关系的影响。(2)加强美国与日本在亚太地区的经济领导地位,及所应扮演的角色。(3)以台湾的经济实力,在加入WTO后,可以在国际经济方面做出一些有意义的贡献,例如经济援助、协助其他国家的经济发展及经济制度的改革。(4)尽量促成台美、台日及台湾和其他地区推动FTA,以利地区及国际经济的发展。(5)对于高科技产业的技术移转到中国大陆,美日台三边应该可以就此方面加强联系与对话。引自郭建中:《台美日三边战略对话的经济意涵》,台湾智库,http://www.taiwanthinktank.org/chinese/page/4/58/95/357。第一次"台美日三边战略对话"于2002年8月在台北举行,第二次于2003年3月在东京举行,第三次于2003年8月在美国举行。参看"台美日加固同盟关系·三边战略对话第三回合今登场",新浪网,http://www.sina.com.cn/2003年8月22日。

文化、经济及政治理念，因此应与日本等国家建立"亚洲民主联盟"①。日本前驻泰国大使冈崎久彦亦在会上声称，美国不应一再重申空洞的"一个中国"政策，也不该再说"不支持台湾独立"②。就在"美日台三边战略对话"闭幕不久，8月29日吕秀莲就迫不及待地在台北接受日本《东京新闻》采访，鼓动日本国会研究建立类似美国维持和台湾实质关系的《与台湾关系法》，以促使台湾和日本的关系"正常化"③。

日本对于民进党当局的意图相当配合，2003年1月15日交流协会台北事务所所长内田胜久对台湾媒体阐述日本对台"外交"的底线以及努力目标。他称日本政府应强化"日台安保对话"。台湾为了强化"对日关系"而建立各种组织，令人感到他们对于对日关系"非常期待"。内田称日本政府的方针：第一点，关于提高"政府"间交流、接触的层次限制。日本政府去年已经修改，放宽为课长级以上的官员，并称"日台政府关系"，已经从过去的"单纯技术上不得不接触"，演变到现在"关于政策上的问题也必须交换意见"；第

---

① 王建民：《"美日台战略同盟"的台湾角色》，《理论参考》2005年第5期。

② 李中邦：《台日关系VS中日外交，究竟谁是赢家？》，台湾日本综合研究所，台湾《海峡评论》月刊2004年4月。http://www.japanresearch.org.tw/special-06.asp

③ 《吕秀莲拉拢日本 煽动日本国会搞"台湾关系法"》。中国新闻社，http://www.chinanews.com/。2002年9月30日。

二点,加强"日台安保协力"的问题,两岸若是处于军事紧张状态,对日本而言,将有波及冲绳等日本领土的可能性,有关日本安保情报搜集以及台湾关于安保构想的对话,不能不加以促进;第三点、缔结日台自由贸易协议(FTA)①。

民进党时期日台军事往来明显增加,层级不断突破。2002年12月内田胜久进入台湾"国防部"并与"副部长"康宁祥会面,"成为第一位踏进'国防部'的日本驻台代表"。2003年1月曾担任日本情报本部计划部长和日本驻华使馆武官的陆上自卫队少将长野阳一"提前退役",被外务省"长期借调"到日本交流协会台北事务所负责日台军事交流,台湾随后也向台湾"驻日代表处"派遣"国安局"现役中将王伟先以"国安局特派员"名义常驻,开创日台区域安保交流的"新纪元"②。日台如此互派高层军官,"表示双方

---

① "透视日本'交流协会'台北事务所",新浪网,http://news.sina.com.cn/o/。2003年12月17日。

② "日本派退役将领到日本交流协会台北事务所任职",台湾《联合报》2003年1月22日。据媒体报道,长野阳一到任后即大肆开展活动,频繁与台"国防部""外交部"官员以及美国、韩国、新加坡等国驻台"武官"接触,经常是马不停蹄地奔波于台岛主要军事基地、港口之间,搜集相关情报。但由于其行事相当低调,加之台当局恪守默契,媒体鲜有他的名字出现。在他的推动下,日台间的情报交流与合作形成了较为成熟、有效的机制。见"日本自卫队将向台湾派遣现役军官出任'武官'",新浪网,http://mil.news.sina.com.cn/p/2007年6月20日。

都有这个需求,特别是对区域安保问题"①。2003年6月日本自卫队现役少将应邀赴台观看台军"爱国者"导弹实弹试射,被台湾媒体视为"台日军事交流的一大突破"。2004年3—4月台湾海军举行"康平"水雷作战操演,首度邀请一位曾担任日本海上自卫队扫雷舰队长的退役少将随舰观察②。2004年10月19日陈水扁在会见日本交流协会会长服部礼次郎时称:非常荣幸能事先由台湾提供中国核潜艇侵入日本领海的情报,强调台日在亚太安全与稳定的目标上有共同的利益③。

与此同时,日台高层互访不断突破"限制",政治交流亦日趋公开化。2001年4月日本不顾中国政府的强烈反对,允许李登辉以"治病"的名义赴日活动。2002年5月日本经济产业省副大臣古屋圭司以参加台湾"亚东关系协会"会长庄铭耀葬礼为由访台,这是自1972年以来日本现职副大臣首次访台。2003年7月日本交流协会理事长高桥雅二访台,陈水扁亲自接见,不仅强调台湾与日本经贸、民间方面关系密切,而且希望加强双边的"实质关系"。同年12月日本前首相森喜朗访台,是继佐藤荣作、福田赳夫之后,第三位访台

---

① 日本《产经新闻》2004年1月21日。

② "日将领随舰观察台军操演日台军事合作日趋紧密",网易网,http://news.163.com/,2004年4月29日。

③ "中共潜艇侵日,扁:我提供情报",台湾《中国时报》2004年11月20日。

的日本前首相①。基于日本政府重视学者参政的特点，由台湾"外交部"提供机密资金，2003年10月在早稻田大学设立台湾研究所，其宗旨就是在"台日学者与重要智库间建立学术网络"②。

2004年3月26日，不顾中国政府的一再严重交涉，日本交流协会会长服部礼次郎及台北事务所所长内田胜久公然代表日本政府祝贺陈水扁连任台湾领导人。4月2日陈水扁在接受日本《读卖新闻》专访时公然声称台海两岸是"一边一国"③。4月18日民进党籍台北县长苏贞昌以考察东京温泉为名访问日本，拜访多位日本政治人物。日台政治家合力，不断为日本版《与台湾关系法》创造有利气氛。

（二）陈水扁第二任期（2004.5—2008.5）日本版《与台湾关系法》动态

2004年5月20日陈水扁再次就任台湾领导人④，前首相

---

① 吴寄南：《冷战后的日台关系》，第291页。

② "日本軍事情報人員進駐台灣"（Japanese military intelligence officers stationed），http://blog.nownews.com/article.php?bid=4179&tid=1850778。

③ "陈水扁频繁接受外国媒体访问 坚称'一边一国'"，中国新闻社，http://news.sohu.com/。2004年4月2日。

④ 就在同日的2004年5月20日，日本众议院正式通过"有事法制"七项法案，允许日本通过增强军队实力、与美军合作的方式增强国家防卫能力。同日，美国众议院通过2005年度的国防开支法案，国防开支金额高达4220亿美元。

森喜朗等日本政要纷纷致电向陈水扁表示祝贺①。陈水扁第二任期日台关系的发展步伐趋快,推动实现日本版《与台湾关系法》被确定为其任期实现的重大战略目标。2004年7月5日陈水扁任命台独大佬许世楷②出任台湾驻日代表一职。7月18日亲台组织——日本"李登辉之友会"与在日台湾同乡会等台独团体在东京新高轮饭店联合举办欢迎酒会,日本国会议员西村真吾、中津川博乡等出席。会上对许世楷提出包括推动实现日本版《与台湾关系法》等11项内容的"要

---

① 前首相森喜朗之外,还有前经产大臣、"日台议员恳谈会"副会长平沼赳夫,时任总务大臣麻生太郎,前国土交通大臣扇千景,前运输大臣藤井孝男,前外务大臣武藤嘉文,民主党参议员大江康宏,民主党众议员藤井裕久,自民党众议员棚桥泰文与山际大志郎以及FEC国际亲善协会理事长齐藤邦彦等。参见凤凰卫视2004年3月22日报道。

② 许世楷:台湾省彰化县人,1934年出生,台湾大学政治系毕业,东京大学法学博士。1972年以后任日本津田塾大学教授。1975年至1980年任美国南加州大学客座教授。自1960年始即加入台独团体——台湾青年社。是"台独联盟"发起人之一。曾任台独联盟日本本部委员长;1980年始任台独联盟副主席、主席。2004年5月出任台湾驻日代表,2008年6月辞职。

望书",期待许世楷在任内予以落实①。

日本介入台海的力度逐渐提升,与民进党当局合力营造日台同盟的意图日趋公开化。2004年5月18日民主党亲台议员中津川博乡、长岛昭久等成立"日本·台湾安保经济研究会",以积极促进日台关系为纲领②。7月台湾驻日代表许世楷公开称"缔结台日防卫安全条约,加强双方军事交流"是其任内的主要"功课"③。7月24日台湾"国安会秘书长"

---

① 《要望书》:一、推动制定日本的台湾关系法;二、早日实现李前"总统"访日;三、推动实现NHK庶民歌唱大会或红白对抗在台湾公演;四、实现日本相扑国技到台湾公演。五、举行以制宪为目的的台日交流会议;六、实现台湾观光客来日免签证待遇;七、推动台湾"元首"访日与日本高官访台;八、缔结台日防卫安全条约,以加强双方军事交流;九、实现台日缔结自由贸易区协议(FTA);十、推动台日间缔结姊妹都市;十一、解决日本政府在外国人登陆证上将台湾人的国籍写为「中国」的问题。引自"许世楷:推动日制定日台关系法",台湾《自由时报》2004年7月19日。

② "日本·台湾安保经济研究会"多次主办支持台独的活动,成为台独势力在海外的重要平台,研究会成员全部来自民主党,包括多名民主党国会议员。参考欧阳斌《中共对日工作两手准备》,《凤凰周刊》2007年第8期,2007年4月23日。

③ "日本'亲潮'级潜艇能否驶入台湾海峡?",新浪网,http://mil.news.sina.com.cn/2004年8月13日。

邱义仁率多名台湾"军事外交"高官与学者密访日本①。7月29日许世楷在日本大众传播研究会发表演讲,声称"台北驻日经济文化代表处"应该早日正名为"台湾驻日代表处",并在"实质上"能够尽量比照正式大使馆的待遇等②。8月15日日本民主党(华裔)参议员莲舫③访台,表示将努力促进台日间的"外交"关系。8月25日台湾"行政院长"游锡堃自中美洲返台途中,以躲避台风为名在日本冲绳那霸机场停留,这亦是日台"断交"以来台湾"行政院长"首次"过境"日本。同日,日本"自民党青年局及地方党部青年干部访问团"一行95人赴台,这亦是日本自民党近年来访台规模最大的一次。10月2日民进党主导之"台日论坛"在台北召开,台湾"国安会秘书长"邱义仁在"台日论坛"上

---

① 据台湾媒体报道,7月25日邱义仁一行在箱根与日方学者举行会议,日方出席的许多学者都是与政府相当密切的研究两岸、国际政治和军事等主流学者。会中双方都谈到了台海问题、台日关系和日本参议院选后的情形变化。报道说,虽然会议表面上由台日双方学术界挂名主办,但台湾"国安会"在其中扮演极关键的主导角色。引自"邱义仁等人密访日本谈论话题涵盖台海关系等三主题",新浪网 http://www.sina.com.cn,2004年7月27日。

② "台湾'驻日代表'日本演讲,为台'正名'不惜力",搜狐网,http://news.sohu.com/。

③ 莲舫1967年11月28日出生于日本东京,原名谢莲舫,日本名村田莲舫。父亲谢哲信是台湾商人,母亲是日本人。莲舫于1985年加入日本籍。2004年7月莲舫当选为参议院议员,是唯一一位有华裔背景的日本国会议员。

声称，台湾支持日本成为联合国常任理事国，这亦是台湾首次作这样的表态。10月19日陈水扁会见日本交流协会会长服部礼次郎时称，维持亚太地区和平稳定，台美日有共同利益。2004年10月24日，"日本·台湾安保经济研究会"通过"尊重支持遵从台湾民意的'制宪''正名'""支持台湾加入世界卫生组织"等五项决议案。10月24日东京都知事石原慎太郎访台。12月16日，日本政府官房长官细田博之宣布向李登辉发放入境签证，允许其在2004年年底进入日本活动①。2005年2月11日，以爱知世博会为由，日本众议院通过台湾观光客得"免签证"入境日本的特别法案②。8月日本国会参众两院分别通过"台湾观光客免签证特别条例法案"③。

在日本的公开奥援下，民进党当局进一步加紧活动。2005年1月28日，陈水扁在接受日本共同社专访时声称，

---

① 2004年12月27日，李登辉以观光名义赴日本名古屋、大阪等地进行活动。参考"李登辉上午开始访日之旅"，新浪网，http://www.sina.com.cn/，2004年12月28日。

② 日本2005年爱知世博会于2005年3月25日至9月25日在日本名古屋东部丘陵（长久手町、丰田市和濑户市）举行，展期为185天。日本政府于爱知世博开幕前两周的3月11日开始实施对中国台湾游客提供免签证入境的优惠措施，到9月25日闭幕的世博会期间，前往日本观光的台湾游客皆可免签证入境日本，停留期限最高可达90天。

③ 自2005年9月26日起，日本给台湾旅客提供赴日永久性免签证待遇。

"日美台湾应建立'安全同盟'"。2月2日,台湾"行政院长"谢长廷在接受日本《产经新闻》专访时指出,美国有《与台湾关系法》,日本则没有,但日台民间交流密切,为了强化今后日美台的安全防卫关系,日本也需要一部类似的法律①。2月22日,台湾"外交部长"陈唐山前往中美洲"友邦"海地及多米尼加访问,并顺道"过境"东京及纽约,积极拉拢美日政客。3月中旬,台湾驻日代表许世楷宣称,台日间长远的奋斗目标为:日本至少应该与美国一样,制定一个《与台湾关系法》,而目前"已经到了怎么样立法的时代了"②。

冷战结束后美日对台海局势的干预有一个调整与提升过程。在1997年9月,"美日防卫合作新指针"中将"日本有事"扩展至"日本周边有事"③,但并没有明文纳入台湾问题。但进入21世纪后,美日针对台海局势的战略干预逐步加速,也在某种程度上加剧了台海地区局势的紧张。2005年2月19日,美日安保磋商委员会"2+2会议"公开将"和平解决台海问题"列为美日的"共同战略目标"之一。陈水扁

---

① 台湾《联合报》2005年2月3日。

② 《台湾欲促成日本的"与台湾关系法"》,《国际先驱导报》,2005年4月18日,第X版。

③ 王希亮:《论"日美防卫合作新指针"及其相关法案的出台》《东北亚论坛》,2000年第3期。

立即表示感谢,并希望在区域内与美日等"友邦"有共同的战略利益并深化合作。这不仅"被认为是21世纪初日台军事合作整合初步完成的标志"。亦"被视为日美同盟公开干涉中国内政的新动向,在日本对台政策上具有里程碑意义"①。台湾驻日代表许世楷随即表示:"这是日本第一次明确表态,我们感到非常欣慰。"许世楷还说,尽管台湾与日本政客广交朋友,但由于日台之间没外交关系,双方沟通有很多不便。谋求日台恢复"邦交",至少争取日本也像美国一样有一部《与台湾关系法》,是他今后的工作目标②。

在中国政府强烈抗议下,2005年2月25日,日本外务省发言人高岛肇久在记者招待会上说,日本对台政策没有发生任何变化③。但在3月14日全国人大第十届全国人民代表大会第三次会议通过《反分裂国家法》后,日本则又表示

---

① 巴殿君:《冷战后日本对台政策研究》,北京:九州出版社2010年版,第91页。

② "台湾想与日本签订'台湾关系法'",新浪网,http://www.sina.com.cn/ 2005年3月1日。

③ 同上。

"反对中国以和平方式以外的任何手段解决台湾海峡的问题"①。在李登辉授意之下，4月台联党主席苏进强不仅前往日本参拜靖国神社，而且还与日本国会右翼议员私下讨论了日本仿效美国制定日本版《与台湾关系法》的问题②。4月28日陈水扁亲自授予即将离任的交流协会台北事务所长内田胜久大绶景星勋章，以表彰他在任职期间对台日关系的"巨大贡献"③。

---

① 何兴强：《"台独"分子与日本串谋，中国该如何应对？》，《看世界》2006年第9期。2005年1月19日台湾民进党当局"对日秘密宣达团"抵达东京，向日本政界介绍其反对大陆制定《反分裂国家法》的立场。参考"台湾秘密团体抵东京宣传台对反分裂国家法立场"，新浪网，http://news.sina.com.cn/c，2005年1月20日。

② 澳门媒体称，在中国制定《反分裂国家法》后，台湾当局未待日本极右政客发声，就主动企划策动民间团体前往日本游说右派议员促成制定《与台湾关系法》的活动。而在台湾当局尚未正式实施该项企划之前，苏进强就先行赴日进行制定《与台湾关系法》的探讨和游说。这有可能是台联党要抢在民进党当局之前"争功"，也有可能是苏进强衔民进党当局之命，先行放出试探气球，以为日后的大规模"游说"活动作铺垫。不管如何，这种以民间团体游说日本议员推动《与台湾关系法》立法的动向，值得各方人士高度关注。参考富权：《台联党参拜靖国神社可能有重大政治图谋》，澳门《新华澳报》2005年4月6日，第X版。

③ 陈水扁在授予仪式上称，"内田所长任职的三年期间，是台日关系最好的时期。如台湾至札幌、仙台定期航班升格、在台湾举办天皇诞生日祝贺会、森前首相访台、日本政府宣布支持台湾加入世界卫生组织（WHO）等许多重大进展"。台湾驻日经济文化代表处，http://www.taiwanembassy.org/。

9月5日台湾"总统府秘书长"游锡堃赴日参加"2005台日论坛"①。

民进党当局继续选择日台安保作为推动日本版《与台湾关系法》，并将台湾纳入美日安保体制的突破口。2005年3月，台军"汉光演习"期间，主要由美日军官组成的外军顾问团临场观摩②。2005年5月，台湾"国防部总政战局"局长胡镇埔上将访日，就"地区安保"问题与日方交换意见，是1972年以来第一个访日的台军现役上将③。2005年6月，由日本退役将领组成的军事技术顾问小组秘密指导台湾海军水雷作战④。2005年8月22日，台湾当局派遣台军考察团秘访日本⑤。2006年9月，陈水扁在接受日本富士电视台采访

---

① "台高官赴日日官员抵台各有活动，台日最近勾结紧"，《环球时报》2005年9月7日。

② "台军将展开'汉光'演习兵棋推演，美日顾问抵台"，网易网，http：//news.163.com/2005年3月15日。

③ "台湾'国防部总政战局'局长胡镇埔上将访日"，搜狐网，http：//news.sohu.com/2005年6月2日。香港《明报》2005年5月26日。

④ "台媒体称日退役小组秘密指导台湾海军的水雷作战"，搜狐网，http：//news.sohu.com/，2005年6月28日。

⑤ 据台湾媒体披露，考察团此行目的据称是"为了了解日本国会、日本战略研究机构对中国'武力扩张'及两岸发生战争日本可能因应对策的看法"。台湾"国防部"和"外交部"以"翔鸣计画"作为代号把此次出访列为秘密。参考"台军考察团秘密访日本，推动日版与台湾关系法"，《国际先驱导报》2005年8月25日。

时宣称，目前的台日关系为30年来最佳，双方虽无正式的"邦交关系"，但台湾期待和日本缔结准军事同盟。10月30日，他在与日本政学界、媒体人士进行视讯对话时再次声称，期待推动建立台美日安保机制①。2007年2月6—7日台湾"国防部"在台北复兴岗政战学院举办主题为"前瞻东亚区域安全"的《区域安全国防论坛》，多位美日台前外交安全官员应邀与会，重点讨论美日台三方军事合作问题。日本海上自卫队退役中将金田秀昭公开宣称，日美台军事部门应建立双边或三边合作关系②。

如上所述，日本不断加强对台安全合作，强化日美安保体制，明确台湾海峡发生冲突将被视为"日本有事"，把台湾海峡划入日美共同防卫的"周边事态"范围和"共同战略目标"③。这样，"一个毫无外在制约、具有无限扩张性的美国霸权，加上一个内心极度不安和不自信的日本，再加上一个想依赖美日的力量在自保的同时推进'独立'运动的台

---

① "日本前首相突然访台"，新浪网，http://news.sina.com.cn/o/，2006年11月24日。

② "美日关注台海与台湾密谋加紧军事协作"，新浪网，http://www.sina.com.cn/ 2007年2月11日。

③ 日本《读卖新闻》2006年3月11日。

湾，使得美日台同盟的雏形已经跃上纸面"①。更有中国学者明确指出，在美国的中介下，一个针对中国的日美台"准军事同盟"正在悄悄形成②。

而把提升日台安全合作作为推动日本版《与台湾关系法》的"撬杠"，则是民进党的一贯意图。2005年8月美国《外交政策》记者采访吕秀莲时，提出7个问题，其中第6个问题是"你希望华盛顿和东京如何帮助台湾？"吕秀莲回答说："最大的帮助是，如果美国能够鼓励日本通过类似的'与台湾关系法'，在没有'外交关系'的情况下，规范日台关系。由于有卡特总统于1979年签署的'与台湾关系法'，美台实质关系得以维持。目前加拿大国会正在讨论类似立法。因此，现在是鼓励日本采取这一行动的时候了。"③ 台湾"外交部"也在同一时间宣称，推动日本国会制定类似美国的所谓"与台湾关系法"，一直是台湾的重点工作④。

---

① 郑永年：《中国面对美日台联盟》，新加坡《联合早报》2005年2月22日。

② 吴寄南：《日台军事互动的现状、背景及未来走势》，《现代国际关系》2006年第9期。

③ "蓄谋已久阴谋仿美，日学者炮制'与台湾关系法'"，新浪网http：//news.sina.com.cn/w/，2005年10月18日。

④ 《台军考察团秘密访日本，推动日版与台湾关系法》，《国际先驱导报》2005年8月25日。

（三）2005 年日本版《与台湾关系法》草案的出台

2005 年 4 月 29 日中共总书记胡锦涛与中国国民党主席连战在北京会晤，台海紧张局势渐呈缓和势头。日本国际平成大学教授浅野和生则"别有用心"地建议民进党当局"有必要增进与美国、日本之间的关系，以便取得和中国有一定平衡力量的经济能力"①。台湾驻日代表许世楷随即委托浅野和生研拟日本版《与台湾关系法》草案。

在台湾"驻日经济文化代表处"和东京财团②的资助下，经过半年多的精心准备，2005 年 10 月 12 日，日本平成国际大学法学部教授浅野和夫正式发布其制定的日本版《与台湾关系法》（全称为《日本与台湾之间相互交流的基本法律》）草案③。台湾驻日代表许世楷和副代表陈鸿基等也亲赴发布会现场。"草案"提出两个重要理念，一是"促进日台更进

---

① 《日本舆论：胡锦涛得分高掌握主导权》，新加坡《联合早报》2005 年 5 月 3 日。

② 成立于 1997 年的东京财团是日本财团（其前身是日本大右翼笹川良一在 1962 年创办的"日本船舶振兴会"与"笹川基金会"）的分支机构。值得关注的是，东京财团同时为台海两岸多所大学科研机构提供研究资助。1995 年笹川良一去世后，由其长子笹川阳平继任日本财团理事长。

③ 2005 年 10 月 11 日演讲会前日，台湾《自由时报》就以"学者版台湾关系法草案出炉"题目做了详尽报道（参考台湾《自由时报》2005 年 10 月 11 日）。

一步广泛、密切而友好的商业、文化与其他方面的交流",另一个是"在亚太和平安全基础上的日本外交运作,始合乎日本的政治、经济与安全保障上的利益"。草案同时规定,为实现亚洲太平洋地域的安定与繁荣,"日台双方政府可以互相提供必要的情报资讯"。建议日本政府对"台北驻日经济文化代表处"给予"准外交官的特权"。浅野同时强调,草拟《与台湾关系法》的动机,完全是"站在日本国家利益的立场",而不是台湾的立场,"但是最后台湾也必然会因此而获利"①。

据悉,这部浅野版《与台湾关系法》草案曾递交自民党执行部审议,并试图在小泉纯一郎内阁（2005年9月21日—2006年9月26日）和安倍晋三第一次内阁时期（2006年9月26日—2007年9月25日）实现递交国会审议的图谋,但由于日本政局动荡而最终被束之高阁。

但日本"以台制华"战略并未减速,日台双边"利益共生关系"继续得到加强。2006年9月26日成立的安倍晋三第一次内阁包括九位"日华（台）议员恳谈会"成员,亲台色彩浓厚。10月8日,台日文化经济协会举办"关怀台湾、台日亲善演讲会",前日本农林水产大臣、前防卫厅长官玉泽德一郎、日华（台）议员恳谈会会长、前日本经济产业大

---

① 《环球时报》2005年10月14日。

臣平沼赳夫以及民进党主席游锡堃等人出席。台湾"外交部长"黄志芳致辞表示,"安倍晋三接任日本首相后,台湾如何在既有良好基础上,进一步深化台日关系,是今后对日重要课题"①。2006年3月9日,日本外相麻生太郎公然称台湾为"国家"②。2006年8月15—17日,日本农林水产省副大臣宫腰光宽访台,并与陈水扁、"行政院长"苏贞昌等会面,这是日台"断交"后,首位日本现职副大臣与台湾领导人会谈③。9月14日,陈水扁在接受日本富士电视台专访时透露,拟邀请日本首相小泉纯一郎在卸任后访问台湾,在10月出席台湾高铁的通车典礼④。11月,日本前首相森喜朗再次访台,会见陈水扁并接受台湾当局授予的"特种大绶景星勋章"⑤。日台交流级别日益提升。

---

① "安倍上任黄志芳:深化台日关系是重要课题",凤凰网,http://news.ifeng.com/taiwan/detail,2006年10月9日。参照"本部单位主管例行新闻说明会纪要",台湾"外交部",2006年10月19日。

② "日本外相麻生太郎再次称呼台湾为国家",新浪网,http://news.sina.com.cn/c/,2006年3月9日。

③ 《日农林副大臣八月秘访扁》,台湾《自由时报》2006年9月12日。

④ 彭维学"陈水扁欲邀小泉访台的背后",中国台湾网,/http://www.sina.com.cn/,2006年9月14日。

⑤ "森喜朗明访台,扁将颁特种大绶景星勋章",凤凰网,http://news.ifeng.com/taiwan/detail,2006年11月20日。

二、马英九时期日本版《与台湾关系法》动态

(一) 马英九时期日台关系持续上升

2008年3月22日,国民党候选人马英九当选台湾地区领导人。由于民进党陈水扁执政期间日台关系的"非正常"发展,并多次引发中日之间的矛盾与葛藤,因此,马英九的当选则为日台关系的发展引入新的变数。

2008年5月国民党重新执政初始,6月10日即发生台湾"联合号"渔船撞沉事件,造成日台社会严重对立①。马英九为平息这一事态,同时亦为消除日本对其"亲中反日"倾向的质疑,特别指示将2009年定为"台日特别伙伴关系促进年"②。马英九高调表示"在与大陆改善关系的同时,绝对不

---

① "台湾媒体披露日舰在钓鱼岛撞沉台渔船细节",新浪网,http://news.sina.com.cn/c/,2008年6月11日。

② 2009年1月20日,台湾"外交部长"欧鸿链正式对外宣布:台湾方面希望从经贸、文化、青少年、观光及对话等五个方面,全面深化台日关系。台湾外交部指出:台日两国间存在许多共同历史会议及文化情感,"只有台湾人和日本人彼此最懂",尽管两国不具正式邦交,但日本一直是台湾最重要的经济伙伴,日本文化也是台湾外来文化中最重要的一环,双方早就存在超越正式外交关系的"特别伙伴关系"。引自台湾《联合报》2009年1月23日。

会影响和日本长久以来的友谊",并积极推动日台在经贸、文化、青少年、安全等方面的对话与交流。台湾"国安会"秘书长苏起也宣称今后台湾要积极推行"和中、友日、亲美"的对外政策①。

2009年8月日本民主党取代自民党成为执政党,"日本政党轮替,为转型期的台日关系埋下新的变量"。但"民主党的政策大纲《INDEX2009》中的"外务与防卫"部分,特意着墨将"促进日台间的经济与文化交流",凸显了对台日关系的重视"②。台湾"亚东关系协会"会长彭荣次在日台论坛2009年东京会议上就直截了当地表示,"1972年体制已经过时,希望日本民主党新政权重新考虑,强化更为密切的日台关系"③。2010年9月15日,民主党国会议员中津川博乡拉拢21位国会议员成立"日台交流会"④,这是日本民主党执政以来首次成立的日本国会亲台议员组织⑤。至此,日本自民党、民主党均成为近年来日台关系"密切化"的重要推手。

---

① "台媒:马英九'和中、友日、亲美'战略成局",环球网,/http://taiwan.huanqiu.com/taiwan_ opinion/2012-09/3131777.html。

② 林泉忠:《民主党时代启航、台日关系何去何从?》,台湾《自由时报》2009年10月12日。

③ 吴万虹:《日台关系的若干新动向》,《世界知识》2010年第5期。

④ 《日民主党议员组日台交流会》,台湾《自由时报》2010年9月16日。

⑤ 王海滨:《日本国会亲台议员与日本对华决策》,《现代国际关系》2010年第12期。

日台关系的密切化势必推动日本版《与台湾关系法》论调的逐渐"成型化"。民进党执政的2000—2008年，一度出现缔结日台或美日台军事同盟的言论等。不过，自2008年国民党执政以后，日台关系似乎更加稳健发展。推动日本版《与台湾关系法》不仅是日本遏制中国的一张牌，同时也是台湾对大陆打日本牌的一个重量级筹码。在这一方面，国民党与民进党采取了同样策略。马英九时期台湾驻日代表冯寄台就多次拜访日本外务省及亲台国会议员，催促日方推进日本版《与台湾关系法》的进程。他还于上任初始的2008年12月23日参加李登辉之友会举办的"日台共荣之夕"晚餐会，席间竭力说明马英九并非反日。2010年4月冯寄台在日本《正论》刊物发表《台湾不会屈服于共产中国膝下》一文宣称：自青年时代就是强烈"反共主义者"的马英九"绝不会与中国大陆协商统一"，他并且明确告诉日本社会：马英九"不统、不独、不武"的核心就是"不统"①。冯的举动是否是马英九的授意？无从得知。但冯马私交甚密，则是众所周知。

（二）马英九第二任期中日关系与日台关系的跌宕起伏

2012年1月14日，马英九再次当选台湾地区领导人。2012年9月9日，台湾新任驻日代表沈斯淳在日本《产经新

---

① "冯寄台向美日主子交心、马政府意欲何为？"，中评网，http://mcn.zhgpl.com/crn-webapp/doc/，2010年4月10日。

闻》发表文章称，"日台互为亚洲邻居，不仅共同拥有民主主义、自由、人权等价值观，也有着悠久的历史渊源。"① 继续为推动日本版《与台湾关系法》创造气氛。

2011年3月11日，日本福岛地区发生大地震，台湾社会共计对日捐赠187.4亿日元。台湾还特别派遣28名专业救助人员赴地震现场，合计提供560吨救援物资②。长期在台湾从事日台文化交流活动的马场克树就此指出："此举让众多日本人了解了台湾民众对日本的感情，同时也促使日本人加深了对台湾的认识。"③ 2013年1月31日，日本外务大臣岸田文雄在致交流协会成立40周年纪念之贺词表示："台湾是与我国有紧密的经济关系与密切的人员往来的重要伙伴。根据民意调查的结果显示，不论是日本或台湾，10个人内有7个人皆对对方抱有亲切感。日本大地震之后，台湾对日本提供了打破规格的支持，日本亦为表达对台湾的感谢而举办了无数的活动，这一切正反映着日台关系的亲密。"④

2012年9月11日，日本政府决定对钓鱼岛实施"国有

---

① 沈斯淳：《面向未来的日台关系》，日本《产经新闻》2014年9月9日。

② 日本外务省中国蒙古第一课、第二课：《最近の日台关系と台湾情势》，http://www.mofa.go.jp/mofaj/area/taiwan/pdfs/kankei.pdf。

③ 马场克树：《在台湾发展的日本艺术家为何走红？》，http://www.nippon.com/cn/in-depth/a02203/。

④ "岸田外务大臣致交流协会成立40周年纪念之贺辞"，日本交流协会，http://www.koryu.or.jp/taipei-tw/，2013年1月31日。

化",中日围绕钓鱼岛争端空前激化,台湾当局也表示抗议①。马英九曾在"七七事变75周年纪念特展"开幕仪式致辞时明确指出:是"日本窃占钓鱼台",并强调"目前虽为台日关系最友好之状态,但基于民族大义及国家主权等立场,我国对必须坚持之事物,一寸都不会让步"②。日本为"破除"两岸合力保钓趋势,以"慨然"允许台湾渔船在"专属经济区"作业等条件,2013年4月10日与台湾急促签署《日台渔业协议》③。5月2日马英九接见全台大专院校杰出

---

① "台当局派驻日本办事机构负责人向日方严正抗议",中国新闻网,http://www.chinanews.com/tw/,2012年9月11日。

② "馬英九出席『七七事變75週年』特展開幕典禮暨記者會",http://www.president.gov.tw/,2012年7月7日。转引自[日]小笠原欣幸:《從馬英九的博士論文解讀日台漁業談判》,东京大学东洋文化研究所《东洋文化》第94期,2014年3月31日。

③ 据台湾《联合晚报》报道称,根据这一协定,未来台湾渔民可在北纬27度以南的钓鱼岛海域,以及钓鱼岛周边12到24海里范围的邻接区(中国大陆一般称毗连区)作业不会受干扰。此外,日方会另开放八重山群岛海域一处渔场给台湾渔民作业。台湾"外交部长"林永乐随后举行记者会表示,签署协议后,作业范围将较以往扩大1400平方海里(约4530平方公里),台湾渔民在协议保障的海域范围内,作业权益将获得保障,不受干扰。日本媒体昨天也证实,拟允许台湾渔船作业的海域为所谓"日台中间线"日本一侧北纬27度以南的"专属经济区",钓鱼岛也位于该海域。日台之间还出现了把该海域定为"共同管理海域",对双方捕捞量进行管理的方案。为了协调双方的渔船数量等问题,双方还有意向成立一个"共同管理委员会"。据悉,每年在钓鱼岛周边海域作业的台湾渔船超过800艘,年渔获量约4万吨,主要渔获为鲭鱼、黑鲔鱼、黄鳍鲔、鬼头刀、鲨鱼等。引自"日台签署渔业协议 专家:日本欲防两岸联手对抗",搜狐网,http://news.sohu.com/,2013年4月11日。

服务性社团暨社团领袖"杰青奖"得奖人员时亦高调宣称："现在的台日关系处于60年来最好的状态。"① 由此窥见马英九苦心维系日台关系的"复杂心态"②。

2013年3月24日，由日本外交与安保专家学者组成的"安全保障等相关问题研究会"通过一项"政策建言书"，要求日本政府尽早制定"日台关系基本法"，以利于日本推进外交与安全保障政策③。5月1日马英九与日本自民党众议员岸信夫晤谈。12月11日，交流协会台北事务所举办"天皇

---

① "马英九称'台日关系'处于60年来最好时期"，环球网，http://taiwan.huanqiu.com/news/，2013年5月3日。

② 对于马英九在钓鱼岛问题上的反复性，日本学者小笠原欣幸认为："台湾与日本拥有民主和自由两个共同的价值观，台湾与日本也有着广泛的民间交流。由于台湾在国际间的角色受到相当多限制，无论谁担任总统，都不会希望在领土问题上与日本发生对立，也会担忧日本与中国的冲突。台湾不考虑通过武力手段，或武力威胁改变现状，尤其马英九作为国际法学者拥有通过协商协议解决问题的理念。签署日台渔业协议可以说大力宣扬了中华民国的价值观不同于中国。透过分析后我们可以得出结论，推动马英九签署协议的动力，应该是为了宣扬中华民国的价值观，以及实践其在年轻时期撰写的博士论文中的理念。日台渔业谈判的过程可以让我们看到，在中华民国台湾化的过程中，中国国民党政权所拥有的拒统与拒独这两种相互矛盾的性质。马英九今后也会维持其"两面性"。见［日］小笠原欣幸《從馬英九的博士論文解讀日台漁業談判》，东京大学东洋文化研究所《东洋文化》第94期，2014年3月31日。

③ 《日学者建言"制定日台关系法"》，台湾《自由时报》2013年3月24日。

生日庆祝酒会", 台湾"立法院长"王金平、台湾"外交部长"林永乐以及民进党主席苏贞昌等人出席①。12月13日, 马英九与日本民主党众议员前原诚司、长岛昭久等人会晤。2010年9月中日撞船事件发生后, 时任国土交通大臣的前原诚司对华强硬。长岛昭久则在2012年9月以日本首相助理(野田佳彦首相委托处理钓鱼岛问题)身份主导实施"钓鱼岛国有化"②。他们不仅是日本亲台政治家, 今后也将是推动日台关系及日本版《与台湾关系法》的重要推手。2014年8月15日, 马英九与日本民主党前代表冈田克也晤谈。在马英九与日本政客的一系列会晤中, 是否触及日本版《与台湾关系法》话题, 目前不得而知, 但至少可断定的是, 日台始终在合力为日本版《与台湾关系法》造势, 营造推动该法的实现条件与政治环境。

---

① "王金平苏贞昌等在台湾出席日本交流协会酒会为天皇庆生", 观察者网, http://www.guancha.cn/local/, 2013年12月13日。

② 桥本隆则: "钓鱼岛国有化背后的关键人物", 凤凰博报, http://blog.ifeng.com/article/20307562.html/, 2012年10月2日。2013年10月长岛昭久在其出版的新著《活用美国的流派》中公然谎称: 日本民主党政权在2012年将钓鱼岛"国有化"时, 当时确实感到已经得到了中国方面的"默许"。见"日本高官妄称钓鱼岛'国有化'曾获中方'默许'", 大公网, http://news.takungpao.com/world/focus/, 2013年10月23日。

（三）日台合力再掀日本版《与台湾关系法》恶潮风波

为日本版《与台湾关系法》推波助澜，日台举办一系列会议等。2013年2月24日在日台独团体"台湾独立建国联盟"举行《二二八时局演讲会》，该联盟日本本部中央委员林建良公开呼吁日本尽快制定日本版《与台湾关系法》，他称，日本版《与台湾关系法》"将对台湾人民予以巨大的鼓励"①。3月24日由日本外交与安保专家学者组成的"日美台安全保障等相关问题研究会"通过对日本政府的"政策建言书"，要求日本政府急速制定日本版《与台湾关系法》②。日本庆应义塾大学东亚研究所与台湾大学政治学系台湾安全研究中心共同举办多届《台日研究论坛》③ 等。

2013年9月7日，台湾安保协会在台北举办《中国崛起与亚太民主联机的形成》国际研讨会。美国前副总统切尼办公室亚洲安全顾问叶望辉（Stephen Yates）公开给日台关系"推涛作浪"称：美国"亚洲再平衡"政策面临联邦财政危

---

① 台湾独立建国联盟网站，http：//www.wufi-japan.org/archives/286。

② 《日本学者建言"制定日台关系法"》，台湾《自由时报》2013年3月24日。"日本出新招挺'台独'，拟定'对台关系法'"，凤凰网http：//news.ifeng.com/world/detail/，2013年3月26日。

③ 庆应义塾大学东亚研究所，http：//www.kieas.keio.ac.jp/eani/jtrf.html。

机等现实局限,台湾的领导者应未雨绸缪,思考与日本建立更开放的合作关系①。

2013年9月24日,包括岸信夫、平沼赳夫等20多位日本国会议员在内的日本各界在东京举行"集结有志之士加强日台连带关系"大会,以感谢台湾在2011年日本大地震提供的捐助,并且借此深化日台关系。大会聘请台湾"立法院院长"王金平为最高顾问。台湾驻日代表沈斯淳、前驻日代表许世楷、民进党"立委"陈唐山等应邀出席。许世楷代表致谢词时表示,希望日本"用台湾人爱日本的心情来支持台湾"②。同日岸信夫在与台湾与会代表晤谈时,针对陈唐山希望日本比照美国,也制定日本版《与台湾关系法》让台日关系"合法化"。他回应称,不论中国如何对台出招,"日台互信关系不会变化"③。

2014年2月17日由日本外务副大臣岸信夫(安倍胞弟)④

---

① 《叶望辉:台日应合作勿被意识形态蒙蔽》,台湾《自由时报》2013年9月8日。

② 台湾《自由时报》2013年9月24日。

③ 同上。

④ 岸信夫在《正论》(2013年11月号)发表"加紧重构日台关系"一文指出,1979年美台断交之时就制定了"台湾关系法",而日台之间并无此法律根据,可在参考浅野和生提议之前期版本基础上,加紧制定必要的相关法律。见吴万虹《日拟制定日本版"台湾关系法",应引起我足够重视》,天津网,http://www.tianjinwe.com/hotnews/gn/djt/,2014年12月29日。

担任会长的自民党"促进日本台湾经济文化交流年轻议员会"①(简称"日台年轻议员会")在与外务省举行的涉台会议上决定,将以制定所谓日本版《与台湾关系法》为目标,作为日本与没有正式官方关系的台湾加强关系的法律依据②。同日台湾"外交部"表示"乐观其成"。台湾驻日代表沈斯淳亦称:"以往有类似提议,但是未见进一步发展,驻日代表处会密切注意,盼台日友好关系继续向前进展。"③种种迹象证实,岸信夫的所作所为完全是安倍之授意。

2014年7月1日,在台北举行"台美日三边安全对话研讨会(第四届)"期间,民进党"立委"萧美琴透露,日本执政党国会议员正在倡议研拟日本版《与台湾关系法》草案,她称,草案内容不应只局限在经济、文化交流,若无法为台、日创设"安全合作机制",意义不大,日方应拿出政治智慧,仿效美国"台湾关系法",借此为台日安全合作创

---

① "日台年轻议联"创建于2006年,现有70名自民党籍国会议员。该会自成立以来,已经多次主导或参与日本政界涉台法案的制定及国会表决。最有代表性案例是该会于2009年7月推动国会通过将在日台湾民众"外国人登陆证"国籍一栏由"中国"改为"台湾"的"出入国管理法修正案"。见吴万虹《日拟制定日本版"台湾关系法",应引起我足够重视》。

② "日政客欲推'日本版台湾关系法'",搜狐网,http://roll.sohu.com/,2014年2月19日。

③ 《安倍胞弟推日版"台灣關係法"》,台湾《联合报》2014年2月18日。

设法律基础①。

2014年9月,李登辉访日期间多次呼吁安倍政府尽快制定日本版《与台湾关系法》。据台湾《中国时报》报道,李登辉在日演讲时指出,日本还有未完成课题,就是制定日本版《与台湾关系法》。他说,日台交流缺乏法律根据,进一步看,"今后借由'日美台'联合,建立新远东秩序时,台湾关系法将成为很好的基础"② 李登辉还特意建议"不要把解禁集体自卫权,与日本版《台湾关系法》摆在一起"③。

虽然日本版《与台湾关系法》进展艰涩,但日本涉台学者多以为,马英九时期日台关系发展平稳,而"良好且稳定的日台关系应该可稳定东亚的国际环境"。同时,随着2008年以来马英九当局对日不断采取亲善态势,如宣布2009年为台日特别伙伴年、2011年建立八田与一纪念公园,以及2013年4月签署日台渔业协议等,日本一度担忧的马英九反日色

---

① "民进党'立委':日本应仿美国制定'台湾关系法'",网易,http://news.163.com/,2014年7月2日。

② 李登辉:"日本为了全世界,应成为亚洲领袖",凤凰网,http://news.ifeng.com/taiwan/1/detail,2014年1月22日。

③ "日本不可能有'台湾关系法'",网易,http://news.163.com/,2014年9月23日。

彩也几乎褪色①。而对日本来讲，通过打台湾牌修好"政冷经凉"的日中关系也成为安倍政府的一种战略选择②。另外，2010年以来，日台经济关系呈现"国际合作化"态势，即日台的经济合作不仅局限于日台两地，而是日台企业携手合作，向东南亚地区及世界其他地区进行共同投资和技术开发等③。

日台关系密切化有其现实的必然性。近年来，日本反复强调海洋国家必然与大陆国家对抗的所谓"海陆对抗论"，并把台湾定位为日本海洋国家战略的重要一环。东京基督教大学西冈力教授（安倍晋三的"价值观外交"智囊之一）强调：台湾的战略价值对日本来说比对美国更重要。因此，要从"价值观外交"出发，制定日本版《与台湾关系法》，像美国那样通过国内法明文确定保护台湾的"民主"④。日台文化交流密切化亦是今后的趋势之一，2015年3月26日，台湾驻日代表沈斯淳出席"日台议员恳谈会"，对该会致力

---

① 松田康博：《马英九政府下的日台关系》，提交给"日台关系研讨会"的论文，青岛：青岛海洋大学，2014年5月10日。

② 阎德学：《日本对台政策中长期的战略考量》，《东方早报》2013年5月15日。

③ 参照台湾"行政院大陆委员会"：《ECFA后日商加强与台湾企业投资合作——"台日企业结盟成长策略说明会"厂商报名热烈》，http：//www.mac.gov.tw/等。

④ 西冈力『北朝鲜の核・拉致は解决ごきる』、PHP研究所2006年版，第130页。

于推动台日文化、观光以及国会议员交流等努力表示感谢[1]。

当下日台关系是一种有着浓厚历史情结和现实利益需求的混合物,更是日台双方互为利用的现实体现。按照日本学者川岛真的逻辑:"上个(20)世纪90年代以后,随着台湾的民主化和经济发展,日本的台湾观和日台关系都发生了巨大变化,应该说是日本与台湾双方的'民间'和'社会'成为主角,构筑了如此紧密的关系。眼下,日本与台湾之间既有尖阁诸岛(即中国钓鱼岛)问题,也存在历史认识问题。但是,正如2013年4月签署的日台渔业协议所反映的那样,可以说,以社会推动政府的形式,双方开始了一种新型的政府间关系的探索"。这位日本学者亦抱怨称:"日方设有交流协会,台方设有亚东关系协会,这两个机构长期维持着实质性的关系。可是即便如此,未建立邦交这一点始终会造成诸多不便。"[2]

---

[1] "台北驻日经济文化代表处",http://www.taiwanembassy.org/JP/2015年3月30日。

[2] 川岛真:《日本与台湾——支撑无邦交信赖关系的基础》,http://www.nippon.com/cn/in-depth/a02204/。

三、举步维艰的日本版《与台湾关系法》

(一) 美国《与台湾关系法》不具备"正义性"。

近年来,日台以美国版《与台湾关系法》为由,鼓噪制定日本版《与台湾关系法》。1978年12月16日中美发表《中美建交公报》;1979年1月1日中美正式建交(同时美台"断交")。1979年3月28日和29日美国国会参众两院分别通过美国版《与台湾关系法》(自1979年1月1日生效)。此后,美国版《与台湾关系法》成为阻止两岸统一的"暗桩"①。自李登辉陈水扁时期以来,参考美国版《与台湾关系法》进而制定日本版《与台湾关系法》始终是日台共同的夙愿。但长期以来,有关美国版《与台湾关系法》的出台过程始终是扑朔迷离。

---

① 英歌:《"与台湾关系法"是两岸统一的"暗桩"》,中国新闻网 http://www.chinanews.com/,2000年2月29日。2000年2月1日美国众议院又通过《加强台湾安全法》,完全违背中美之间三个联合公报确定的原则和美方在台湾问题上所做的承诺,公然要求美国政府"尽一切努力"维持台湾的"防卫能力",为美国向台湾出售各种先进武器和进行并扩大美台武装力量之间的合作提供所谓法律依据。引自《坚决反对美国会众议院通过"加强台湾安全法"法案》,《光明日报》2000年2月3日。

2015年1月14日,深度参与美国版《与台湾关系法》起草工作的美国纽约大学政治系熊玠教授首度公开"解密"美国版《与台湾关系法》的起草背景、过程等鲜为人知的信息。据熊玠回忆,"解密一:急速通过该法是国会对卡特的报复。"美台断交之后,美国国会在1979年3月以不到两天的时间表决通过《与台湾关系法》。"解密二:美籍华人四人组起草了法案意见书。"为应对美台断交,1977年,台湾驻美大使沈剑虹就聘请熊玠、丘宏达等4位美籍华裔学者秘密撰写提交美国国会的意见书(四条)。1. 中美建交后,美在北京的联络处与美在台北大使馆对调;2. 美国半官方的海外私人保险公司继续适用于台湾;3. 除了废除《共同防御条约》之外,其他美台条约将继续有效;4. 美国要保障台湾的安全。"解密三:美国国会将四人组意见书充实成法案。"如众院外交事务委员会主席赛布洛斯基添加"提供防御性武器给台湾人民"内容等。"解密四:《台湾关系法》被误解太多,美国从不撑台独。"1979年曾旁听国会讨论这部法律的熊玠说,参议院外交安全委员会主席邱池在最后宣布,如果是因为岛内发起"台独"而引起大陆出兵,不属于《与台湾关系法》适用的范围,美国不会出兵,也就是说美国并无义务帮助台湾因搞台独而引起的战争。熊玠明确说"这部法律是美国国内法,它不约束台湾、不约束大陆、不约束两岸之间的交往甚至统一,它的一切都在约束美国的对台政策及反应机制。对此，台湾是故意误解，而大陆则是真的误解"①。虽然熊玠回忆的有些内容无法认定②，但他的证言无疑对当前日台推动日本版《与台湾关系法》的势头是一个遏制。

（二）美国亚太战略与日本战略需求的现实因素

可以预计的是，今后日本版《与台湾关系法》动态仍受制于美国今后的亚太战略（包括日美防卫合作指针、TPP等）。美国"可说是近半个世纪以来，迄今影响日本与台湾对外关系以及其彼此互动的最关键因素"③。的确如此，冷战结束后至今，美国对日对台战略保持基本不变。美国历来信

---

① "熊玠语中评：我要说出《台灣關係法》真相"，中国评论新闻网 http：//www.CRNTT.com/，2015 年 1 月 14 日。

② 熊玠回忆的大部分内容得到中国学界的认定。如徐红艳认为"美国国会出台《与台湾关系法》的原因有：相比较中美建交的战略意义，美国国会更注重台湾的'安全'与繁荣；美国国会对于美行政部门在中美建交谈判中的单边主义行动大为不满；美国国会的权力复兴在中国政策上的反映；少数亲台议员的煽动作用。美国总统签署《与台湾关系法》的原因有：美国国会对于台湾利益的强调与美行政部门的本意并不违背；《与台湾关系法》的最后文本是美国府会互动和妥协的产物"。见徐红艳：《美国国会与〈与台湾关系法〉的出台》，《当代中国史研究》2004 年第 5 期。

③ 蔡东杰：《后冷战时期日台特殊关系发展分析——东亚战略环境变迁下的日台特殊关系发展》，交流协会日台交流中心 2006 年度交流事业报告书，http：//www.docin.com/p-714013348.html。

奉"均势"政策,在亚太地区利用日本制衡中国,在两岸关系上利用台湾制衡大陆。出于维护其本身的战略、政治、外交和经济利益,美国在今后相当长的一段时期内仍将维持实质上的"一中一台"政策①。这亦是日台企图借助的大背景。

就台湾对日本的地缘重要性而言,自16世纪后期日本武力迫使琉球称臣纳贡②以及1874年日本借琉球渔民遇难事件首次入侵台湾③,乃至五十年殖民地统治期间,日本始终把台湾视为其对外扩张的"南进基地",即"侵略中国南部大陆及其向东南亚进行侵略活动的基地"④。战后乃至后冷战时期,日本石油运输的主要通道均是中东至东亚的海路,即"波斯湾—阿拉伯海—印度洋—马六甲海峡—南中国海—台湾海峡—日本"一线。日本石油进口的90%和各类货物运输的40%都是通过这条航运线⑤。因而从现实利益看,日本始

---

① 杨洁勉:《克林顿政府对台政策的调整》,《美国研究》1999年第4期。

② 陈孔立主编:《台湾历史纲要》,北京:九州出版社1997年版,第33—34页。

③ 吴廷璆主编:《日本史》,天津:南开大学出版社1994年版,第412—414页。

④ 刘大年等:《台湾历史概述》,《中国科学院历史研究所第三所集刊》第2集,中国科学院出版1955年版,第66页。

⑤ 李政:《日本保障海上生命线安全的研究》,《生产力研究》2010年第5期。

终认为，"台湾对日本的安全来说，是最后的生命线"①。2011年以来，随着"日本核电站的停止运转，日本天然气、石油等火力发电燃料的进口量大幅增加"②。日本更加介入台海局势乃是不容置疑的趋势。

以美台关系比较日台关系看，在历史情结、现实利益及未来展望上，日本对台湾确实抱有特别的关切，这确实是美国无法比拟的。虽然美日均表示"不希望台湾这一处于西太平洋岛链中心的战略要冲被中国海军控制并被用于切断日美海上通道"③。但"日本在台湾问题上有着重大的利害关系，即便美国干预台湾问题的意愿和能力下降，日本也不一定会选择放弃插手台湾问题，因而就不能排除它从自身利益以及对东亚地区力量对比趋势的评估出发，在美国的支持下扮演更积极的角色"④。

冷战时期乃至后冷战时期日台关系的发展，亦证实日本对台湾海峡的关注始终是国家性战略行为，亦继续在周边重

---

① ［日］中西辉政：《台湾是日本的生命线》，日本《呼声》月刊2004年4月号。

② ［日］橘川武郎：《"威胁"安倍经济学的日本能源问题》（杨雪婷译），《东北亚学刊》2015年第1期。

③ ［日］冈崎久彦、ジョンタシク《米国はひとつの中国政策から脱却せよ》、『中央公论』2006年3月。

④ 吴寄南：《冷战后的日台关系》，上海人民出版社2009年版，第385页。

大利益与主观的核心利益之间徘徊。在欧美等国经济增长乏力以及安倍经济学风险日益凸显的背景下，重振日本经济必须借助中国经济的活力。但日本同时担忧中国战略崛起，由此，以日本版《与台湾关系法》来加强日台关系，亦是制约中国（亦平衡日美关系）的战略考量。

(三) 艰难跋涉的日本版《与台湾关系法》

日本版《与台湾关系法》面临许多的现实困难。2014年7月，日本众议员铃木馨佑在第四届"台美日三边安全对话"研讨会上就"坦承"，目前日本版《与台湾关系法》仍只是"讨论中的构想"，受日本宪法限制，想在其中放进安保项目有实际困难，还需要一些步骤，目前只有在执政党的内部小组有所讨论，但台日双方仍应强化军事交流及安全合作[①]。日本立法程序极为复杂，如2011年3月日本国会全票通过促进日台互办艺术品展览会的《海外美术品等公开促进法》，但该法从起草、讨论至国会表决通过就花费5—6年时间。2014年9月台独大佬辜宽敏坦承"日本不敢制定'台湾关系法'，他们会担心与中国大陆的关系"。他甚至断言"日本不

---

① "日本众议员：日版'台湾关系法'实行极困难"，网易，http://news.163.com/，2014年7月2日。

可能制定该法，台湾也不应该期待"①。

有香港媒体指出，日本若制定《与台湾关系法》无疑是向中国宣战②。毋庸置疑，日本版《与台湾关系法》若成为现实，日本将直接介入台海两岸事务，这不仅是对中国内政的严重干涉和对中国核心利益的公开挑战，也是违背国际法的准战争行为。亦有中国学者认为"虽然日本版《台湾关系法》近期提交国会表决的可能性很低"，但"中日关系如长期持续对抗，该法出台并表决通过的可能性相当高"③。

日本法政大学副教授福田圆认为：通过近年来日台一系列民间协议，台湾也正在形成纳入东亚一体化的结构，中国大陆对此也给予一定程度的默认。日台今后必须在进一步促使中国大陆默认的基础上，不断推动日台关系发展的"制度化、紧密化"④。这其实就是近年来日本学者为日本版《与台湾关系法》"合理化"而提出的一种论调。

虽然目前日本版《与台湾关系法》的"变现性"面临巨大的困难，但仍是今后日台关系发展的一个风向标。我们须

---

① "日本不可能有'台湾关系法'"，网易，http：//news.163.com/，2014年9月23日。

② 《台独妄想日本武力相助今夕是何夕》，中评社，2014年7月7日。

③ 吴万虹：《日拟制定日本版"台湾关系法"，应引起我足够重视》。

④ 福田圆：《ポスト台湾民主化と日本一関係の制度化と緊密化》，東京大学東洋文化研究所《東洋文化》第94号，2014年3月31日。

高度警觉的是，当下以安倍首相为代表的日本右翼推崇的"价值观外交"是中日关系改善与发展的强力枷锁，更是拉近日台关系的强力纽带。近年来随着日本石油等战略资源进口量的急增，日本对台海局势的战略关注今后也呈增幅趋势。随着台湾2016年年初大选的来临，台湾政权更迭势将再次出现跌宕，日本版《与台湾关系法》亦会有新的动态。

本文以为，2015年9月19日凌晨，日本国会强行通过安保相关法案，即将出台的相关条文解读也极有可能对台海问题做出"出格"的解释。再就是近年来，有台湾学者提出未来的日台关系应该推进两个目标：1. 日台经济一体化；2. 日台安保对话机制①。此一动态极可能增加台海局势的不稳定因素。两岸应该通过海协会海基会联络机制等有关渠道，及时控制这一趋势。

---

① 林泉忠：《以"新战略"提升台日关系》，2015年10月13日。

地缘安全环境中的社会化外交效应
——德、俄、中三国比较分析

熊李力[*]

【内容提要】 社会化外交,是指通过与其他国家塑造共有利益认同或价值认同来解决外交战略问题、实现自身国家利益。"社会化的底线是社会,社会的底线是集体身份。国际社会中的集体身份不是消灭个体身份,而是个体主体性存在前提下的多元集体认同。"[①] 简言之,社会化外交就是一国在保持自主性的同时和平融入国际社会的过程。在当今世界,针对一国与周边邻国之间的地缘安全困境,最有效的社会化外交载体当属基于区域内各国共同利益与价值认同的区域合作机制。

【关键词】 地缘安全 环境社会化外交 比较分析

---

[*] 熊李力,对外经济贸易大学国际关系学院国际政治学系主任、教授。

[①] 秦亚青:《国际关系理论的核心问题与中国学派的生成》,《中国社会科学》2005年第3期,第176页。

18世纪中叶到20世纪中叶,鉴于地处欧洲腹地的地缘安全困境,普鲁士及之后的德国在欧洲一直奉行以军事扩张解地缘安全困境的个性化外交战略。但第二次世界大战以后,德国的周边外交实现了社会化转型,尽管付出了一定的主权让渡和经济利益代价,但德国坚持将自身外交政策和国家利益融入欧盟的整体框架之内,有效地化解了自然地理环境造就的地缘安全困境。

对比德国,俄罗斯在东欧平原也面临自然地理环境造就的地缘安全困境。然而,冷战结束以来,俄罗斯既无法融入欧盟,其主导的欧亚经济共同体也无法与欧盟并驾齐驱。随着乌克兰"脱俄入欧",俄罗斯的地缘安全困境加剧。由于社会化外交失效,俄罗斯只能基于军事实力奉行个体利益导向鲜明的个性化外交。但这种强硬的个性化外交并不能从根本上化解俄罗斯面临的地缘安全困境。

中国在亚太地区的陆海邻国众多,且存在较多的领土领海争端,这导致中国的地缘安全环境也非常复杂。然而,对比俄罗斯,中国是亚太区域合作机制中不可或缺的重要成员,这在很大程度上改善了中国的地缘政治环境。乌克兰与欧盟建立联系国机制极大加剧了俄罗斯的地缘安全困境,而任何亚太国家加入亚太区域合作机制都不能对中国产生类似的负面影响。不过,对比德国,中国在通过社会化外交路径改善地缘安全环境的同时,不必过度淡化中国外交的自主性,维护国家主权和领土完整仍是中国外交的重要目标。

引　言

社会化外交,是指通过与其他国家塑造共有利益认同或价值认同来解决外交战略问题、实现自身国家利益。"社会化"过程就是和平融入国际社会,从体系外国家转型为体系内国家。① "社会化的底线是社会,社会的底线是集体身份。国际社会中的集体身份不是消灭个体身份,而是个体主体性存在前提下的多元集体认同。"②

一、"二战"结束以来德国外交的社会化转型

回顾历史,德国曾长期受制于因地处欧洲腹地而造就的地缘政治困境——四邻皆为强国,缺少战略纵深。"德国处于欧洲中心的倒霉位置,而且还面临着各种安全危险,这些危险中最主要的就是德意志帝国四周边界均无险可守,容易

---

① 秦亚青:《国际关系理论的核心问题与中国学派的生成》,《中国社会科学》2005年第3期,第175页。
② 同上,第176页。

遭受来自外部的攻击。"① 从普鲁士到纳粹德国，历代德意志国家不断尝试通过军事胜利从邻国夺取领土，从而消除这种强邻环伺的地缘政治困境。

16世纪末至17世纪初，勃兰登堡—普鲁士在连年的战争中崛起。面对欧洲的动荡局势，普鲁士的地缘政治战略是"在德意志民族的神圣罗马帝国内外结成联盟，必要时可以不择手段，甚至可以发动先发制人的战争，把危险扼杀在摇篮里。"② 换言之，普鲁士奉行"以扩张求安全"的战略原则。在这一战略原则的指导下，到18世纪中期腓特烈大帝统治时期，普鲁士取得了相当辉煌的军事成就，不仅夺取了西里西亚，而且伙同奥地利、俄国瓜分波兰，获得大片领土。然而，普鲁士的军事成就并未有效改善强邻环伺的地缘政治困境。相反，普鲁士在战争中夺取的领土越多，和奥、俄、法等邻国的冲突就越严重，为此，普鲁士不得不卷入"连绵不断的备战、停战、开战的怪圈还有永无休止的战争善后和国土重建的矛盾中"。③

19世纪70年代，德国虽然实现了以普鲁士为主导的统

---

① [德]奥托·冯·俾斯麦：《思考与回忆——俾斯麦回忆录》（第3卷），北京：三联书店2006年版，第271—272页。

② 殷桐生：《德国外交通论》，北京：外语教学与研究出版社2010年版，第13页。

③ 同上，第8页。

一，但并未彻底摆脱长期以来的地缘政治困境。"德国的统一却使现实政治自食其果，造成与原意全然相反的结果。"①由于德国在普法战争后强迫法国割让阿尔萨斯和洛林，德法矛盾难以调和。针对法国可能的复仇，俾斯麦建立了一套复杂的大陆同盟体系，极力避免四面树敌，不仅同时与俄、奥、意结盟，而且努力协调英德关系。然而，1890年威廉二世掌握德国外交决策权后，基于对德国军事实力的高度自信，放弃了俾斯麦苦心经营的同盟体系，德俄关系日趋冷淡，最终法俄结成同盟，德国再度陷入东西两面受敌的地缘政治困境。不仅如此，从19世纪90年代开始，德国开始奉行所谓"世界政策"，其核心即夺取海上霸权和海外殖民地："德意志帝国要成为世界帝国。在世界遥远的地方，到处都居住着我们的同胞。德国的货物、德国的知识、德国的勤奋要漂洋过海。"② 1898年，德国通过海军法案，英德矛盾逐渐激化。"德国过度炫耀武力的结果是滑入第一次世界大战。"③ 最终，德国在第一次世界大战中惨败，不仅领土面积由63万平方公里缩小至46万平方公里，而且背负2260亿马克的巨额战争

---

① Henry Kissinger, *Diplomacy*, (New York: Simon&Schuster, 1994), p.137.

② [美]科佩尔·S.平森：《德国近现代史》（上册）（范德一译），北京：商务印书馆1987年版，第402页。

③ [美]亨利·基辛格：《美国的全球战略》（胡利平、凌建平译），海口：海南出版社2012年版，第24页。

赔款。

20世纪30年代，希特勒上台后，为"一劳永逸地打破对德国的包围"，① 公然声称"我们的对外政策的目标是取得领土"。② 在纳粹统治下，德国的军事扩张取得了前所未有的成就。至1941年年底，从莫斯科到法国海岸，从挪威到希腊，欧洲大陆的多数国家都已直接或间接处于德国的军事控制之下。然而，这种前所未有的军事扩张也使德国不得不面对前所未有的强大对手，"当希特勒在1941年12月将美国卷入战争后，大约七千万德国人要对抗七亿左右的敌国人民。"③ 战后初期的德国，"政局混乱，经济崩溃，庐舍为虚。盟国轰炸机的连续轰炸，几乎使德国所有城镇都成为颓垣残壁的瓦砾场。"④ 德国不仅丧失了奥得河—尼斯河以东的大片领土，而且剩余部分也被肢解。"德国在第二次世界大战中的失败是自伽太基覆灭以来最惨的一次亡国。"⑤

---

① ［美］罗伯特·A. 帕斯特：《世纪之旅：七大国百年外交风云》（胡利平、杨韵琴译），上海人民出版社2001年版，第101页。

② 张炳杰、黄宜（选译）：《世界史资料丛刊（现代部分）1919—1939的德国》，北京：商务印书馆1997年版，第120—121页。

③ Henry Kissinger, *Diplomacy*, (New York: Simon&Schuster, 1994), p. 368.

④ 丁建弘：《德国通史》，上海社会科学院出版社2007年版，第394—395页。

⑤ ［美］罗伯特·A. 帕斯特：《世纪之旅：七大国百年外交风云》（胡利平、杨韵琴译），上海人民出版社2001年版，第118页。

"一条主线把当代德国的战略构想连在了一起：倒霉的地理位置。不管德国版图怎么变，它地处欧洲腹地的位置始终不变。"① 纵观历史，从腓特烈大帝到希特勒，一味期望通过军事扩张改善地缘政治困境，最终皆未能如愿。相反，德国的军事成就越出色，面临的地缘政治困境就越严重。"二战"期间纳粹德国的超大规模军事扩张更是将德国带入了前所未有的深渊。"1945 年的春天，第三帝国根本不存在了。无论哪一级的德国政权都不存在了。千百万三军将士在本土上变成了战俘。千百万居民，一直到乡村的居民，全被占领军统治。"② 随着德国沦为盟国军事占领下的战败国，德国也丧失了继续进行军事扩张的实力基础。"德国的实力受到了重创，战败使德国失去了一切政治资本，濒临于崩溃的德国没有实力再凌驾于几大国之上，回旋于其中了。"③ 对"二战"后的德国而言，重走以往的军事扩张道路再无现实可能。

基于对历史教训的深刻反思，以康拉德·阿登纳为代表

---

① ［德］约瑟夫·乔菲：《从腓特烈大帝到联邦共和国》，载《世纪之旅 七大国百年外交风云》，上海人民出版社 2001 年版，98 页。

② ［美］威廉·夏伊勒：《第三帝国的兴亡》（董乐山译），北京：世界知识出版社 2005 年版，第 1388 页。

③ 武正弯：《德国外交战略 1989—2009》，北京：中国青年出版社 2010 年版，第 32 页。

的新一代德国政治家开始探索新的地缘政治解困之道。1949年9月,阿登纳在波恩绍姆堡宫发表的就职演说中表示:"我过去和现在都相信,看来对我们是如此绝望的时代,终将导致重建大有作为的国家和超国家组织。这些组织必须建立在权利平等的基础之上,最高目标是在权利和自由的基础上统一德国并使之参加欧洲组织。"① 显而易见,要解决千百年来的地缘政治困境,德国必须与欧洲邻国塑造共有利益认同和价值认同,阿登纳所说的"欧洲组织"恰是塑造这种认同的制度平台。

在此背景下,法国外长罗贝尔·舒曼于1950年发表声明:"自从德国无条件投降以来,到今天几乎五年了,今天法国决定在欧洲建设方面,在与德国建立伙伴关系方面,采取第一个决定性的行动,其结果将使欧洲形势发生根本性的变化。"② "舒曼计划"的提出为战后德国外交的社会化转型提供了现实可行的路径。该计划提议将法德两国的煤、钢工业生产置于一个高级机构的管理之下,并在这一机构框架内对其他欧洲国家开放,通过实现欧洲的联合消除法德之间长期存在的敌对状态。

---

① 俞仪方:《联邦德国60年回望》,《德国研究》2009年第5期卷首语,第1页。
② F. 罗尔·威利斯:《法国、德国和新欧洲(1945年—1963年)》,第80页。

由此,战后德国外交开启了社会化转型。这种社会化外交意味着"立足欧洲、携手欧洲、自觉服务于统一的欧洲"①,使德国的个体利益主动服从于欧洲区域合作机制的整体利益,将德国的外交政策与国家利益融入欧洲区域合作机制之中。"德国人民在经历了纳粹主义给我们带来的彻底崩溃以后,要重新获得自由与平等,只有同盟国一起共同走复兴之路。"② 鉴于"欧洲两千多年历史上形成的障碍不可能在几个月内就全部消除"③,联邦德国政府努力"消除西方各国对德国的不信任,以明确、坦率的态度加入西方阵营"④。"以平等的地位参加国际组织中各国人民之间的和平合作"成为战后德国外交的重要目标。⑤ 在以阿登纳为代表的德国政治家眼中,倘若战后德国外交走上欧洲联合的社会化道路,"既能考虑到欧洲国家的安全需要,又能使包括德国在内的

---

① Thomas Mann, Ansprache vor Hamburger Studenten (1953), in: Gesammelte Werke. Band 10: Reden und Aufsätze. Frankfurt am Main: S. Fischer, 1990, S. 402.

② Auswaertiges Amt, "Die Auswaertige Politik der Bundesrepublik Deutschland", Verlag Wissenschaft und Politik, Koeln, 1972, S. 153.

③ Weidenfeld, Werner, "Konrad Adenauer und Europa", *Europa Union Verlag GmbH*, Bonn 1976, S. 296.

④ [德] 康拉德·阿登纳:《阿登纳回忆录 1945—1953(一)》,上海人民出版社 1976 年版,第 99 页。

⑤ Weidenfeld, Werner, "Konrad Adenauer und Europa", *Europa Union Verlag GmbH*, Bonn 1976, S. 296.

西欧得以重建,经过这条道路,我们也逐步地重新获得置身于世界各自由人民之中的平等地位。"①

迫于"二战"后的战败国地位,联邦德国自成立之初,就不得不"允许在最终通往平等的道路上先有一个'不平等'的过渡期"②,如同"一名身不由己的入伙人和承诺者"。③ 在联邦德国成立的当年,"阿登纳政府不惜付出承认萨尔区国际化地位以及被迫参加鲁尔国际管制机构的代价,换得联邦德国获得对外领事权和占领国停止拆卸重大的工业设备。"④ 阿登纳指出:"我们还不拥有完全的自由。根据占领法规,对德国还有相当的限制,我们将尽力造成一种气氛,使盟国能以平等和宽容的方式应用占领法规,只有这样,德国人才能取得充分的自由。"⑤ 即使在1990年两德统一之后,德国外交在社会化进程中已持续数十年的自我约束也未终结。

---

① [德]康纳德·阿登纳:《阿登纳回忆录1945—1953(一)》,上海人民出版社1976年版,第275页。

② 连玉如:《论阿登纳西欧一体化政策的实施》,《国际政治研究》2000年第3期,第144页。

③ [德]约瑟夫·乔菲:《从腓特烈大帝到联邦共和国》,《世纪之旅七大国百年外交风云》(胡利平、杨韵琴译),上海人民出版社2001年版,第117页。

④ 丁建弘:《德国通史》,上海社会科学院出版社2007年版,第411页。

⑤ [德]康拉德·阿登纳:《阿登纳回忆录1945—1953(一)》,上海人民出版社1979年版,第261—262页。

德国前总理科尔曾十分无奈地感叹道:"我国地理位置不利。我们最强大,最勤奋,但也最不受我们的邻居的欢迎,我们就得这么活下去。"① 德国前总理施罗德更是明确指出:"所有的欧盟伙伴都可以极力追求自己的利益,唯独我们德国人不能。"② 德国外交部高级官员艾克哈德·卢布克麦尔(Eckhard Luebkemeier)甚至调侃道:"德意志联邦共和国"应改称为"德意志欧洲共和国"。③

然而,无论德国为欧洲一体化付出了多大代价,"二战"之后数十年来德国的社会化外交不仅使其逐渐走出了战败国的历史阴影,而且几乎彻底消除了历代德意志国家因地处欧洲腹地而长期面对的地缘政治困境。"德国凭借其强大的经济实力和颇有成效的外交,未响一枪一炮,克服了国家分裂,完成了统一大业;没有向外派一兵一卒,在苏联和东欧广大地区树起了德国的样板,使许多人拜倒在德国的脚下;运用和平手段,使过去通过战争得而复失的东西,在一场没有硝

---

① 引自《明镜》周刊德文版第37期,1991年。

② 施罗德接受《星期天世界报》(Welt am Sonntag, Feburary 28, 1999, 33)采访。

③ 连玉如:《德国默克尔政府的外交与欧洲政策辨析》《德国研究》2006年第1期;2001年连玉如教授在柏林外交部与卢布克麦尔的谈话,载于《德国研究》2006年第1期第21卷,第17页。

烟的'战争'中又失而复得。"① 事实证明，"每当实力不受约束的德国自行其是时，总是招致更大的灾难。而每当德国被牢牢套进一个集体体系时，结果却是空前的繁荣……统一后的德国处于历史上前所未有的有利地位。"②

早在两德统一之初，鉴于"二战"之后联邦德国外交政策社会化的成功经验，时任德国外交部长根舍即已指出："德国对外政策只能是极其深刻的欧洲政策，建立欧洲联盟，最终建立在欧共体范畴内的欧洲合众国……是德国对外政策的一个基本目标。"③ 在可预见的未来，即使德国要追求自身国家利益，也仍将"在政治和经济两个方面以欧洲和大西洋团结的名义提出自己的要求"④。德国将继续在欧盟的制度框架内推行社会化外交。

---

① 苏惠民：《"欧洲的德国"，还是的"德国的欧洲"?》，《国际问题研究》1993年第1期，第22页。

② [德] 约瑟夫·乔菲：《从腓特烈大帝到联邦共和国》，《世纪之旅七大国百年外交风云》，上海人民出版社2001年版，第136—145页。

③ [德] 汉斯-迪特里希·根舍：《欧洲和美苏首脑会议》，德新社，1991年8月5日讯。

④ [美] W.F.汉里德、G.P.奥顿：《西德、法国和英国的外交政策》（徐宗士等译），北京：商务印书馆1989年版，第46页。

二、冷战结束以来俄罗斯外交的社会化困境

与德国相似,俄罗斯也长期受制于自然地理环境造就的地缘安全困境。"俄罗斯发祥于欧亚大平原,并且以后实际上接着囊括了一望无际的平川大地。"① 这种地理环境带来的不安全感从沙皇时代延续至今。尤其是作为俄罗斯领土重心的东欧部分,不仅缺少天然地理屏障,而且直接与欧洲列强为邻,始终面临来自西方的军事威胁。"俄罗斯国土曾被敌人包围。"② 无论拿破仑战争还是克里米亚战争,都充分暴露了俄国在东欧的地缘政治困境。无论沙皇俄国,还是苏联,或是今日的俄罗斯,为消除东欧的地缘政治困境,都在寻找可行的社会化外交路径。

在沙皇时代,东正教文明复兴与泛斯拉夫主义堪称俄国社会化外交的两大支柱。俄国思想家别尔嘉耶夫曾如此形容东正教文明复兴:"圣母同时照耀着莫斯科、罗马和君士坦

---

① [美]亨利·R.赫坦巴哈:《俄罗斯帝国主义的起源》,《俄罗斯帝国主义,从伊凡大帝到革命前》,生活·读书·新知三联书店1978年版,第3页。

② [俄]尼·别尔嘉耶夫:《俄罗斯思想》(雷永生、邱守娟译),生活·读书·新知三联书店1995年版,第213页。

丁堡，她的光辉更胜于太阳。"① 俄国宫廷诗人费多尔·邱切夫曾写下这样的诗句："在面貌改观的拜占庭土地上，基督的圣坛将被重新奉祀，于古代索菲亚的殿堂，啊，俄罗斯的沙皇，跪倒在圣坛面前吧，于是起而为全体斯拉夫人的沙皇。"② 东正教文明复兴与泛斯拉夫主义塑造了俄国与一些东欧国家的共有利益认同和价值认同，对奥斯曼帝国统治下的东正教徒和斯拉夫人特别具有吸引力。在1878年前后的巴尔干，"在反抗土耳其人的起义失败之后遭受严厉镇压手段折磨的保加利亚人和遭受屡次失败的塞尔维亚人都期待俄国的援助。"③

十月革命之后，共产主义意识形态成为苏联社会化外交的支柱。"一战"结束后，由于欧洲各国内部社会矛盾加剧，苏联式的共产主义开始展现一定的吸引力。著名作家罗曼·罗兰的观点颇具代表性，他对自己的苏联之行有如此评价：

---

① ［俄］尼·别尔嘉耶夫：《俄罗斯思想》（雷永生、邱守娟译），生活·读书·新知三联书店2004年版，第8页。

② ［俄］费多尔·邱切夫：《著作全集》，转引自［美］塔雷斯·亨扎克：《泛斯拉夫主义或大俄罗斯主义》，载于《俄罗斯帝国主义：从伊凡大帝到革命前》，生活·读书·新知三联书店1978年版，第93页。

③ ［美］塔雷斯·亨扎克：《泛斯拉夫主义或大俄罗斯主义》，载于《俄罗斯帝国主义：从伊凡大帝到革命前》，生活·读书·新知三联书店1978年版，第128页。

"总的来说……我形成并保留了充满难以想象的活力,信心,和欢乐的印象。在 25 岁到 30 岁的人们身上感觉到的那种欢乐尤其吸引人,他们是革命时期长大成人的。"① 苏联在"二战"中的胜利则使共产主义在东欧进一步广为扩散。斯大林对此直言不讳:"红军打到哪里,就把苏联的政治经济制度带到哪里。"② 共产主义成为多个东欧国家的主导意识形态,造就了"一大片丝毫不受'美国统治下的和平'影响的地区,且确实为人们提供了另一种选择。"③

然而,对今日俄罗斯而言,沙皇和苏联时代的社会化外交并不可行。首先,"先前的列宁主义——斯大林主义式的共产主义消失了。"④ 冷战时期,"共产主义与民族主义没有结合在一起,是中欧、东欧共产主义政权易于受到攻击的主要原因。"⑤ 及至冷战结束,共产主义意识形态不仅被等同于

---

① [法]罗曼·罗兰:《莫斯科日记》(夏伯铭译),上海人民出版社 1995 年版,第 2 页。

② 陈乐民:《20 世纪的欧洲》,生活·读书·新知三联书店 2012 年版,第 168 页。

③ Paul Kennedy, *The Rise And The Fall of The Great Powers*, kindle e-book, Vintage Books, 1989, 8113/17419.

④ [美] R. R. 帕尔默:《世界现代史》(何兆武等译),北京:世界图书出版公司 2011 年版,第 887 页。

⑤ [美]杰里·本特利、赫伯特·齐格勒:《新全球史》,北京大学出版社 2009 年版,第 1146 页。

高度僵化的计划经济体制，而且与"二战"后苏联在东欧的军事存在相联系。其次，"鉴于俄国愈来愈多的要求领导权以排斥其他斯拉夫人，"① 对波兰、捷克等民族而言，泛斯拉夫主义早在沙皇时代即已被等同于俄国对东欧的控制。而在经历了奥斯曼帝国解体、苏联强力控制、欧盟兴起后，泛斯拉夫主义在保加利亚等巴尔干国家和乌克兰等苏联加盟共和国也不再具吸引力。再次，在东正教文明复兴一度受到相当热烈反响的巴尔干半岛，如今并不存在类似昔日奥斯曼帝国这样与东正教文明对立的伊斯兰政权。在价值多元化的东欧诸国，倘若继续以宗教为基础推行社会化外交，不仅很难获得认同，反而可能引起反感。有学者认为，欧洲是"世俗化"的典型与"神圣化"的反面教材。②

在当今欧洲，可行的社会化外交路径当属基于共有利益与价值认同的区域合作机制。如前所述，"二战"后的德国成功地借助欧共体和欧盟的区域合作机制化解了千百年来的地缘政治困境。德国前国防部长鲁尔曾说道："现在包围我

---

① ［美］塔雷斯·亨扎克：《泛斯拉夫主义或大俄罗斯主义》，载于《俄罗斯帝国主义：从伊凡大帝到革命前》，生活·读书·新知三联书店1978年版，第103页。

② Philip Jenkins, "Godless Europe?", *International Bulletin of Missionary Research*, Vol. 31, No. 3, 2005, pp. 115-120.

们的都是朋友。"① 从欧洲煤钢共同体到欧洲联盟,一大批欧洲国家的共有利益与价值认同得以形成并不断发展:"他们团结起来组织欧洲联盟的成败,将决定其影响力的大小。欧洲,倘若联合起来,将作为超级大国而存在。"② 那么,今日俄罗斯能否如"二战"后的德国那样通过社会化外交化解自身在东欧的地缘政治困境?答案是否定的。

其一,今日俄罗斯无法如"二战"后的德国那样融入欧盟的区域合作机制。早在冷战结束前,苏联领导人戈尔巴乔夫即已指出:"我们明白了这样一个道理:在当代相互依存的世界中,一个闭关锁国、思想封闭,与全球的发展隔绝的社会,是不可能进步的,今天,任何一个社会,只有在和其他社会互动而又保持本色时,才能够得到充分发展。"③ 苏联解体后,叶利钦时代的俄罗斯一度继承了"新思维"主导的外交政策,而且将其推向新的高度。④ 戈尔巴乔夫时代的苏联只是希望与西方"和平共处",叶利钦时代的俄罗斯则是

---

① [德]约瑟夫·乔菲:《从腓特烈大帝到联邦共和国》,载于《世纪之旅七大国百年外交风云》,上海人民出版社2001年版,第138页。

② Henry Kissinger, *Diplomacy*, Simon&Schuster paperbacks, 1994, p.807.

③ [苏]米·谢·戈尔巴乔夫:《戈尔巴乔夫回忆录》(述弢、王尊贤、范国恩、郭家申译),北京:社会科学文献出版社2003年版,第720—722页。

④ Dimitri Simes, *After the Collapse: Russia seeks Its Place as a Great Power*, Simon and Schuster,(New York, 1999), p.19.

期待"融入西方"并在此基础上形成"伙伴关系"。①

然而,事实证明,"对俄罗斯与美欧关系'大西洋主义'式的设想只是俄罗斯一厢情愿的空想。"② 早在20世纪初,别尔嘉耶夫即已指出:"欧洲感兴趣的是,怎样强行让俄罗斯存留在封闭的圈子中,不让它进入世界的广阔天地里,阻止俄罗斯发挥世界性的作用。"③ 针对叶利钦时代"融入西方"导向的俄罗斯外交,有学者指出:"在俄罗斯与西方的交往中存在着主观愿望与客观实际之间的反差,不管与西方有多大的区别,俄罗斯总是把自己当作西方的一部分,是西方文明的一部分。但是西方对俄罗斯的认同却难以形成。"④ 英国学者波波·罗(Bobo Lo)甚至认为俄罗斯与"一体化"概念不相容。⑤

一方面,无论领土面积还是人口规模,俄罗斯都远大于

---

① [俄]格·萨塔罗夫:《叶利钦时代》(高增训译),北京:东方出版社2002年版,第577—580页。

② Paul Kubicek, "Russian Foreign Policy and the West," *Political Science Quarterly*, vol. 114, no. 14 (Winter 1999), pp. 554-556.

③ [俄]别尔嘉耶夫:《俄罗斯的命运》(汪剑钊译),昆明:云南人民出版社1999年版,第110页。

④ Lilia Shevtsova, *Putin's Russia*, Carnegie Exdowment for International Peace, 2003, p. 266.

⑤ Bobo Lo, *Vladimir Putin and the Evolution of Russian Foreign Policy*, Blackwell Publishing, 2003, p. 20.

包括德国在内的任何欧盟成员国。从16世纪开始，经过几个世纪的扩张，俄罗斯最终成为一个横跨欧亚的巨型国家。不论经历何等兴衰，这种巨大的国家规模都一直得以延续，苏联解体后的俄罗斯仍拥有1700多万平方公里领土和近1.5亿人口。另一方面，"欧盟，即使考虑到德国的特殊影响，也不是由一个在国民生产总值，人口和领土方面都超过其他所有国家总和的国家主导的"。① 倘若俄罗斯加入欧盟，鉴于其超大国家规模，除非全盘接受欧盟高度一体化的制度约束，否则必对欧盟已有的制度设计形成巨大冲击。显而易见，在可预见的将来，欧盟很难认同俄罗斯是"与我们一样的人"（people like us）②，不可能接纳俄罗斯。

其二，俄罗斯无法在东欧构建与欧盟并驾齐驱的区域合作机制。基于历史和现实两方面原因，乌克兰等东欧国家对俄罗斯缺乏足够的信任，将其视作"政治上不稳定的，却仍然盛气凌人、野心勃勃的国家，并且在经济上是他们参与世界经济、获得急需的外资的障碍"。③ 在历史记忆的影响下，

---

① Zbigniew Brzezinsk, *The Grand Chessboard: American Primacy and its Geostrategic Imperatives*, Basicbooks, 1997, p. 56.

② Bobo Lo, *Vladimir Putin and the Evolution of Russian Foreign Policy*, Blackwell Publishing, 2003, p. 111.

③ Zbigniew Brzezinsk, *The Grand Chessboard: American Primacy and its Geostrategic Imperatives*, Basic books, 1997, p. 56.

东欧国家"珍惜刚刚从俄国统治下争取到的解放"。① 而在现实的国际政治中,"如今普京政府治下的俄罗斯联邦,正如其过去一千多年的历史中一样,被人们认为是一个高度集权的国家。"② 这无疑使乌克兰等东欧国家对俄罗斯更加警惕,"莫斯科试图通过后苏联空间说俄语居民来实现自己对外政治目标的做法在大多数情况下并不能取得成效。"③ 甚至有西方学者认为,"在后苏联空间俄罗斯领导下建立的集团或组织是非法的、不稳定的'纸老虎',加入其中的成员国几乎都是迫于强制。"④ 相比俄罗斯,欧盟在东欧没有类似的历史包袱,"欧盟是一个超国家联合体,正朝着后现代的国家形态演进,而俄罗斯仍停留在传统的权力政治世界,在处理大国关系时冷战思维犹存。"⑤ 对东欧国家而言,欧盟"不仅代表着欧洲发展的方向,而且标志着欧洲文明在全球化进程中

---

① Zbigniew Brzezinsk, *The Grand Chessboard: American Primacy and its Geostrategic Imperative*, Basic books, 1997, p. 51.

② Andrew C. Kuchins, "Alternative Futures for Russia to 2017", *CSIS Report*, November 2007, p. 4.

③ Dmitri Trenin, "Russia's Spheres of Interest, not Influence", *The Washington Quarterly*, Vol. 32, No. 4, Oct. 2009, pp. 3–22.

④ Joshua Kucera, "U. S. Blocking NATO -CSTO Cooperation", *Eurasianet*, Feb. 12, 2011.

⑤ Tariana Romanova, Natalia Zaslavskaya, "EU · Russia: Towards the Four Spaces", *Baltic Defence Review*, Vol. 2, No. 12, 2004, pp. 95–97.

的一个新跃进"。① 这在一定程度上促使东欧国家选择欧盟而非俄罗斯主导的区域合作机制。

即使历史包袱和信任问题化解,俄罗斯也缺乏足够的实力支撑与欧盟并驾齐驱的区域合作机制。对处于经济困境中的乌克兰等东欧国家而言,俄罗斯主导的区域合作机制对经济复苏的拉动作用有限。"虽然(苏联)20世纪30年代曾经在世界经济普遍衰退的情况下出现了经济快速增长,但这种情况今天已经不太可能发生。因为今天的俄罗斯在世界经济中更多地处于'被动接受的地位'。"② 尽管俄罗斯主导的欧亚经济共同体以独联体国家为首要目标成员,但"在某些商品的国际市场方面,俄与其他独联体国家不是以伙伴而是以竞争对手的关系出现(出口结构相似),从而加剧了它们之间的矛盾"。③ 与俄罗斯主导的区域合作机制相比,欧盟显然更有能力满足东欧国家的现实利益需求。对东欧国家而言,欧盟成员"绝大多数都是先进的工业化国家,尤其重要的是这里是高新科技的重镇,在世界经济中占有重要的比重……

---

① 陈乐民:《20世纪的欧洲》,北京:生活·读书·新知三联书店2012年版,第98页。

② Andrew C. Kuchins, "Alternative Futures for Russia to 2017", *CSIS Report*, Nov 2007, p. 13.

③ 李新:《普京欧亚联盟设想:背景、目标及其可能性》,《现代国际关系》2011年第11期,第10页。

在相当程度上代表了欧洲的实力,具有带动整个欧洲的牵引力"。① 欧盟与乌克兰 2014 年 6 月 27 日签署联系国协定经济条款后,欧盟委员会的预测显示,乌克兰对欧盟的年出口额将增长 10 亿欧元,乌每年增收大约 12 亿欧元。②

2013 年 11 月以来的乌克兰危机充分表明俄罗斯在东欧的社会化外交失效。一方面,"乌克兰对俄罗斯不仅仅是一个外国。俄罗斯的历史源自基辅罗斯,东正教从那里传向全国。俄罗斯与乌克兰的历史纠缠在一起……甚至苏联著名的持不同政见者索尔仁尼琴和布罗茨基都坚称乌克兰是俄罗斯历史的一部分。"与波兰、捷克等"拉丁化"的西斯拉夫人不同,乌克兰人与俄罗斯人同属东斯拉夫人和东正教文化圈。乌克兰选择与欧盟建立更紧密的政治经济联系,表明东正教文明复兴和泛斯拉夫主义作为俄罗斯普世性外交政策工具彻底失效。③ 另一方面,冷战结束以来,俄罗斯既无法如二战

---

① 陈乐民:《20 世纪的欧洲》,北京:生活·读书·新知三联书店 2012 年版,第 93 页。

② European Commission, "The EU's Association Agreements with Georgia, The Republic of Moldova and Ukraine", 23 Jun. 2014. http://europa.eu/rapid/press-release_ MEMO-14-430_ en. htm.

③ Henry Kissinger, "How the Ukraine Crisis Ends", *The Washington Post*, 5 Mar. 2014. http://www.washingtonpost.com/opinions/henry-kissinger-to-settle-the-ukraine-crisis-start-at-the-end/2014/03/05/46dad868-a496-11e3-8466-d34c451760b9_story.html

后的德国那样融入欧盟,又不能在东欧建立吸引力足以与欧盟并驾齐驱的区域合作机制。尽管俄罗斯早在十多年前就组建了欧亚经济共同体,但随着作为共同体观察员的乌克兰选择与欧盟建立联系国机制,欧亚经济共同体对俄罗斯社会化外交的效用大打折扣。

为缓解因乌克兰"脱俄入欧"而加剧的地缘政治困境,迫于社会化外交的失效,俄罗斯只能基于军事实力诉诸个体利益导向鲜明的强硬外交。然而,这种强硬外交很可能适得其反。此次乌克兰危机中,俄罗斯不仅凭借军事优势兼并了克里米亚及塞瓦斯托波尔,而且对乌东部的动荡局势施加了强大影响。俄罗斯的强硬外交虽短期内有所斩获,却未能有效牵制乌克兰的"脱俄入欧"进程,反而促使乌克兰加速与欧盟签署了联系国协定。与此同时,北约的战略重心开始由欧洲以外回归欧洲本土安全。2014年3月,时任北约秘书长拉斯姆森称:"俄罗斯对乌克兰的军事入侵"是"冷战结束以来对欧洲安全与稳定最严重的威胁"。[1] 事实上,俄罗斯在乌克兰的立场越强硬,欧盟甚至北约一致对俄严加防范的必要性也越发凸显,俄罗斯在东欧的地缘政治困境也就越发严重。

---

[1] Speech by NATO Secretary General Anders Fogh Rasmussen at the Brookings Institution, "Why NATO Matters to America", 19 Mar. 2014, http://www.nato.int/cps/en/natolive/opinions_ 108087. htm.

更为严重的是,俄罗斯在乌克兰奉行基于军事实力的强硬外交,不仅进一步恶化了其在东欧的地缘政治困境,而且导致俄罗斯的国际影响力和经济利益受损。从这层意义上讲,俄罗斯社会化外交失效造成的负面效应已由单一的地缘政治领域扩散到俄国家利益的各个领域。

一方面,俄罗斯的外交处境趋于孤立,对国际事务的发言权和影响力受损。在联合国就克里米亚公投合法性的投票中,有100个国家赞成欧盟、美国、乌克兰的立场,认为公投无效,其中包括世界上所有的发达国家。反观另一方,包括俄罗斯在内,只有11个国家投了反对票,其中多为古巴、朝鲜、叙利亚等较为弱小的国家。[1] 2014年3月,北约中止了与俄罗斯为销毁叙利亚化学武器的联合行动计划,这原本是北约—俄罗斯理事会成立十多年来的首次联合行动。2014年6月,原定由俄罗斯主办的八国集团(G8)峰会被取消,俄罗斯实际上被挤出了八国集团,德国总理默克尔甚至表示:"G8已经不复存在。"[2] 2014年11月,在澳大利亚主办的二

---

[1] The UN news centre, "Backing Ukraine's territorial integrity, UN Assembly declares Crimea referendum invalid", 27 Mar. 2014. http://www.un.org/apps/news/story.asp?NewsID=47443&Kw1=ukraine&Kw2=&Kw3=#.VMSU_3Exiwg.

[2] The federal government of Germany, "Making Europe strong", March 20, 2014, EU's spring summit meeting, http://www.bundesregierung.de/Content/EN/Artikel/2014/03/2014-03-20-regierungserklaerung-er.html?nn=709674.

十国集团（G20）峰会上，俄罗斯受到欧美各国的普遍冷遇，最终普京总统提前离会回国。

另一方面，随着美欧对俄制裁的持续，俄罗斯经济面临严峻挑战。俄罗斯经济对能源出口的依赖度很大，根据普京总统在2014年11月18日的表态，能源出口占俄罗斯出口总额的70%以上。① 然而，2014年下半年，国际油价由每桶115美元左右暴跌至2015年1月9日的每桶49.06美元。② 尽管国际油价涨跌受供需关系等多重因素影响，但2014年油价的突然性暴跌显然不完全是市场化的结果，背后的国际政治因素不容忽视。2014年5月6日，英国能源大臣在七国集团（G7）能源部长峰会上明确表示："要降低对俄罗斯能源的依赖，防止俄罗斯将能源作为武器。"③ 美国战略与国际问题研究中心（CSIS）于2014年11月发表的研究报告更是直言不讳："国际性的政策与事件已经对油价产生了影响……

---

① President of Russia, "Russian Popular Front's Action Forum", Nov. 18, 2014, http://eng.kremlin.ru/transcripts/23259.

② U.S. Energy Information Administration, "Today in energy", Jan. 9, 2015, http://www.eia.gov/todayinenergy/prices.cfm.

③ Government of UK: Department of Energy & Climate Change, "G7 Energy Ministers meeting in Rome", May. 6, 2014, https://www.gov.uk/government/news/g7-energy-ministers-meeting-in-rome.

美国北部能源的能源供应已压低了价格。"① 反观俄罗斯经济,"对能源的'毒瘾式'依赖已经如此地积重难返,以至于在俄罗斯建立和发展创新型企业将是一个非常困难、缓慢而漫长的过程。在可预见的未来,俄罗斯原料型经济的基本性质不会发生变化。"②

在国际制裁与油价下跌的影响下,俄罗斯的经济形势趋于严峻。根据俄罗斯财政部长2014年11月的表态,西方制裁与油价下跌已经使俄罗斯至少损失1400亿美元。③ 经济合作与发展组织(OECD)的数据显示,2014年俄罗斯的GDP增速只有0.3%,而且将继续走低。俄罗斯吸收的外国投资出现了2.7%的负增长,进出口贸易跌至2014年以来的新低。④ 根据国际货币基金组织(IMF)的预测,2014年俄罗斯资本出逃规模可能达到1000亿美元,超过2013年的600

---

① CSIS, *World Energy Outlook* 2014, Nov 24, 2014. http://csis.org/files/attachments/141124_ WEOSlides.pdf.

② Maria Lipman, Nikolay Petrov, *Russia in 2020: scenarios for the future*, Washington. D. C: Carnegie Endowment for International Peace, 2011.

③ Reuters, " Russia puts losses from sanctions, cheaper oil at up to ＄140 bln/year ", http://www.reuters.com/article/2014/11/24/russia-economy-oil-sanctions-idUSL6N0TE14C20141124.

④ OECD, *Ecnomic Outlook*, Nov. 2014. http://www.oecd.org/economy/russian-federation-economic-forecast-summary.htm.

亿美元。① 与此同时，卢布汇率迅速下跌。根据俄罗斯央行的数据，2014年10月初的卢布兑美元汇价为39.3836比1，同年12月31日即已跌至56.2584比1，贬值将近70%。② 原油价格和卢布汇率是俄罗斯经济的重要风向标，这两项指标双双暴跌，表明俄罗斯经济衰退已是不争的事实。

三、当代中国周边外交的社会化路径

相比俄罗斯与欧洲邻国之间，中国与亚太邻国之间的领土领海争端复杂得多。中国的军事实力也不比俄罗斯强大。然而，中国在亚太地区并未陷入如今日俄罗斯一样的地缘安全困境。其中最重要的因素在于，中国在亚太地区拥有远为良好的社会化条件，拥有更加宽广的区域合作平台。不过，对比德国，中国在通过社会化外交路径改善地缘安全环境的同时，不必过度淡化中国外交的自主性，维护国家主权和领土完整仍是中国外交的重要目标。

20世纪80年代以来，基于与亚太邻国共同的利益基础，中国周边外交的社会化理念渐趋完善。及至2002年11月，

---

① "Russian Federation: 2014 Article IV Consultation", IMF Country Report, No. 14/175, July 2014, p. 13.

② Bank of Russia, "databases: offcial exchange rates on selected date", http://www.cbr.ru/eng/currency_base/daily.aspx?date_req=31.12.2014.

中国共产党第十六次全国代表大会正式提出了"与邻为善、以邻为伴,加强区域合作"① 的周边外交理念。2003 年 10 月,中国又在首届东盟商业与投资峰会提出了"睦邻、安邻、富邻"的理念,并就此强调:"加强与邻国的互利合作,深化区域和次区域合作,积极推进地区经济一体化,与亚洲各国实现共同发展。"② 2013 年 10 月,习近平主席对中国的周边外交理念予以全面阐释:"我国周边外交的基本方针,就是坚持与邻为善、以邻为伴,坚持睦邻、安邻、富邻,突出体现亲、诚、惠、容的理念。"③

从"与邻为善,以邻为伴"到"睦邻、安邻、富邻",再到"亲、诚、惠、容",中国已全面融入亚太区域合作,并担当举足轻重的角色。20 世纪 80 年代以来,"在睦邻友好大方针的指导下,中国同多数亚太周边国家的关系获得改善

---

① 江泽民:《全面建设小康社会,开创中国特色社会主义事业新局面》,2002 年 11 月。http://cpc.people.com.cn/GB/64162/64168/64569/65444/4429116.html。登录时间:2015 年 6 月 8 日。

② 温家宝:《中国的发展和亚洲的振兴》,2003 年 10 月 17 日。http://www.fmprc.gov.cn/ce/ceindo/chn/rdht/dmhy/t86944.htm。登录时间:2015 年 6 月 8 日。

③ 习近平:《为我国发展争取良好周边环境,推动我国发展更多惠及周边国家》,《人民日报》2013 年 10 月 26 日,第 1 版。

和发展。"① 1993年,中国首次参加亚太经济合作组织(APEC)领导人非正式会议,自此启动对亚太区域合作的制度化参与。2001年和2014年,中国分别在上海和北京先后两次主办APEC峰会,并在APEC北京峰会上提出了亚太自由贸易区(FTAAP)路线图,为亚太区域合作设定了长期发展目标。除此以外,以联合应对1997至1999年的亚洲金融危机为契机,东盟与中国、日本、韩国的区域合作机制("10+3")得以启动并不断完善发展。2006年,在"10+3"机制的基础上又形成了"10+6"机制,澳大利亚、新西兰、印度成为亚太区域合作的重要参与者。随着亚太区域合作的深入发展,中国与亚太各国不仅经济联系趋于密切,政治互信与合作也有较大进展。

近年来,在"亲、诚、惠、容"理念的指导下,中国出台了"一带一路"战略,"旨在促进经济要素有序自由流动、资源高效配置和市场深度融合,推动沿线各国实现经济政策协调,开展更大范围、更高水平、更深层次的区域合作,共同打造开放、包容、均衡、普惠的区域经济合作架构。"② 对

---

① 牛军:《中华人民共和国对外关系史概论》,北京大学出版社2010年版,第281—282页。

② 中华人民共和国国家发展改革委、外交部、商务部:《推动共建丝绸之路经济带和21世纪海上丝绸之路的愿景与行动》,新华社北京3月28日电,http://www.mofcom.gov.cn/article/resume/n/201504/20150400929655.shtml。

此，美国方面也不得不承认："中国在全球经济中发挥影响符合美国的利益，我们同样希望中国能做好。"① 鉴于广大亚洲发展中国家基础设施建设存在巨大的资金缺口，中国发起了建立亚洲基础设施投资银行（以下简称"亚投行"）的倡议，获得了广泛响应。截至2015年4月15日，共有57个国家确定成为亚投行的创始成员国，其中不乏美国在亚太和欧洲的重要盟国。"在美国对G7盟友的不断游说之下，英国顶住了压力，成为第一个申请加入亚投行的G7国家……为此美国不惜公开指责英国。"② 作为美国的亚太首要盟国，日本尽管尚未加入亚投行，但据英国《金融时报》的报道，日本认为"亚投行颇具吸引力"③。2015年4月，安倍首相表示："日方认识到亚洲地区对基础设施投资有巨大需求，愿基于这一认识同中方探讨有关亚洲基础设施投资银行问题。"④ 随着"中国已成为亚洲多边机制最积极的参与者和外交艺术熟

---

① Simon Denyer, "China promotes 'Asia–Pacific dream' to counter U.S. 'pivot'", *The Washington Post*, Nov. 11, 2014.

② FT view, "Britain and the US at loggerheads over China", *Financial Times*, Mar. 13, 2015.

③ Henny Sender, "Japan expected to join Asian Infrastructure Investment Bank", *Financial Times*, Mar. 30, 2015.

④ 中华人民共和国外交部：《习近平会见日本首相安倍晋三》，2015年4月22日。http://www.fmprc.gov.cn/mfa_chn/wjdt_611265/gjldrhd_611267/t1256984.shtml。登录时间：2015年6月8日。

练者之一"①，中国在亚太地区的多边合作网络进一步完善，中国的崛起被越来越多的国家视作机遇而非威胁。

结　论

德国"二战"结束以来高度社会化的外交政策既有基于现实的利益需求，又有源于"二战"战败国历史的无奈选择。相比之下，中国没有类似德国那样的历史包袱，在借助社会化外交改善地缘安全环境的同时，并不需要过度淡化中国外交的自主性，维护国家主权和领土完整仍是中国外交的重要目标。而俄罗斯外交近年来的个性化转型其实是社会化外交受阻之后的无奈选择。俄罗斯很难参与以欧盟为代表的欧洲一体化进程，甚至不被认为是欧洲国家。相比之下，中国作为亚洲国家的身份毋庸置疑，是亚太区域合作各种机制的重要成员。社会化外交条件的差异对当今中俄两国的地缘安全环境产生了显著不同的影响。由于俄罗斯不是欧盟以及其他欧洲区域合作机制成员，乌克兰等东欧国家必须在欧盟和俄罗斯之间做二选一的单选题。而中国自身便是亚太区域合作的重要成员，亚太各国不必在任何亚太区域合作机制和中国之间做这样的单选题。2015年10月，美、日等12个国

---

① ［美］艾米·斯里特：《亚洲多边主义的进程和外交艺术：美国、日本、中国之比较》，《外交评论》2005年第6期，第38页。

家达成了TPP协议，中国并没有参与其中。即便如此，TPP协议不仅很难弱化中国的社会化外交效应，而且可以为中国的社会化外交提供新的动力。

朝鲜半岛安全问题与中国的外交选择

——基于复杂系统论的分析

孙西辉[*]

【内容提要】 朝鲜半岛安全问题复杂多样,涉及领域广,解决难度大,对相关国家影响深远。从理论分析的角度看,朝鲜半岛安全问题可视为一个复杂系统,包含多级子系统和分系统。以复杂系统论的相关理论和方法分析该问题,有助于更好地厘清朝鲜半岛安全问题的结构和层次,准确把握该系统中各具体问题的优先次序,为中国在这方面的外交工作找到重点努力的方向。

【关键词】 朝鲜半岛安全问题 复杂系统论 中国应对

朝鲜半岛与中国山水相连,朝鲜半岛问题、特别是安全

---

[*] 孙西辉,中国社会科学院亚太与全球战略研究院博士后、副教授。

问题事关中国的安全与稳定。由于历史和现实因素的综合影响，朝鲜半岛安全问题近年来更为复杂而紧迫，对中国外交提出严峻考验。对于朝鲜半岛安全问题，学术界一直十分关注，并进行了有益的探索。然而，不少相关研究只对朝鲜半岛安全问题进行整体性研究，未突出该问题的层次性与系统性，某些分析似乎有些简单化。鉴于此，本文拟采用复杂系统论的视角与方法分析朝鲜半岛安全问题，并尝试找到合理的中国应对之策。

一、相关基本概念与分析框架

系统思想历史久远，美籍奥地利生物学家路德维希·冯·贝塔朗菲（Ludwig Von Bertalanffy）开创的一般系统论（General System Theory）① 通常被视为系统论的开端。复杂系统论是一种基于系统论研究复杂问题的理论与方法，必然牵涉到系统论的一些相关概念。

关于"系统"，学者界定的角度大相径庭，因而出现了多种定义。由于定义浩繁、标准不一，学界有人对各种系统定义进行了分类研究。例如，苏联学者萨多夫斯基考察了34

---

① ［美］冯·贝塔朗菲：《一般系统论——基础、发展和应用》（林康义、魏宏森等译），北京：清华大学出版社1987年版。

种"系统"的定义,并根据界定方式其归纳为三类①;另一位苏联学者乌约莫夫则从内涵的角度将34种系统定义归纳为四类②(见下页表1)。中国学者朴昌根在研究32种系统定义的基础上,将其解释为"对任意选定的某种性质具有特定关系的诸要素的集合体,或者对任意选定的某种关系具有特定性质的诸要素的集合体"。③ 该定义涉及要素、性质、关系和集合等概念。简言之,要素指系统的构成成分,关系指要素之间的相互作用关系,性质指要素的性质,集合是各要素的总体。

明确了系统的定义之后,还需要了解与之相关的几个基本概念,如边界、环境、结构、功能等。任何系统都是有限的,这种有限性由系统的边界决定,即特定关系中边缘要素的集合。边界以外的部分是系统的环境,系统与环境之间存在不同程度的作用关系,这种关系可以是单向的,也可以是双向的。环境有广义和狭义之分,系统之外的部分是广义环境,与系统有互动关系的环境称为狭义环境。结构是系统各

---

① [苏]瓦·尼·萨多夫斯基:《一般系统论原理——逻辑—方法论分析》(贾泽林、刘伸、王兴成、王炳文译),北京:人民出版社1984年版,第101—108页。

② [苏] А. И. 乌约莫夫:《系统方式和一般系统论》(闵家胤译),长春:吉林人民出版社1983年版,第101—124页。

③ 朴昌根:《系统学基础》,上海:上海辞书出版社2005年版,第111页。

要素分布关系的总和,功能是系统各要素活动关系的总和。①

表1 不同类别的系统定义

代表人物	不同类别
萨多夫斯基	(1)把系统看作数学模型的某一类;(2)通过"元素""关系""联系""整体""整体性"等概念进行界定;(3)借助"输入""输出""信息加工""管理"等概念给出系统定义。
乌约莫夫	(1)每个客体都可看作诸客体的子集;(2)系统是有相互关系的诸客体的集合;(3)某个随意选取的客体,如果它的各性质之间有确定的固定关系,那么它就是一个系统;(4)某个随意选取的客体,如果其中存在着某种具有确定的固定性质的关系,那么它就是一个系统。

资料来源:[苏]萨多夫斯基:《一般系统论原理——逻辑—方法论分析》(贾泽林,刘伸,王兴成,王炳文译),第101—108页;[苏]乌约莫夫:《系统方式和一般系统论》,长春:吉林人民出版社1983年版,第101—124页。

关于系统的分类,根据不同标准,系统有不同的划分。例如:关于开放系统与封闭系统,如果系统与环境之间存在相互作用关系,它就是开放系统,反之为封闭系统。关于线性系统与非线性系统,如果系统与环境之间的相互作用关系

---

① 朴昌根:《系统学基础》,上海:上海辞书出版社2005年版,第111—117、135—148页。

满足线性迭加原理,则该系统为线性系统,否则为非线性系统。关于简单系统与复杂系统,两者是相对的,并不存在绝对的界限,主要取决于系统的内在特征、研究方式与研究能力。关于子系统与分系统,系统内部分要素组成的各次级系统是子系统,系统内部分要素基于相互关系构成的各次级系统是分系统。①

关于系统理论,从发展的角度看,系统论依据不同学科背景多渠道发展。根据朴昌根教授的观点,系统论主要有生物学/心理学、物理学、数学、控制论/信息论、社会科学、哲学等学科背景,不同学科背景的系统论包括相互关联又不尽相同的各种系统理论(见表2)。

系统论的上述相关概念和理论,是学者研究不同学科的有效手段,本文将以此作为考察朝鲜半岛安全问题的理论视角和分析手段,首先把朝鲜半岛安全问题看作一个复杂系统,并将系统的相关概念应用于朝鲜半岛安全问题上,然后从系统内部活动以及系统与环境关系的角度考察朝鲜半岛安全问题的结构与层次,最后主要基于耗散结构理论(Dissipative Structure Theory)、突变理论(Catastrophe Theory)和协同学(Synergetics)分析朝鲜半岛安全问题及中国的外交选择。

---

① 朴昌根:《系统学基础》,上海:上海辞书出版社2005年版,第200—218页。

表2 不同学科背景的系统理论

学科背景	主要理论	代表人物
生物学/心理学	一般系统理论（机体系统理论、开放系统理论、动态系统理论）	贝塔朗菲
	一般生命系统理论（8个层次、20个关键过程、3组20个分系统）	米勒
	超循环理论（生命进化的三个阶段、循环的三个等级、生物大分子的自组织）	艾根
物理学	耗散结构理论（开放系统的熵原理、局域平衡假设）	普里高津
	协同学（主方程、序参量、役使原理）	哈肯
	资源物理学（地球热机、光合作用、资源问题、经济过程）	槌田敦
数学	梅萨洛维克体系	梅萨洛维
	怀莫尔体系	怀莫尔
	克里尔体系	克里尔
	托姆突变理论	托姆
	曼德勃罗的分形几何学	曼德勃罗
控制论/信息论	屈弗谬勒的系统理论	屈弗谬勒
	法乌热与德培罗的系统理论	法乌热、德培罗
	卡尔曼的系统理论	卡尔曼
	一些苏联学者提出的"系统学"	弗雷士曼
	福雷斯特的系统动力学	福雷斯特

续表

学科背景	主要理论	代表人物
控制论/信息论	其他（大系统理论、灰色系统理论、模糊系统理论）	扎德、邓聚龙
社会科学	作为管理技术的系统理论（运筹学、投入产出分析法、经济控制论）	昂惕夫、朗格
	经济学基础理论研究的一个新思潮（用熵原理研究经济过程）	索迪、保尔丁
	巴克莱的社会系统理论	巴克莱
	伽拉捷达吉的社会动力学（与/或关系、相变与组织模、分化与整合）	伽拉捷达吉
	公文俊平的社会系统理论（主体及其行为、相互行为与相互控制、社会系统）	公文俊平
哲学	拉兹洛的系统哲学 邦格的社会系统主义	拉兹洛 邦格
	一些马克思主义哲学家的系统观点（两种倾向、关于思维的地位）	瓦恩科、黑格尔、马克思

资料来源：朴昌根：《系统学基础》，上海辞书出版社 2005 年版，第 517—593 页。

二、朝鲜半岛安全问题的复杂系统属性

鉴于朝鲜半岛安全问题对中国的重要性,国内学界对该问题进行了较为深入的探讨。一方面,有些研究重点突出了朝核问题和地区安全机制建设等问题。① 毫无疑问,这是当前最突出的问题,但它并非朝鲜半岛安全问题的全部内容,也不是一个孤立存在和发展的简单问题。另一方面,有些研究没有清晰地理顺朝鲜半岛安全问题的结构与层次,甚至将朝鲜半岛安全问题与朝鲜半岛问题或者将朝鲜核问题混淆。② 鉴于此,本文拟以复杂系统论的视角分析朝鲜半岛安全问题。

与许多其他概念类似,"安全"也是一个备受争议的概念。一般而言,安全指不受威胁或没有危险的一种状态,这

---

① 主要包括:李开盛:《中国对朝核问题影响的定量分析》,《世界经济与政治》2007 年第 4 期;李滨:《朝核问题与朝鲜半岛建立安全规制的前景:基于说服型博弈的分析》,《世界经济与政治》2009 年第 7 期;李开盛、李小方:《全结构视野下的朝核问题走向》,《太平洋学报》2011 年第 4 期;李开盛:《朝鲜拥核战术何以奏效?——基于懦夫博弈的分析》,《当代亚太》2014 年第 4 期;巴殿君:《朝鲜半岛问题与地区安全机制》,《韩国研究论丛》2010 年第 1 期。

② 主要包括:崔立如:《朝鲜半岛安全问题:中国的作用》,《现代国际关系》2006 年第 9 期;于海洋:《体系转换理论视角下的朝鲜半岛安全问题》,《东北亚论坛》2008 年第 1 期;刘赛力:《朝鲜半岛安全问题及中国与有关各方的合作策略》,《东北亚论坛》2010 年第 6 期。

种状态既有客观实然性，也有主观应然性。多数人认可的是，安全有狭义与广义之分。对于国家而言，狭义安全主要指军事、政治和外交安全，属于传统安全的范畴；经济、社会、环境等其他领域的安全属于非传统安全，而广义上的安全包括传统安全与非传统安全。本文采用狭义安全的概念。从实际情况来看，朝鲜半岛的安全事务中具有影响力的国家行为体并不限于朝鲜与韩国，还包括中国与美国，有时也会涉及俄罗斯与日本。因此，当前的朝鲜半岛安全问题至少包括朝韩关系、朝鲜核问题，以及朝鲜或韩国与大国的争端或（潜在）冲突问题等。

从系统论的视角看，如果把相关国家看作要素，把当前朝鲜半岛安全问题作为一个系统，根据各要素的分布关系，该系统包括朝韩对抗问题、朝鲜核问题，以及朝鲜或韩国与大国的博弈问题等子系统。其中，朝韩对抗是根本矛盾，朝核问题是突出问题，朝/韩与大国间关系与前两个问题密切相关。从复杂系统论的角度看，朝鲜半岛安全问题不仅可以分为上述子系统，而且由于各要素之间相互作用、相互影响，进而形成朝韩安全关系、朝美安全关系、朝日安全关系、中韩安全关系、韩日安全关系、朝韩美安全关系、朝韩美日安全关系、中美朝韩安全关系、中美日朝韩安全关系、中美俄日朝韩安全关系等分系统。这些一级子系统与分系统构成该复杂系统的表层结构。

进一步来看,各一级分系统内部均可再分为二级子系统,如军事安全关系、政治安全关系和外交安全关系等子系统。此外,由于不同要素间的互动关系,各一级分系统也可再分为不同的二级分系统。(1)就朝韩安全关系而言,包括军事对峙、边界冲突、导弹发射、核试验、火炮攻击、海上划界争议、阶级对立、争夺统一主导权、社会制度矛盾、意识形态差异、政治宣传斗争、朝鲜内政与外交走向、韩国内政与外交走向等分系统。(2)就朝美安全关系而言,包括军事对抗、军事威慑、导弹试射、核试验、战略恐吓、政治敌视、外交博弈、朝鲜内政与外交走向等分系统。(3)就朝日安全关系而言,包括军事威慑、导弹发射、核试验、政治敌视、朝鲜内政与外交走向、人质绑架事件、领土争端、侵略历史认知、慰安妇问题、靖国神社问题、日本历史教科书问题等分系统。(4)就中韩安全关系而言,包括军事疑惧、政治疑虑、海上划界争端、岛屿争端、历史疆界认定、韩国内政与外交走向等分系统。(5)就韩日安全关系而言,包括军事提防、政治疑虑、领土争端、侵略历史认知、慰安妇问题、靖国神社问题、日本历史教科书问题、韩国内政与外交走向等分系统。(6)就朝韩美安全关系而言,包括军事对峙、军事演习、战略恐吓、导弹发射、核试验、政治敌视、多方外交博弈、朝鲜内政与外交走向、韩国内政与外交走向等分系统。(7)就朝韩美日安全关系而言,包括军事对峙、军事演习、战略恐吓、导弹发射、核试验、政治敌视、多方外交博弈、朝鲜内政与外交走向、韩国内政与外交走向、侵略历史认知、慰安妇问题、靖国神社问题、日本历史教科书问题等分系统。（8）就中美朝韩安全关系而言，包括军事对峙、军事堤防、军事疑惧、军事演习、战略威慑、导弹发射、核试验、政治敌视、政治疑虑、半岛对抗、多方外交博弈、朝鲜内政与外交走向、韩国内政与外交走向等分系统。（9）就中美日朝韩安全关系而言，包括军事对峙、军事堤防、军事疑惧、军事演习、战略威慑、导弹发射、核试验、政治敌视、政治疑虑、半岛对抗、多方外交博弈、朝鲜内政与外交走向、韩国内政与外交走向、侵略历史认知、慰安妇问题、靖国神社问题、日本历史教科书问题等分系统。（10）就中美俄日朝韩安全关系而言，包括军事对峙、军事堤防、军事演习、战略威慑、导弹发射、核试验、政治敌视、政治疑虑、半岛对抗、多方外交博弈、朝鲜内政与外交走向、韩国内政与外交走向、侵略历史认知、慰安妇问题、靖国神社问题、日本历史教科书问题等分系统。以上二级子系统与分系统构成该复杂系统的深层结构。

理论上，一个复杂系统可以分为许多层级的子系统和分系统（见表3），从而构成一个完整的系统结构。限于篇幅和研究需要，本文对朝鲜半岛安全问题这一系统仅做两层子系统和分系统划分，但这并不意味着该系统只有两层结构，也不代表它不是一个复杂系统。

表3 子系统—分系统矩阵

分系统 子系统	分系统1	分系统2	……	分系统m
第一级子系统	a_{11}	a_{12}	……	a_{1m}
第二级子系统	a_{21}	a_{22}	……	a_{2m}
……	……	……	……	……
第n级子系统	a_{n1}	a_{n2}	……	a_{nm}
要素	$a_{(n+1)1}$	$a_{(n+1)2}$	……	$a_{(n+1)m}$

资料来源：朴昌根：《系统学基础》，上海辞书出版社2005年版，第179页。

三、复杂系统论视阈下的中国应对策略

在国际关系领域，国际社会通常可看作一种有机体，由国家作为要素构成的朝鲜半岛安全问题系统同样具有有机体的特征。贝塔朗菲的一般系统论认为，有机体是一种开放系统，开放系统具有动态性和稳定性。[①] 朝鲜半岛安全问题也是一个动态开放的复杂系统。原因在于，由于各国实力此消彼长，各要素的活动能力不断变化，因此影响要素间的相互

---

① ［美］冯·贝塔朗菲：《一般系统论——基础、发展和应用》（林康义、魏宏森等译），北京：清华大学出版社1987年版，第112—134页。

关系，进而影响各级分系统的结构。从复杂系统论的视角看，耗散结构理论、突变论和协同学为中国外交提供了可资借鉴的有益启示。

耗散结构理论是比利时物理学家伊利亚·普里高津（Ilya Prigogine）1969年提出的学说，表明开放系统可以从无序走向有序。他在研究热力学的基础上指出，一个稍微偏离"平衡态"的系统的熵①达到一定阈值后会出现某种"临界点"，越过"临界点"后该系统会突然由无序状态进入一种稳定有序的状态。如果该系统发展到远离"平衡态"的程度，则可能出现更加稳定有序的结构，这种稳定有序的结构即为"耗散结构"。② 根据上述原理，有学者总结了形成耗散结构需要一定的条件，如开放系统、远离平衡态、突变现象、正反馈、非线性等。③ 从现实的角度看，由于科技进步和技术发展，各国、各区域之间的联系普遍变得更加密切，这使系统与环境之间的互动更加频繁和深入，进而影响各级分系

---

① "熵"表示一个系统"无序程度"的参数。

② ［比］P. 葛兰斯多夫、I. 普里高津：《结构、稳定与涨落的热力学理论》（海彦合、张建树、江耀华译），西安：陕西人民出版社1990年版；［比］G. 尼科利斯、I. 普里高津：《非平衡系统的自组织》（徐锡申、陈式刚、王光瑞、陈雅深译），北京：科学出版社1986年版。

③ 沈小峰、胡岗、姜璐：《耗散结构论》，上海：上海人民出版社1987年版，第90—97页。

统和整个系统的功能。就朝鲜半岛安全问题而言,这一复杂系统远未达到平衡状态,但是一个动态开放的系统,与外界存在密切联系并具有可变性和可塑性。

朝鲜半岛安全问题具有开放性、动态性和可塑性的特点表明,如果相关各方协调配合、方向正确、措施得当,存在有效缓解甚至部分解决朝鲜半岛安全问题的可能性。在这种情况下,中国需要根据朝鲜半岛安全问题的现状,推动该系统朝着突变"临界点"的方向发展。若要做到这一点,必须准确把握朝鲜半岛安全问题的主要矛盾。如前所述,朝韩关系在该系统中占据核心地位,因为朝鲜半岛的其他安全问题大多与此相关。准确把握这一主要矛盾需要了解三个基本事实:(1)朝韩分治是冷战的产物,是美国与苏联一手造成的。苏联早已不复存在,美国对于解决这一问题负有最主要责任,中国、俄罗斯和日本作为地区大国和近邻也有义务参与解决该问题。(2)朝韩互不承认国家,认为对方与己方为统一的国土,将南北关系视为民族内部问题而非国家间关系。(3)朝韩对立本质上是阶级对立与意识形态对抗,但双方是实力对比严重失衡的两个政权,主要原因在于韩美同盟的存在。

基于这三方面的事实,中国外交需要把握好以下几点原则。一是积极主动地维护朝韩关系稳定。一方面,尽管中国不是造成朝韩分治的当事方,但维护朝鲜半岛稳定符合中国利益。另一方面，作为一个负责任大国，中国有义务和意愿维护地区和平，保持朝韩关系稳定有利于地区稳定与和平。二是恰当区分民族内部问题与国家间问题。中国分别与朝韩保持良好的外交关系，并对双方都有一定的影响力，这是中国外交在朝鲜半岛安全问题上有所作为的一个有利条件，但在具体工作中需要区分中朝关系、中韩关系、朝韩关系的性质，以便更准确理解各方政策和意图。一方面，中朝、中韩关系是正常的国家间关系。中朝具有传统友好关系，两国交往较为密切，至今仍是法律上的盟友，但是这种盟友关系是以和平共处五项原则为基础，与美国的盟友关系有本质区别。同时，中韩建交虽晚，却发展迅速，并以和平共处五项原则为基础建立了战略合作伙伴关系，但中韩合作的程度与层级远低于韩美同盟。另一方面，朝韩关系是特殊关系。尽管朝韩之间互不承认，并把彼此关系视为民族内部问题，但作为第三方国家，中国应综合看待朝韩关系，并从民族关系和国家间关系的角度对朝韩间的具体行动、声明和政策加以区分。三是合理引导国人看待朝鲜的方式。在许多国人眼中，朝鲜的诸多行为和政策显得十分离谱，甚至缺乏理性和逻辑。这种状况主要源自三方面的因素：（1）忽视了朝鲜与韩美实力悬殊的事实，不理解边缘性政策在多数情况下是朝鲜最佳选择。（2）忽视了朝鲜的社会制度和社会状况，不了解朝鲜的真实国情和真正意图。（3）相关信息主要来自韩国和西方媒体，但许多信息并不真实可靠。中国官方对朝鲜有全面客观的了解，但不甚了解的民众和媒体对朝鲜的误读会导致一些不必要的民族主义情绪。因此，中国需要合理引导国内舆论，使百姓更客观地看待朝鲜及其政策。

上文提到的突变性"临界点"是系统由无序走向有序的转折点，这是突变理论在耗散结构理论中的应用。突变理论由法国数学家勒内·托姆（René Thom）于1972年创立，齐曼（E. C. Zeeman）、桑德斯（P. T. Saunders）、阿诺尔德（V. I. Arnold）等人丰富并完善了该理论。[①] 突变理论主要以数学函数的方式建立模型，说明事物突变的本质和规律，预测突变发生的条件。然而，无论是数学背景中的突变理论，还是物理学背景中的耗散结构理论，突变均代表事物发生突然而剧烈的变化，使系统进入一种新的稳定结构或状态。对于朝鲜半岛安全问题而言，突变理论的应用价值在于寻找系统突变的"临界点"和创造实现突变的条件。

系统突变的"临界点"使该系统由一种状态彻底变为另

---

① ［法］勒内·托姆：《突变论：思想和应用》（周仲良译），上海：上海译文出版社1992年版；［法］雷内·托姆：《结构稳定性与形态发生学》，成都：四川教育出版社1992年版；［英］纪曼：《基本剧变之分类》（萧欣忠、吕素龄译），台北：国立编译馆1983年版；［英］桑博德：《突变理论入门》（凌复华译），上海：上海科学技术文献出版社1983年版；［苏］阿诺尔德：《突变理论》（周燕华译），北京：高等教育出版社1990年版。

一种状态的转折点。就朝鲜半岛安全问题而言，现在的状态是不稳定、对立与暂时平静，它对应的另一种状态自然是稳定、合作与永久和平。从这个角度看，该系统的突变"临界点"是建立能够确保朝鲜半岛永久和平的安全机制。实现这一目标绝非易事，也不是短期内能够做到的，但在理论上至少存在三种路径。（1）最理想的方案是相关各国实现和平共处、互利合作，并建立一个具有集体强制力的地区安全委员会维护地区和平。这种方案不仅需要彻底改变朝韩、朝美、朝日关系，还需要改变美韩、美日同盟。因此，实现该方案的难度可想而知。（2）次优方案是没有地区性安全机制，但各国之间相互签署和平友好条约，这需要朝韩签署和平条约或实现统一。就朝韩签署和平条约而言，需要彻底改变朝美关系，实现关系正常化，进而带动朝日关系正常化。就朝韩统一而言，问题更为复杂，不仅涉及谁主导统一、如何统一与何时统一问题，而且涉及地区力量再分配问题，这关系到大国的战略利益，因而难度和复杂程度都相当大。（3）次次优方案是中美在朝鲜半岛实现势力均衡，两大国保持密切合作并约束和管控好自己的盟友，从而确保稳定与和平。然而，这种类以"冷和平"为特征的稳定是脆弱的，因为它需要同时满足诸多条件，如中美势均力敌、中美保持合作、中美管好盟友等。此外，这种和平机制也是不平等的，因为它以大国控制小国为基础。

对于上述方案,任何一种都不容易实现,但第一种难度更大,第三种缺少合法性,因而第二种方案可作为推动出现"突变现象"的努力方向。然而,实现这一方案的关键在于朝美关系正常化,尽管朝鲜有这方面的强烈需求和愿望,但其实力与地位无法使美国产生同样意愿。核试验和试射导弹等边缘性政策不仅无助于改变美国的想法,反而会进一步刺激美韩,从而强化美韩同盟并加强两国在朝鲜半岛的军事威慑,进而导致安全形势恶化。从国际关系理论与现实的角度看,现实主义强调的权力依然是处理国家间关系的基础,而权力来自国家综合实力。从这个角度说,朝鲜没有太多与美国讨价还价的筹码,核武器也无法有效改变实力对比状况。站在中国的角度,保持朝鲜半岛和平与稳定符合国家利益,中国需要积极推动朝美改善关系,尽力实现"正反馈"效应,因为正反馈有利于推动系统朝着信息发出者希望的方向发展。具体而言,一要加强与朝鲜沟通,使其认识到核武不能给朝鲜带来想要的收益,甚至会导致更加恶劣的后果,并继续向朝鲜表明中国坚持朝鲜半岛无核化的坚定立场。朝鲜前领导人金日成明确表达过将朝鲜半岛变为无核区的构想,金正日也表示遵守金日成遗训。朝鲜启动核项目和进行核试验或许是想以拥核为手段,达到最终迫使美国与其谈判并实现永久和平的目的。然而,现在的朝鲜领导人似乎仍未认识到,这种方式行不通,中国应想办法让朝鲜尽快明白这一点。

二要加强与美国的协调,使其认识到武力胁迫无法改变朝鲜政策,只会进一步刺激朝鲜采取极端应对手段,增加美国在韩日两国的军事保护成本。尽管美国希望保持朝鲜半岛适度紧张,但它毕竟不愿意卷入另一场朝鲜战争,在国内经济复苏脆弱和中东反恐形势严峻的情况下更是如此。三要加强对韩国的影响,使其认识到朝韩或朝美关系恶化的最大受害者是朝韩两国,美国的"保护伞"并非万无一失。当前,韩国人不愿对朝鲜的挑衅做出让步和妥协,但也不会因朝鲜被其他国家"惩罚"而感到高兴,中国可以利用韩国人的这种心理,加强对韩国的影响力。

形成耗散结构的最后一个条件是"非线性",即"非线性正反馈"。这是产生"有序性"的基本方式,因为任何事物的发展都不是线性的,正反馈也会导致系统变化过程中的涨落。若要更有效地推动系统朝有序方向发展,需要各要素或子系统之间协同配合,这就是系统论中的系统学。该理论由原西德物理学家赫尔曼·哈肯(Hermann Haken)1976年创立,认为子系统/要素之间的协同作用有助于系统产生有序结构并达到有序状态。[①] 在朝鲜半岛安全问题这一复杂系统中,朝核关系、朝核问题、朝/韩与大国关系等各子系统之间彼此影响和相互作用。同时,作为系统要素的六个国家也是

---

① [德]赫尔曼·哈肯:《协同学——大自然构成的奥秘》(凌复华译),上海:上海译文出版社2001年版。

如此。此外，各要素/子系统之间的作用方向并非线性发展。为了推动系统朝有序方向发展，需要各国彼此协调配合。从中国的角度看，需要加大协调各方的力度，确保"非线性正反馈"。除了上文中提到的协调朝、韩、美之外，中国还需要在以下几个方面加强工作。一要协调各国在朝核问题上的合作。朝核问题是朝鲜半岛南北对峙的"副产品"，也是当前最突出的问题，因此需要各国协调立场，统一认识。多年来，中国一直推动六方会谈解决朝核问题，取得了很大的成效，但六方会谈的弱点也十分明显。例如：缺少强制性制度和措施，无法保证会谈机制的稳定性和会谈成果有效落实。在这方面，中国只能协调各国，让各方认识到维护六方会谈及其成果的收益和破坏六方会谈及其成果的损失。二要协调中美在朝鲜半岛问题上的关系。中美是在朝鲜半岛最有影响力的国家，在某种程度上"决定"朝鲜半岛安全问题的走向，这都要求两国要彼此协调，加强合作。同时，中美之间既有许多共同利益又有难以化解的结构性矛盾，这也需要两国进行更多沟通与协调。三要协调大国在朝鲜半岛问题上的立场。由于中美俄日在朝鲜半岛上具有不同的安全利益与安全关切，因此各国的政策目标各有侧重，参与程度有所不同，中国需要在外交工作中协调各大国的立场，尽可能在朝鲜半岛安全问题上达成最大共识。

中欧经济外交发展新态势

刘曙光*

【内容提要】 2015 年是中国和欧盟建立正式外交关系 40 周年。在互为主要贸易伙伴、重要投资伙伴和科技合作伙伴的坚实基础上,中欧经济外交取得了令人瞩目的突破性进展。中欧双方在投资协定谈判、金融合作创新、发展战略对接和国际产能合作等领域取得重大进展。尽管中欧经济外交面临许多困难和挑战,但是在严峻的全球经济暗淡背景下,中国与欧盟及其成员国之间前所未有的积极合作态度以及共同的发展利益,决定了未来中欧经济外交发展前景广阔,合作将更加深入和不断创新、升级。

【关键词】 中欧经济外交　投资协定　产能合作　第三方合作　容克计划　"一带一路"

---

* 刘曙光,外交学院国际经济学院教授,研究领域涉及国际收支问题、汇率与汇率制度、国际金融市场、东亚金融合作、中非经济合作等。

2015年，欧洲成为中国外交的新亮点，经济外交是中欧外交的核心和根本。中欧经济外交的进展引人注目，双方高层领导人互访和会谈频繁，中国国家主席和政府总理都分别出访了欧洲重要国家和欧盟总部，见证了大量经贸合作协议的签署，涵盖了多个领域的合作内容。中国国家主席习近平对英国进行国事访问期间，中英双方在贸易和投资、金融监管、基础设施建设、发展与合作等领域签署了50多项协议，为中英关系开启了"黄金时代"。收到中国—中东欧经济外交顺利推进，中欧合作东西南北均衡发展，中欧重点经济领域合作全面升级，经贸合作机制更加成熟，"一带一路"战略与欧洲投资计划趋向于更加相融。

一、中欧经济外交发展基础坚实

中国是世界第二大经济体、货物贸易第一大国、外汇储备第一大国和增长速度最快的新兴大国，对世界经济和政治的影响力日趋上升；欧盟是包括28个欧洲国家的最大经济联合体、全球第一大经济体和第一大贸易集团，长期对全球政治经济发挥重大影响力。

中国和欧盟都视对方为最主要的经济伙伴之一，其中任何一方的经济繁荣与增长都会为对方带来新的发展机会和增长来源。虽然双方经济既存在互补性又存在竞争性，但是互补大于竞争,而且,产业内互补关系日趋显著,中欧经济已形成深度相互依赖格局。

中欧贸易对各自的经济正常发展举足轻重。欧盟是中国第一大贸易伙伴和第一大进口市场。欧盟作为中国最大的出口目的地,连续11年保持中国第一大贸易伙伴地位,2013年中欧双边货物贸易额为5590亿美元,约占中国总贸易额的13%。2014年中欧贸易额增加到6151亿美元,占中国同期进出口总额的14.3%。中国是欧盟第一大进口市场、第二大贸易伙伴和出口市场。根据欧盟方面的统计,2014年欧盟27国与中国货物贸易额为6169.6亿美元,增长9.0%。其中,欧盟27国对中国出口2173.0亿美元,增长11.0%,占欧盟27国出口总额的9.6%,增长1.1个百分点;欧盟27国自中国进口3996.6亿美元,增长7.9%,占欧盟27国进口总额的17.9%,增长1.3个百分点。①

中欧互为重要的投资合作伙伴,中欧双方相互投资规模越来越大。过去在双方相互投资中,显然是中国更加依赖于欧盟,欧盟是中国引进外资的主要来源地之一,截至2014年年底,欧盟对华累计投资近1000亿美元。2015年,欧盟28国对华投资新设立企业1466家,同比增长13.1%,实际投入外资金额61.2亿美元,同比增长13.7%,明显高于全国吸收

---

① 商务部:"2014年12月欧盟27国贸易简讯",http://countryreport.mofcom.gov.cn/new/view110209.asp? news_ id=43277。

外商直接投资金额8.6%的增长率,① 然而,倾斜的投资天平正在回归平衡。近年来,中国对欧投资显示出加快增长的势头,2014年中国对欧非金融类直接投资达98.5亿欧元,同比增长了约172%,首次超过了当年欧盟对华投资,表明中欧之间的投资已呈现出明显的互动特征。2015年前5个月的投资额同比更是大幅上涨了368%。中国越来越成为欧盟吸引外资的重点关注对象。

在科技合作方面,中国与欧盟保持长期稳健的互利合作。中国曾经在与欧盟的贸易和投资往来中,进口了大量欧盟的先进技术,欧盟也从技术输出中获得了较高的收益。近年来,双方在已有合作的基础上,推进联合创新合作,建立联合研究中心,联合开展研究项目,在"中欧伽利略"合作、"龙计划"三期合作等项目上获得了双方的高度评价。② 此外,中国还与德国、法国、意大利等欧盟成员国开展了多领域的科技创新合作。

有了经贸互利合作的坚实基础存在,还有中欧多个战略合作文件为中欧关系提供的规制保障,中欧经济外交也就有了更强劲的动力和更广阔的发展余地。

---

① 商务部外资司:"2015年1—10月全国吸收外商直接投资情况",http://www.mofcom.gov.cn/article/tongjiziliao/v/201511/20151101192162.shtml。

② 科技部:《中国科学技术发展报告2013》,第279—280页,http://www.most.gov.cn/kjfz/kjxz/2013/201506/P020150625405186719889.pdf。

二、中欧经济外交发展成效显著

经济外交是中国与欧盟外交的核心内容,因此也是近年中国、欧盟以及28个欧盟成员国领导人最聚焦的外交活动内容。2015年6月,李克强总理访问了欧盟总部和多个欧盟成员国,与欧方达成了多项合作协议、备忘录,中方倾力寻求"一带一路"战略与欧洲发展战略的契合点,以互利共赢为基本原则,以相互扩大开放和经济稳定与发展为目标,展开全方位的经济外交工作。近两年中欧经济外交在多个方面取得了显著成效。

(一)中欧投资协议谈判取得突破性进展

2015年11月30日—12月4日,中国与欧盟在布鲁塞尔举行了第八轮投资协定谈判,双方在协定议题范围问题上取得重大进展,并同意尽快确认共识,力争在年底前完成双方领导人于当年6月设定的谈判目标。双方还就制作合并文本做出了安排。从2016年1月开始,双方将以合并文本为基础,推进实质性的文本谈判。中欧投资协定谈判是当前我国开展的最为重要的经贸谈判之一,不仅有助于深化中欧全面战略伙伴关系、提升双边经贸合作水平、释放双向投资潜力,而且也会为我国深化改革、扩大开放、构建开放型经济新体制提供动力。谈判于 2013 年 11 月启动，目标是在我国与欧盟成员国已签署的投资保护协定基础上，尽早达成一个更高水平、涵盖投资保护和市场准入的协定。这也是欧盟委员会在 2009 年《里斯本条约》生效后，代表成员国对外开展的第一个投资协定谈判。①

(二) 中欧金融合作增加了崭新的内容

中欧在货币金融领域的合作成果是非常多样化的，主要体现在与欧洲央行及其部分成员国中央银行建立货币互换安排，在欧洲建立多个人民币清算中心，发行人民币央行票据，多个欧盟成员国支持并参与亚洲基础设施投资银行的创建。

在货币互换安排方面，中国人民银行与欧洲中央银行有 3500 亿元人民币/450 亿欧元的货币互换，这是迄今为止中国最大的一项互换安排，除此以外，还与英国和匈牙利分别签署了 2000 亿元人民币/200 亿英镑、100 亿元人民币/3750 亿匈牙利福林的货币互换安排。

2014 年 3 月至 6 月，中国人民银行分别与德意志联邦银行、英格兰银行、法兰西银行和卢森堡中央银行签署了建立人民币清算安排的合作备忘录，在法兰克福、伦敦、巴黎和

---

① 中国驻欧盟代表团：" 中欧投资协定第八轮谈判取得重大进展"，2015-12-05，http：//www.chinamission.be/chn/stxw/t1321500.htm。

卢森堡设立了人民币清算中心,这使得中国在境外设立的8个人民币清算中心中有4家落户欧洲。人民币清算安排中心的设立,有利于中国和所在国两国企业和金融机构使用人民币进行跨境交易,进一步促进贸易、投资自由化和便利化。

2015年10月20日,中国人民银行在伦敦采用簿记建档方式,成功发行了期限为1年的50亿元人民币央行票据。此次央行票据发行是中国人民银行首次在中国以外地区发行以人民币计价的央行票据。这不仅有利于丰富离岸市场高信用等级的人民币金融产品,也有利于深化离岸人民币市场发展,对于推动跨境贸易和投资的便利化也具有积极意义。①

欧盟主要成员国成为亚投行创始成员国。2014年10月,亚洲21个首批意向创始成员国财长和授权代表在北京签约,共同决定成立亚洲基础设施投资银行(亚投行)。2015年3月16日,英国在欧洲国家中率先宣布申请加入亚投行,成为第一个申请加入的西方主要国家,法国、德国和意大利也不甘落后,第二天即表示也要申请加入。其结果是14个欧盟国家申请并成为亚投行创始成员国。作为回报,中国也加入了用以支持容克计划的欧洲投资基金。

---

① 中国人民银行国际司:"中国人民银行在伦敦发行人民币票据",http://www.pbc.gov.cn/goutongjiaoliu/113456/113469/2966145/index.html. 2015-10-21。

中德金融合作也有创新发展。2015年11月18日,中欧国际交易所在德国法兰克福正式开业,首批人民币计价现货产品挂牌交易。

中国加入欧洲复兴开发银行。2015年12月14日,欧洲复兴开发银行理事会通过接受中国加入该行的决议,中国将正式成为该行成员(非借款成员)。中国加入欧洲复兴开发银行将有力推动"一带一路"倡议与欧洲投资计划对接,为中方与该行在中东欧、地中海东部和南部及中亚等地区进行多种形式的项目投资与合作提供广阔空间,为中国与丝绸之路沿线国家合作提供新机遇。①

中欧双方继续推动国际金融治理改革,完善国际货币体系。为争取让人民币在2015年成为特别提款权(SDR)篮子的组成货币,中欧双方也在多、双边层面进行了积极的磋商配合。最终,人民币成功纳入SDR,在篮子中占比达10.92%,与此同时欧元的占比下降了大约6个百分点。由此可见,欧洲中央银行还是做出了相当的让步。

---

① 中国人民银行:"欧洲复兴开发银行正式通过同意中国加入该行的协议",http://www.pbc.gov.cn/goutongjiaoliu/113456/113469/2989018/index.html,2015-12-15。

(三)"容克计划"与"一带一路"倡议成功对接

欧盟2014年提出的容克计划,[①] 其在基础设施投资与建设方面与中国的"一带一路"倡议高度契合。该计划提出支持基础设施等关键领域的项目和投资,并为此新建立总额210亿欧元的欧洲战略投资基金。这与中国力推的"一带一路"倡议中的"设施联通"不谋而合,因此,双方在基础设施联合投资与建设方面很快达成共识,并用了不到一年的时间就显示出了实际成效。2015年6月,中欧双方领导人决定"支持'一带一路'倡议与欧洲投资计划进行对接,2015年9月举行的中欧经贸高层对话探讨了互利合作的具体方式,包括建立中欧共同投资基金、在基础设施领域加强联系,决定推动建立'互联互通合作平台',并尽早启动首次会议,以加强信息交流、推动运输无缝连接和运输便利化,对接彼

[①] 容克在就任欧盟委员会主席后,迅速于2014年11月提出高达3150亿欧元的投资计划,即"容克计划"。其实施途径是,通过新设立总额210亿欧元的欧洲战略投资基金,在2015—2017年推出来自包括私营部门在内的约3150亿欧元的投资。该计划包括三个方面:一是在不增加公共债务的情况下增加投资;二是支持关键领域的项目和投资,包括基础设施、教育和研发创新;三是消除行业以及金融和非金融投资壁垒。该计划的具体实施步骤包括:设立战略投资基金;建立可行性项目和援助项目门户,引导资金进入需要的领域;设立路线图,使欧洲能够吸引投资并消除规制瓶颈。

此相关倡议与项目"。① 互联互通合作平台已经建成并开始运作。2015年10月21日,中国广核集团和法国电力集团(EDF)在国家主席习近平的见证下,签订了英国新建核电项目——"欣克利角"项目投资协议。中国公司的参与使法国电力集团历经9年艰难谈判历程的核电建设项目终于得以实现。从中国方面来说,这个核电项目是中方参与欧盟主要国家基础设施联合建设的标志性的项目。而匈塞铁路现代化改造项目则是中国—中东欧经济合作与经济外交实践的标杆项目。2015年11月24日,根据中、匈、塞三国总理的倡议,在国家发改委和中国铁路总公司的直接推动下,中国政府与匈牙利政府在中东欧16+1会议上签署了《关于匈塞铁路项目匈牙利段开发、建设和融资合作的协议》。中方企业联合体与塞尔维亚政府及企业代表签署了匈塞铁路塞尔维亚段合作总合同。该项目是中国进入欧盟市场的第一个铁路项目,其所在的中东欧地区,是"一带一路"的重要板块,对于中国铁路和中国技术走出去将起到巨大的推进作用。②

---

① 外交部:《第十七次中国欧盟领导人会晤联合声明——中欧40年合作后的前进之路》,http://www.fmprc.gov.cn/web/ziliao_674904/zt_674979/dnzt_674981/lzlzt/lzlcxblsfgom_674991/zxxx_674993/t1277459.shtml. 2015-7-1。

② 《徐绍史主任与匈牙利外交和对外经济部长西雅尔多分别代表中匈两国政府签署匈塞铁路政府间协议》http://www.sdpc.gov.cn/gzdt/201511/t20151125_759618.html。

(四) 中欧国际产能合作成为新亮点

中法、中欧国际产能合作在 2015 年硕果初现（与发达国家产能合作——侧重于第三方合作）。李克强在法国与奥朗德会谈时，特别提出中法开展国际产能合作并共同开发第三方市场的倡议，法方迅速做出了积极响应。法国总统表示："在非洲国家，包括总理亲自推动合作的拉美国家，中法两国共同开展第三方合作，向第三方提供新的产品服务，同时带动本国企业的发展。这样的倡议构想，具有非常积极的意义。"随后，中法两国政府共同签署并发表了《关于第三方市场合作的联合声明》和《深化民用核能合作联合声明》。这表明，中欧国际产能合作已经从"互利双赢"升级为"互利三赢"。目前中法第三方合作已成功破题，标志性的项目是双方企业将联合投资、建设、运营英国欣克利角核电站。

"中国制造 2025"与"德国工业 4.0"的发展目标高度契合。德国总理默克尔在 2015 年 9 月底访华的一系列活动有助于推动中德两国的工业合作。默克尔访华期间，两国在金融、交通、通信、工业等领域签署了 13 个合作文件和价值高达上百亿美元的经济协议。2015 年 9 月 29 日，德意志交易所、上海证交所、中金所签署三方协议，共同投资 2 亿元人民币成立合资公司——中欧国际交易所股份有限公司，德国机械工程公司福伊特与中国三峡公司就建设长江大坝建立战略合作关系,德国大众汽车和中国工商银行签署战略合作框架协议。李克强陪同默克尔访问近年来发展成为中国汽车工业中心之一的安徽合肥,被称为"家乡外交"。李克强表示,中方愿同德方携手努力,继续落实好上一轮中德政府磋商达成的各项共识,进一步增进互信,提升各领域合作水平,打造中德合作"全面升级版",充分挖掘互补优势,推动"中国制造2025"和"德国工业4.0"对接取得早期收获,促进双方中小企业、装备制造业等领域合作取得新成果,发挥各自优势,同广大发展中国家共同探索三方产能合作,实现互利多赢、共赢。①

除了以上四个方面,中欧在航空、能源、环保、卫生、农业、船舶、生态园区、城镇化建设等领域的合作也得到了拓宽。

三、中欧经济外交发展挑战犹存

(一)欧盟对华贸易政策依旧严厉

2014年,欧盟27国对中国出口2173.0亿美元,自中国

---

① 黄培昭、青木:"中德总理'老友重逢'气氛热烈 '家乡外交'成为访问亮点",环球时报,http://world.huanqiu.com/exclusive/2015-10/7871282.html。

进口3996.6亿美元,欧盟27国与中国的贸易逆差1823.6亿美元,增长4.4%,中国是欧盟27国当年最大的逆差来源国。2015年1—8月,欧盟27国对中国出口1243.5亿美元,同比下降13.8%,自中国进口2515.9亿美元,下降3.4%。欧盟27国与中国的贸易逆差1272.4亿美元,同比增长9.5%,比2014年逆差增长率还高5.1个百分点,中国依然是欧盟最大的逆差来源国。① 鉴于中国对欧盟存在较大数额贸易顺差的格局没有改变,中欧贸易摩擦仍存在爆发的可能。贸易摩擦和欧盟对中国的出口商品实施"双反"等贸易救济行为是长期困扰中欧经贸关系发展的绊脚石。欧盟实际上将中国作为最大的贸易防御措施实施对象国。由于经济低迷和失业率居高不下,欧盟不可能真正放松针对中国的贸易保护政策。在欧洲议会会议上,欧盟议员们通过了对"贸易防御工具"的修正草案,决定将环保、社会福利以及第三方参照国的出口补贴等内容施行更严厉的标准。欧盟对中国产能过剩的十余个行业保持密切关注,欧方认为这些产业在贸易领域都有可能对欧洲市场造成冲击。2015年8月27日,欧委会发布官方公告,决定对中国不锈钢冷轧薄板实施反倾销措施,对宝钢、太钢等中国企业征收24.4%—25.3%的反倾销税。② 此

---

① 商务部网站。

② 商务部,http://gpj.mofcom.gov.cn/article/zt_mymcyd/subjectff/201511/20151101158578.shtml,2015-11-09。

外，欧盟还与中国在多边层面进行中国加入WTO政府采购协定的谈判，对中国在标准、法规、服务、投资和政府采购方面的市场准入壁垒继续提出质疑。尽管近两年欧盟对华贸易政策倾向于预防、对话和磋商，但其对华贸易政策依旧严厉。

(二) 中欧相互投资规模仍然偏小

根据商务部的统计，欧盟对华投资占中国引进外资比重最高的年份是1999年和2000年，但自2010年以来，这一比例一直在4%~5%徘徊。2014年欧盟对华投资62.27亿美元，仅占引资总额1285.02亿美元的4.85%。[①] 欧盟对华投资规模存量排在中国香港、中国台湾、日本、美国之后，居第五位。根据欧盟统计局数据，到2011年，中国对欧投资仅占非欧盟成员国投资的1.4%。以上数据意味着中欧双方均没有把对方当作主要投资目的地。

中国对欧盟投资的地域分布很不均衡，投资主要集中在英国、卢森堡、法国、德国、荷兰5国，投资空间受到制约，因此还需要关注来自其他欧盟国家的投资机会。

虽然欧盟总体舆论环境是欢迎中国资本到欧盟国家投资，但是在实际运作中，一些欧盟成员国对中国国有企业在欧洲

---

① 商务部：《中国外资统计2015》，第16页，http：//img.project.fdi.gov.cn//21/1800000121/File/201512/201512141042059874239.pdf。

的投资,尤其是对一些战略性产业的收购相当抵触,这也影响了中国企业顺利进入欧盟。

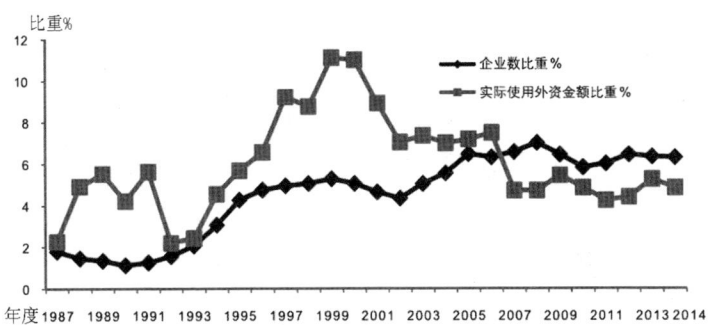

图1 欧盟在中国引进外国直接投资中的比重(%)

资料来源:商务部:《中国外资统计2015》,第16页。

(三) 双方在国际贸易投资规则方面存在分歧

作为全球最大的发达经济体和发展中经济体,中欧在确立国际贸易投资新规则方面,如在政府采购协定谈判、出口融资问题和服务贸易协定谈判中一直存在分歧。其中最大的问题,在于中国目前的出价尚无法达到包括欧盟在内发达经济体的开放市场要求。同时,发展中国家基于产业发展考虑制定的优惠政策,客观上造成国际市场上一定程度的竞争扭曲。① 在上述领域,中国与欧盟合作已进行了多年,但多边

---

① 姚铃:《走向2020年的中欧经贸合作发展与挑战》,《对外经贸实务》2015年第4期。

场合的推进仍存在较大困难。

(四) 欧盟对"一带一路"倡议仍有所顾虑

由于制度和观念不同,中欧对"一带一路"倡议存在认知差距。有欧洲学者认为,不应仅从经济的角度看待"一带一路",因为它"是地缘政治再定位,是中国式的马歇尔计划"。① 在中国投资欧洲战略投资基金的过程中,欧洲要求中国必须以美元或者欧元支付,而不是用人民币支付。这反映出欧盟对中国资金的设防和限制心理。欧洲战略投资基金还规定:"任何第三方都不能拥有欧洲战略投资基金指导委员会的资格,也不拥有其治理结构的相应权利。"② 该条规定意欲对包括中国在内的欧盟以外国家在欧洲战略投资基金中的影响进行严格的限制。

中国—中东欧合作,包括"16+1"合作机制也受到不少欧盟学者和官员的质疑。16个中东欧国家中有11个国家是欧盟成员国,还有三个是欧元区成员。他们担心中东欧国家与中国关系的加强会导致中东欧国家对欧盟的向心力进一步

---

① Michele Penna, "China's Marshall Plan: All Silk Roads Lead to Beijing?", *World Politics Review*, December 9, 2014。

② Regulations 2015/1017 of the European Parliament and of the Council of 25 June 2015, 转引自金玲:《"一带一路"与欧洲"容克计划"的战略对接研究》,《国际展望》2015年第6期。

下降。例如，在匈塞铁路合作磋商过程中，欧盟倾向于项目招投标（按欧盟法规规定），而不是由中国与匈、塞两国直接达成合作安排。另外，欧盟担心项目建成使用后，特别是陆海快线的实现，可能对原欧盟主要港口形成竞争，产生负面影响。

四、中欧经济外交未来发展展望

尽管中欧经济外交面临许多困难和挑战，但在严峻的全球经济暗淡背景下，中国与欧盟及其成员国之间前所未有的积极合作态度以及共同的发展利益，决定了未来中欧经济外交发展前景广阔，合作将更加深入和不断创新、升级。2015年习近平主席和李克强总理先后访欧，将中欧经济合作推进了一大步，使中欧经济外交努力的目标更加明晰。今后一段时间，中欧经济外交应该着力将中欧领导人共同确立的新的合作领域、合作渠道、合作方式、合作重点落到实处并不断有所创新，中欧经济外交至少应该在以下方面取得新进展。

（一）保障中欧投资协议实质性文本谈判顺利完成预定目标

在与欧盟成员国已签署的26个投资保护协定基础上，对投资合作内容加以深化、统一和升级，尽快完成具体文本磋商。新投资协议将进一步减少投资障碍，创造公平竞争环境，促进未来投资的自由化，更好保护双方投资。欧方在谈判中，可能会对中国在服务业和金融业方面进一步开放市场提出更高要求，中方应做好应对准备。中方也应要求欧盟减少对中国国企投资欧洲的疑虑和限制，更多开放欧洲的铁路干线规划项目。

（二）将国际产能合作和在第三方合作推广到更多欧盟国家

李克强总理在布鲁塞尔演讲中提出，中欧深化务实合作，特别是开展国际产能合作，可以从4个领域取得突破：一是围绕欧洲投资计划等进行对接，在基础设施共建上突破；二是以装备制造为重点，在第三方合作上突破；三是面向产业投资需求，在金融合作上突破；四是在提升贸易投资自由化水平上突破。这就为中欧国际产能合作明确了方向。这些突破需要具体到各国成员国去实现。

中、法在国际产能合作和在第三方合作领域已经开创了良好的开端。欧盟成员国，尤其是英、法、德、意、荷等老欧盟成员国，各自拥有本国独特的技术和产能优势，未来中国应分别与相关成员国加强协商，消除分歧和不信任，尽早达成国际产能合作协议和在第三方合作安排。与德国在汽车、机械制造、化工医药和电子电气等领域的产能合作，与意大利在食品、服装、家具、时尚等领域的产能合作,与英国在金融、基础设施、文化教育、出版等领域的产能合作,与荷兰在农业、食品、化工、机械电子等领域的产能合作,都有非常广阔的空间。

(三) 预防和磋商解决新的贸易争端并积极推动中欧自贸区谈判

贸易摩擦和欧盟对中国的出口商品实施"双反"等贸易救济行为是长期困扰中欧经贸关系发展的绊脚石。相互妥协应是今后中欧解决贸易争端的长期性状态。解决问题的更好方式是实现贸易合作机制化,如对于敏感产品提前确定市场占有最高份额,进行自我约束,免生贸易诉讼。中方应关注 TTIP 谈判进程,适时主动提出与欧盟谈判 FTA 的倡议。在自贸区谈判领域,应重视"示范效应",将中国—瑞士和中国—冰岛自贸区的经验加以应用。

(四) 推动在中国—中东欧六大重点合作领域确立和签订具体项目

在 2015 年 11 月的第四次中国—中东欧国家领导人会晤中,李克强总理提出了包括一个目标和六大重点的"1+6"合作框架。六大重点包括落实好《中国—中东欧国家合作中期规划》和《中国—中东欧国家合作苏州纲要》前进路线图；推进互联互通建设，建设好匈塞铁路、中欧陆海快线；打造产能合作新样板，探讨依托亚得里亚海、波罗的海及黑海港口的"三海港区合作"；创新投融资合作方式，探讨设立16+1金融公司；以农业等领域为突破口，促进贸易投资双增长；扩大人文社会交流，将2016年定为16+1人文交流年。中期规划为中国—中东欧合作确立了未来五年的合作目标和方向，16国领导人在中国也体验了中国高铁的速度和安全先进程度，了解了中国城市和中国企业的快速发展情况，中国对基础设施的投资和建设能力。这为未来中期内中国—中东欧经济合作奠定了更加稳固的信任基础。中国应该在按计划建设好匈塞铁路的同时，促成更多的合作项目，为保证项目的资金供应，尽快建立16+1金融投资公司，多方筹集资金来源。在合作过程中，提高中东欧国家对人民币的接受程度，更多采用人民币进行贸易结算和投融资。

公共外交的国家理论基础

孙兴杰[*]

【内容提要】 任何外交政策都是建立在特定的国家理论基础之上的,公共外交的兴起从根本上说,源于国家形态与机构的变迁,同时,公共外交也重新确认了国家在国际体系中的角色。全球化并没有带来国家的衰落,而是让国家更关注国家的声誉、威望、形象等软性资源。国家与社会、市场关系的重新调整与界定,产生了公共外交得以发展的"增量空间",交通与通信技术的革命带来了"全球村"的理念,人与人之间的交往成本越来越低,国家的权力边界已经无法涵盖人的交往边界,在主权国家的权力边界之外产生了一个人与人、社会与社会交往的"晕轮",这一新的交往空间不仅是传统外交的补充,也渗透和影响到了传统外交领域。因此,公共外交不仅是对政府外交的补充,也是外交本义的历

---

[*] 孙兴杰,吉林大学公共外交学院讲师,历史学博士,经济学博士后,主要研究方向为国家理论、国际政治经济学。

史回归：多元主体、多个领域、多样方式为寻求共识与理解而开展外交活动。

【关键词】公共外交　多元主体　公共空间

一、公共外交的内涵辨析

回溯历史，作为一种"事实"出现的公共外交是非常久远的，当公共外交概念出现后，它的历史变迁也就有了可以追寻的概念体系和理论框架。如马克思在《政治经济学批判导言》中所说的，"人体解剖对于猴体解剖是一把钥匙。低等动物身上表露的高等动物的征兆，反而只有在高等动物本身已被认识之后才能理解。"① 当公共外交成为学术研究热点，并形成比较成熟的理论框架之后，公共外交的历史面貌才能清晰地呈现出来。而只有公共外交的历史呈现出来之后，公共外交的学科化才获得更加深厚的基础。

关于公共外交的定义，见仁见智，学术界给出了各种不同的界定。公共外交出现于1856年的英国，大众传媒开始介入外交领域。1853—1856年发生的克里米亚战争也在媒体上得以"直播"，当时马克思与恩格斯在《纽约先驱论坛报》

---

① 《马克思恩格斯选集》（第2卷），北京：人民出版社1972年版，第108页。

撰写了上百篇评论,留下了具有"现场感"的战争纪录。然而,直到1965年美国塔夫斯大学弗莱彻法律与外交学院院长埃德蒙·古利恩对公共外交的定义进行了阐释:公共外交指的是公众态度对外交政策的形成和执行所造成的影响。它涵盖了传统外交以外的国际关系领域,包括一国政府在其他国家境内培植舆论;一国利益集团与他国利益集团的互动;有关外交事务及其影响的通讯报道;职业外交官和驻外记者之间的联络与沟通和跨文化沟通的过程。①

在这个定义中至少明确了公共外交的几个核心特征:政府是主体;公众态度是客体;手段具有公开性。这一定义也得到了不少中国学者的认可:"所谓公共外交,就是指以政府为主导,以民众为对象,通过文化交流、媒体宣传等手段介绍本国外交方针政策及相关举措的外交活动。"② 这一定义与古利恩的界定,进一步明确了公共外交的目标。中国外交官张九桓这样表述公共外交:"公共外交是在政府主导下,

---

① 参见塔夫斯大学弗莱彻法律与外交学院网站,http://fletcher.tufts.edu/Murrow/Diplomacy。

② 曹玮、赵可金:《合法性塑造及中国公共外交》,《国际政治科学研究》2013年第2期。与之类似的定义还有:"公共外交是指一国政府通过文化交流、信息项目等形式,了解、获悉情况和影响国外公众,以提高本国国家形象和国际影响力,进而增进本国国家利益的外交方式。"见廖宏斌:《公共外交:国际经验与启示》,《当代世界与社会主义》2009年第1期。

由政府、社会精英和普通民众共同运作，以各国政府和民众为工作对象的最广泛的外交活动。从一定意义上说，公共外交其实就是全民外交。"① 虽然对公共外交的手段和目标有些区分，但是多数学者都强调政府在公共外交中的主导地位。公共外交的概念化和理论化是在冷战期间进行的，强调政府的主导性也是历史使然。美苏之间的冷战也是一场人心之战，除了传统的地缘政治冲突之外，意识形态之争也是冷战的一大特色。公共外交在常规的政府外交（比如核军控谈判等）之外，寻求新的博弈场域。在这样的背景之下，公共外交必然体现政府的意志，服务于政府外交的目标。

政府主导是公共外交的前提吗？未必如此。从国际传播的角度来说，"公共外交是一种国家公关行为，是规程化、专业化的传播管理。"② 过于强调政府的主导性，只能使公共外交沦为政府外交的一种手段，损害了公共外交的主体性与独立性。以政府为中心的公共外交是一国政府对他国民众进行的外交活动，但是公共外交需要借助公共舆论，在一个信息多元化的时代，政府操控本国舆论尚且不可能，何况是另一个国家呢？公共外交要有成效，必须坚持透明的原则，信

---

① 张九桓：《公共外交刍议》，《亚非纵横》2011年第2期。

② 公共外交的五种形态：新闻管理与媒体传播；精英游说与构建话语同盟；战略沟通与关系的构建；危机管理与突发事件应对；文化输出与价值认同。见胡百精：《公共外交的语境、内涵与形态》，《国际公关》2009年第2期。

息的来源可以来自政府，也可以来自社会。从理论上说，外交可以有四种可能性：

A国政府对B国政府；

A国政府对B国社会；

A国社会对B国政府；

A国社会对B国社会。

无论新公共外交还是传统公共外交都主要是第二种情形，而第一种则是政府之间的外交，那第三种和第四种情形又如何界定呢？外交的核心还是人的沟通与交往，第三种情形应该说是公共外交的延伸，大众舆论时代，社会对政府施加的影响越来越大。而第四种情形看似与外交无关，却直抵公共外交的实质。广义而言，公共外交可视为政府外交之外的交往活动，多元主体参与在多个领域发生，通过多样化的方式推进，而最终目标是寻求理解与共识。公共外交的参与者是多元的，而当政府垄断了外交的权力之后，政府间外交便成为外交的代名词。外交主体的权力集中程度与公共外交呈现负相关的特征，随着国家作为一个垄断各种权力的容器出现之后，外交更多地成为政府的特权。

与其说公共外交是政府外交的补充，不如说公共外交有更丰富与独立的内涵，二者共同构成了真正的外交（或者说大外交）。哈贝马斯认为，公民具有自由交往的权利，自主个体之间的商谈构成政治意志，"在政治立法者以商谈形式构成的意见形成和意志形成的过程中,立法与交往权的形成是交织在一起的。"① 人的交往需求与语言的产生息息相关,有了语言这种复杂的代码,各种信息得以传递。在生存需要得到满足之后,尊重、归属感以及自我价值实现等需求都需要通过交往得到满足。外交不过是交往的一种形式,尤其是国家诞生之后,外交被征服垄断,与之并行的是国家垄断了使用暴力的资格。换言之,国家这种组织廓清了彼此的边界,也将边界内外的交往权利一并没收了。

二、国家形态演变与公共外交

传统外交理论以主权国家为根基,当国家形态与结构发生变化,外交也会随之而变。公共外交的兴起,意味着国家也发生了变化。外交政策需要适合的国家理论与之对应,"对外政策分析必须发展一种国家理论,把它内在功能与外部行动结合起来。"② 公共外交则处于国家内政与外交的交界地带,是公共政策与外交之间的灰色地带。

现代外交伴随主权国家而来,主权国家实现了权力的集

---

① [德]哈贝马斯:《在事实与规范之间:关于法律和民主法治国的商谈理论》(童世骏译),北京:生活·读书·新知三联书店2003年版,第199页。

② [英]克里斯托弗·希尔:《变化中的对外政策政治》(唐小松、陈寒溪译),上海世纪出版集团2007年版,第27页。

中，建立了等级式的管理体系，马克斯·韦伯认为，国家就是在一定疆域内合法垄断使用暴力的组织，韦伯式的国家概念也是主流国际关系理论建立的基础，比较典型的就是将国家视为同质性的"台球"，从垄断使用暴力，进一步说，实现了国家权力的领土化的角度而言，主权国家具有同质性。国家的暴力性和强制性是主权的根本特征所在，当然单纯依靠暴力并不能获得充分的合法性，国家也难以稳固，国家需要提供公共服务、需要更加顺畅的民主程序，需要与社会和市场达成妥协，也就是在让渡部分主权，但是在涉及暴力这一核心问题，几乎没有国家愿意让渡，这一构成了传统外交最坚持的内核，无论公共外交如何发展，都不能僭越"国家机密"这一边界。

主权国家是历史发展的产物，是经过宗教改革之后出现的世俗政治组织形式，是一种理性的建构。霍布斯从自然权利的角度出发论证建立主权者的合理性，因为在自然状态之下，人们无法解决自己的弱点，个人的理性是存在"可错性"的，但是霍布斯所建立的"利维坦"，很能成为专制的怪兽，即便如此，这一政治秩序还是建立在权力的让渡之上。换句话说，主权国家的集权行动是有限度的。

绝对主权的理念受到公民社会的有利制约和平衡，即便绝对主权的理论论证也是基于"公意""契约""自然权利"等，主权的形成也是公民授权的过程，因此，政府权力也被认为是公共权力。主权成为公共意志的象征与代理者，必须以捍卫公共利益为根本目标。协调国家之间关系，捍卫本国公民的海外安全与利益，也是公共权力的责任，是为外交的权力基础。就此而言，内政与外交不能分开，如洛克所言，"每个社会的执行权和对外权本身的确是有区别的，但是它们很难分开和同时由不同的人所掌握；因为两者的行使既然都需要社会的力量，那么把国家的力量交给不同的和互不隶属的人们，几乎是不现实的；而如果执行权和对外权掌握在可以各自行动的人手里，这就会使公共的力量处在不同的支配之下，迟早总会导致纷乱和灾祸。"① 从公共权力要实现的目标而言，公共政策与外交是一个过程的两个方面。

主权国家产生于基督教大一统的"断裂"，是在基督教会和神圣罗马帝国衰落的废墟之上，与主权国家体系并行的是逐渐成熟的市场体系，而在市场交易的过程中，城市（尤其是自治城市）扮演了非常重要的角色。"16世纪是任何一个意大利城邦的最后辉煌时期。即便是在意大利内部，它们也面临罗马和巴勒莫这样的政治首都的竞争。在整个欧洲，16、17世纪是首都大城市崛起的时刻。"② 虽然这些大城市

---

① ［英］洛克：《政府论》（下篇）（叶启芳、瞿菊农译），北京：商务印书馆1964年版，第93页。

② ［英］理查德·拉克曼：《不由自主的资产阶级——近代早起欧洲的精英斗争与经济转型》（郦菁、维舟、徐丹译），复旦大学出版社2013年版，第82页。

最终成为主权国家的一部分,但是大城市依然是知识、资本和权力的容器,代表着变化与流动,在城市中最先出现了公共领域,随着城市化的进程,这一空间不断增强。

公共领域是在政府、市场、个人私域之外出现的独立空间,是一个公共讨论的"对话"领域。典型的如古希腊城邦时代,政治其实就是不停地论辩。政治史学家芬纳将人类历史中的政体分为四种纯粹的模式:宫殿政体、论坛政体、贵族政体、教会政体,其中论坛政体中说服扮演着重要的角色,论坛政体的合法性源于被统治者的同意,因此需要广泛地发表信息、征求意见,形成妥协和共识,唯有如此,才能确保秩序的稳定。"说服的本质最终还是在于演讲,因此论坛式政体的特征之一就是对修辞之学的发展。"① 修辞学的发展其实也切中了公共领域的核心特征,言论的形成其实就是政治能力的重要方面,公共领域其实形成了一批具有政治行动能力的"公民"。而工业化和城市化的发展改变了传统社会人们居住和生活的空间,从一个熟人的"共同体"进入陌生人组成的"社会",而这个社会本身就具有了公共性。所谓的公共,"不仅意味着一个处于家人和好友之外的社会生活领域,还意味着这个由熟人和陌生人构成的公共领域包括了一

---

① [英]芬纳:《统治史:古代的王权和帝国》(马百亮、王震译),上海:华东师范大学出版社2010年版,第37页。

群相互之间差异比较大的人。"① 公共领域、私人领域、国家以及市场构成了一个现代国家内部秩序的要素，而这些要素之间的互动随着互动能力，尤其是通信技术的革新而愈发活跃。

国家权力结构更加多元化，政府所代表的公权力体系已经无法覆盖社会、市场的边界，传统的领土国家所代表的"权力容器"出现了"增量"的权力空间，出现了越来越蔓延的"晕轮"。这一晕轮的空间的出现为公共外交提供了基础和空间。"公共外交体现了一个奇怪的现象，就是国家主义在全球化时代的复兴。国家开始推销自己的形象，有效促进自己的优势，淡化自己的弱点。"② 正因为"晕轮"的出现，国家与国家之间的边界已经不是那么清楚了，除了政府之间的外交活动之外，边缘地区形成了更大的交集。

首先，自威斯特伐利亚和约以来，国家主权的中心不断下移，从王权到贵族主权再到人民主权，法国大革命带来了"共和国"时代，宪政共和国获得了越来越大的合法性。国家的暴力内核也被宪政的程序所包裹，当然，国家形态的转变前提是国家内部绥靖的实现，暴力色彩开始隐没，如果不

---

① ［美］理查德·桑内特：《公共人的衰落》（李继宏译），上海译文出版社 2014 年版，第 21 页。

② ［英］克里斯托弗·希尔：《变化中的对外政策政治》（唐小松、陈寒溪译），上海世纪出版集团 2007 年版，第 319 页。

能实现这一点，那国家将不得不利用军队、警察等暴力工具维持政治秩序。也只有在内部和平实现之后，公共领域和市场体系才得以发育，国家的目标也开始多元化，释放社会和经济的活力，因此，国家的目标从传统的国家安全领域转向发展、国际形象等领域。

其次，核武器等终极武器的出现，以及两次世界大战尤其是第二次世界大战带来的灾难为各国外交提供了一个"水晶球"。于大国而言，战争已经不是解决纠纷的选项，而冷战结束之后，全球化让各大国卷入了"发展"的竞争之中，比如各种模式、共识的出现，其实是各国经济实力的比拼，尤其是发展模式，市场模式的竞争。对一些后发国家而言，发展已经变成安全的重要内容，外交服务于经济发展，并不鲜见。

再次，公共领域不断扩张，除了大众媒体的形成之外，专业的知识团体也扮演了重要的角色。真正能够影响和改变国家权力结构的是具有政治行动能力的个体以及社团，这意味着传统的国家权力领域不得不开放，即便是外交领域也是如此，国家机密的范围在缩小，可以公开讨论的空间越来越大，所谓的"民意"在很大程度上是政府官员、专家，以及专注于国际事务的公民之间的互动。外交活动所具有的"双重博弈"的特点也更加明确，而"晕轮"的范围越大，外交活动也就越具有公共性和多元性。

最后，威斯特伐利亚体系所内含的扩张性和裂变性，虽然国家被认定为国际体系的核心单位，但是主权国家最终还是建立在权力，尤其是个体权力之上。"19世纪兴起的世俗主义完全是无神论的。它赖以点击的是一套内在论的学说，而不是一套先验的理论。直接的感觉、直接的事实、直接的情感，所有这些无须放在一个先验的框架之中才能够被理解。"① 不仅市场体系具有了扩张性，而且公共领域也是如此，国际社会不仅如赫得利·布尔所说的由国家构成的，也是由不同的公共领域所组成的。

结　语

公共外交没有取代传统的外交，毋宁说，两者构成了更加完整全面的大外交体系，顺应了国家形态出现的历史性变革。传统国家权力边界已经无法闭合，不仅更加开放了，而且国家权力的范围也随之扩张了。"国家发展公共外交是基于以下假定：舆论能够产生影响；跨国主义不可避免；一国可直接介入另一国而影响事态的发展——很重要的原因是资本、商品和人员的自由流动在不断增长，这是各国政府相互

---

① ［美］理查德·桑内特：《公共人的衰落》（李继宏译），上海译文出版社2014年版，第27页。

约定的结果。"① 国家的身份、利益和角色随着国家权力结构的变化而变化,而公共外交的拓展,不仅有利于实现国家的利益,也在重新界定国家的身份。

---

① [英]克里斯托弗·希尔:《变化中的对外政策政治》(唐小松、陈寒溪译),上海世纪出版集团2007年版,第318页。